浙江省港口经济创新团队、宁波市海洋经济发展研究基地、浙江万里学院海洋服务业专著出版基金资助成果

Marine Tourism Product Development

海洋
旅游产品开发

金文姬　沈哲 ◎著

ZHEJIANG UNIVERSITY PRESS
浙江大学出版社

前　　言

我国拥有发展海洋旅游业的优越环境和丰富文化,"十二五"规划把海洋旅游列为予以重点发展的海洋产业,从"海滨"到"海洋"不仅仅是视野的变化,更是质的飞跃。充分利用"港、桥、渔、滩、岛、景"等资源优势,推动滨海旅游业的快速发展,建成我国海洋文化和休闲旅游目的地是我国发展海洋旅游业的首要任务。

海洋旅游业的发展中,旅游产品开发作为海洋旅游发展的重要环节,也是海洋旅游策划和市场营销的前提,作用不容忽视。我国在海洋知识博物馆、海上运动项目、海鲜美食项目等方面具有明显的优势,但是海洋旅游多以观光和商务旅游产品为主,结构单一,相关旅游如休闲度假、体育娱乐、休养型等专项旅游项目并没有完全开发出来,随着市场需求的多样化,无法保持强劲的竞争力。

本书以海洋经济为背景,借鉴国内外海洋旅游产品开发经验,对我国海洋旅游产品的开发问题进行了系统、深入的研究和阐述。

所谓"海洋旅游(marine tourism)"就是指在陆地、岛屿以及大海等空间发生的所有休闲观光旅游行为。海洋旅游的发展应从海洋旅游产品的开发设计着手,逐渐向海上、海中、海底等空间领域扩张,应从海洋旅游的主体、客体、政府服务和管制的角度加以深入研究。也就是说,过去的海滨旅游产品只是停留在对 2D(平面)空间的设计与规划上,如今的海洋旅游则是对 3D(立体)空间的产品设计与规划。在海洋经济发展的新背景下,本书率先提出了与旅游产品开发相结合的海洋旅游发展的新理论,提出了我国海洋旅游业的发展方向。

本研究在现阶段我国海洋旅游业的发展基础上,对国内外海洋旅游开发经验和开发模式进行分析,针对海洋旅游产品的2D空间向3D空间延伸的政策需求和市场现实需求,从海洋旅游开发设计的主体角度、客体角度、理论和实际相结合的角度研究海洋旅游业的发展,提出了海洋旅游的相关对策,以期能够对我国各省市海洋旅游业的发展提供明确思路,促进旅游市场和海洋旅游资源的合理有效配置,带动我国海洋旅游相关企业的规模化、集约化、国际化,同时也为促进海洋旅游理论体系的深化与发展,促进海洋旅游产业可持续发展提供新的途径。

本书由金文姬、沈哲撰写。在本书的写作过程中,我们得到了国内外许多学术界同仁和专家的支持与帮助,在这里向所有帮助过我们的人表示感谢。同时在海洋旅游产品开发的研究过程中,向本书借鉴和吸收的大量国内外有关研究成果、文献著作的作者和出版者致以衷心的感谢。本书与海洋旅游产品研究有关的所有图片均来自于百度,在这里向这些图片提供者致以衷心的感谢。

本书不仅是作者研究的成果和实践经验的结晶,更是团队精诚合作的产物。本书在出版过程中得到了浙江大学出版社的鼎力支持,该社多位同志的辛勤劳动使本书得以顺利出版,在此一并致谢。

作　者

2012 年 10 月

目 录

第一章　海洋旅游环境分析

第一节　旅游休闲环境的变化

一、服务业结构变化与旅游

服务业尤其是现代服务业的快速发展,是我国产业结构调整的突出特征。改革开放以来,国内交通运输、批零贸易、餐饮等传统服务业得到了长足的发展,为增加就业、方便群众生活发挥了重要作用。在 2005 年到 2010 年的五年间,从服务业的结构来看,我国交通运输、仓储和邮政业增加值年均增长 8.3%,占 GDP 的比重由 14.2%下降至 11.1%。批发和零售业增加值年均增长 16.5%,占第三产业增加值的比重由 18.6%上升至 20.1%。住宿和餐饮业增加值年均增长 9.5%,占 GDP 的比重由 5.6%下降至 4.7%。在 2005 年到 2010 年 5 年间,为适应工业化、城镇化、市场化、信息化、国际化等的需要,金融保险、房地产、信息咨询、电子商务、现代物流、旅游等一大批现代服务业呈加速发展态势,大大提高了服务业的整体质量和水平。2005 年到 2010 年间,我国金融业增加值年均增长 18.7%,在第三产业增加值中所占比重由 8.1%上升为 12.0%,提高了 3.9 个百分点。房地产业增加值年均增长 11.3%,所占比重由

11.4％上升为 13.0％,提高了 1.6 个百分点。

服务业包括金融、物流、旅游、文化、广告、国际会议、酒店、福利和教育设施等附加值高的产业。美国等发达国家服务产业的比重占整个产业的 75％～80％。在产业升级过程中美国是从服务业发展中获得了发展的动力。我国第三产业的比重约达 43％,比起美国等发达国家还很低。美国的经济发展靠各种国际会议产业,包括纽约金融中心、芝加哥谷物期货市场等各种服务产业,教育服务业方面大学也靠通过招收留学生来赚外汇,同时,好莱坞的电影产业、迪斯尼的主题公园、阳光假日酒店等旅游服务业给美国创造了高附加值收益。

特别是随着人们生活水平的提高,海洋、高尔夫、航空运动等高级休闲活动的需求会成为主流,我们需要对这些产业进行研究。特别是海洋旅游在发达国家所占的比重超过一半,但在我国,海洋旅游才开始发展,在我国海洋旅游的基础还没有完备的情况下,我们首先应正确理解海洋旅游,开发海洋旅游资源持续发展的海洋旅游产品。

二、社会旅游休闲环境的变化

海洋旅游的发展除了上述的服务业结构环境外,还会伴随着社会环境的各种变化。这些环境的变化,促进海洋旅游的发展。

(一)人们理解旅游休闲概念的变化

随着社会的发展,旅游休闲环境伴随着以下变化:

1. 工作与休闲当中更重视休闲的人数比例增加。

2. 把旅游休闲当作自我发展和追求创造性活动的一种积极的意识形态逐渐形成。

3. 自从人们解决了温饱问题就开始注重身心健康方面的消费。

4. 为培养子女好奇心和想象力的休闲活动需求在增加。

(二)收入水平的变化

据调查,从每年度月平均实际收入以及消费支出的推移便可预知随着每年实际收入的增加,实际消费支出也会增加,并且教育、娱乐消费的绝对值也会增加。

2011 年我国 GDP 现价总量折合 73011.09 亿美元,比 2010 年最终核实数 59312.06 亿美元净增 13699.03 亿美元,增长 23.1%,比 2010 年初步核算数净增 14219.60 亿美元,增长 24.2%。按年中人口计算,全年人均名义 GDP 为 35083 元,约合 5432 美元。2011 年,从支出法三大需求对 GDP 的贡献率来看,资本形成总额对 GDP 增长的贡献率是 54.2%,最终消费贡献率是 51.6%,货物和服务净出口贡献率是 -5.8%。我国个别城市人均 GDP 已突破 10000 美元的大关,人们实际收入的增加会带动休闲旅游消费的增加,人们收入水平的变化促使我们提出新的休闲旅游产品设计方案。

(三)业余时间的增加

随着工作时间的减少和收入的增加,人们将会有更多的业余时间。每周五天工作时间的制度确立,使每年 70~80 天的休假日增加到了每年 200 天的休假日(表 1-1)。

表 1-1　业余时间的演变(发达国家)

分类	1950 年	1970 年	1990 年	2010 年
一周　工作日数	6 天	5 天	5 天	4 天
一周　工作时间	48 小时	42 小时	38 小时	32 小时
一年　工作日数	278 天	238 天	200 天	165 天
一年　休息日数	86 天	127 天	165 天	200 天

(四)价值观的变化

日本休闲开发中心对世界 23 个国家进行了“世界价值观调查”,而该调查把人分为重视工作型、中立型、重视休闲型这三类。调查结果根据各个国家收入水平区分都有很大的差异,在韩国重视工作型占 31%,重视休闲型占 26.1%,和收入水平高于韩国 2 倍的瑞士有着相似的比例。特别是在重视休闲型方面,韩国比中国台湾地区(6.8%)高出了 20%。这一调查还表明:随着全球化的发展,人们价值观和生活方式的变化,重视休闲型的人的比重会不断加大。

（五）人口结构的变化

随着老龄化人口比例的增高和养老保险制度的成熟,老龄人口为主的旅游休闲行业将会有较快的发展。众所周知,现今我国养老保险金额少并且也缺乏完善的支付结构,而且因子女教育费用的负担导致的退休以后可支配收入的减少,很难有类似西方发达国家的完善的养老模式。但可以肯定的是随着老龄化的持续和社会养老制度的完善,老年人休闲旅游活动的比重在快速增长。

（六）汽车的普及化

我国从 2009 年开始连续两年超过美国,成为全球第一大汽车产销国。利用汽车到野外或者沿海地区旅游的自驾游越来越多,所以休闲活动的范围将会越来越广。

三、国内外海洋休闲旅游产业的变化

目前,国内外旅游模式类型有着很多变化。世界旅游组织展望的 21世纪旅游环境的变化包括:从旅游世界化到地域化,追求快速和便利的旅行,结合海外旅行的普及和 3Es(Entertainment,Excitement,Education)的主题旅游。也就是说,在未来作为保护和体验自然环境与传统文化的可替代性旅游(alternative tourism)包括生态旅游、文化旅游、主题旅游以及豪华邮轮旅游等会成为旅游市场的主流。所以根据这样的全世界旅游趋势可以预想我国的旅游类型也将会有很多的变化。

自从 1995 年 5 月 1 日,我国实行一周工作 5 天的制度,加上近几年国内轿车时代的来临等因素,多样化旅游和休闲活动更加普及化。

（一）旅游产业的战略化

旅游产业作为单一产业可以说是世界最大的产业,而且被评价为世界顶尖的雇佣产业。目前,旅游产业已经发展成为在世界具有庞大影响力的产业,可占全世界 GDP 的 10.7%。因此,世界各国为了把旅游产业培养成 21 世纪国家战略产业,纷纷制定促进多样化旅游商品开发和扩建旅游基础设施等旅游振兴政策。

作为经济的重要支撑,巴黎旅游业占 GDP 比重超 20%,这座世界城市的一个显著特点就是第三产业在产业结构中所占比重都在 80% 以上,而旅游产业又是第三产业中的重要组成部分。伦敦的旅游产业一直是仅次于金融服务业的第二大产业。2007 年,伦敦旅游业产值达到 320 亿美元,占到地区生产总值(GDP)的十分之一以上。而巴黎的旅游业占 GDP 的比重一般年均能达到 20% 以上,是法国旅游业的领头羊。我国大城市的旅游业在改革开放后经历了快速发展的过程,产业规模不断壮大。数据显示,2008 年北京市国内外旅游收入总计 2219.2 亿元,占地区 GDP 比重已经达到 20% 以上。上海在世博会的推动下,2010 年旅游产业占全市 GDP 比重也达到 9%。可以看到,随着城市影响力的增加,北京、上海的旅游产业的整体实力正在不断增强,已达到世界城市的标准。为了适应这样的旅游趋势,日本(New Welcome for Millennium)、新加坡(Tourism21:Vison of a Tourism Capital)、澳大利亚(Tourism:A Ticket to the 21st Century)、英国(Tomorrow Tourism :A Growth Industry for Millennium)等代表性国家均出台了各自的旅游计划方案。

(二)休闲生态旅游的开发

环境污染的严重性和保存文化遗产的意识的提高使环保旅游、生态旅游、文化旅游、自然旅游、绿色旅游等备受关注,而且体验旅游和探险旅游也有增加的趋势。

(三)一周五天工作制度的实行与旅游休闲产业的多样化

一周五天制的实行使旅游产业成为了休闲活动的核心。一周五天工作制度实行之后,我们进行了对大众休假利用的问卷调查,从调查结果,可以看出休闲旅游活动的发展趋势:

1. 预计随着旅行次数的增加,周末的游客数量会大幅度增加。

2. 预计比起当日旅行,两天一夜以上的滞留型旅行的需求会增加。

3. 预计长距离旅行以及旅行时间会增加。

4. 预计旅行的消费会大幅度增加。

5. 预计会出现休闲运动、观光等休闲形态的多样化发展。

因一周五天工作制的原因,上班族与家人一起过的时间和休闲活动会增加,参与社会活动的时间也会增加,从而让休闲旅游的高级化、多样化和大众化有更多的进展。原本以少数发烧友为主体的休闲活动将会在日常生活中普遍存在,我国国内的旅游市场本身将会有巨大规模的成长。

四、21世纪休闲运动生活的变化

21世纪休闲运动将会生活化、普遍化,我们可以从五个方面进行分析。

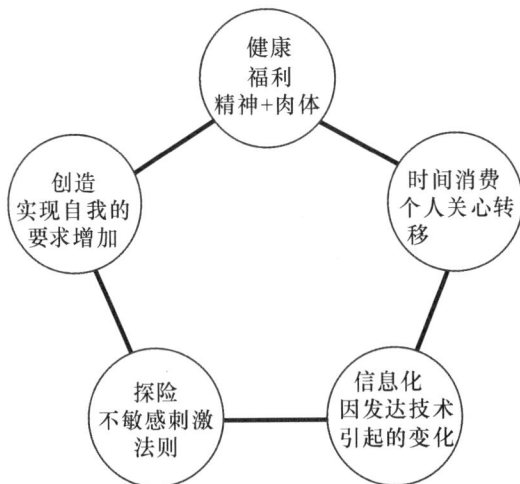

图1-1　21世纪休闲运动生活的变化

(一)健康指向型休闲活动

近来福祉(Well-Being)和健康成为了整个社会的关键词。不仅是身体上的健康,人们开始关心精神上的健康。虽然一周五天工作制度在实施,但是随之而来的是劳动强度增加和为了生存的激烈竞争。所以现代人承受的肉体上和精神上的压力也有了很大程度上的增加。

比起光出汗的运动,如今人们更加偏爱可以兼备精神健康的运动。受到一周五天工作制的影响追求福祉的现象将会持续。

(二)消费时间型休闲活动

过去选择休闲模式是由支付费用的多少和效用来决定的。而如今因休假时间增加,比起支出规模人们更加关心消费时间方面的休假。人们为了充分享受休闲生活并且达到自我开发的目的,休闲的环境中利用逐渐增加的休假时间。比起节约时间为重点的"创造时间型生活",人们更加关心所谓的"消费时间型生活"。

(三)高度信息化时代的休闲活动

移动通信和因特网的迅速普及给人们的休闲生活带来了很大的变化。因特网系统的发达、企业的减量经营等因素是 SOHO(Small-Office-Home-Office)会大量增加的契机。以美国为例,有 10% 以上的工作人员在家里进行工作,而且居家工作人数每年以 15% 的增长率增长。如果在我国居家工作人数迅速增加,那么人们就能拿出更多的时间去享受休闲旅游生活。

(四)海洋冒险休闲活动的扩散

在美国,探险旅游的市场规模达到了一年 2200 亿美元。据统计,过去五年之间有 9800 万人(美国成年人数的一半)享受了探险旅游。而且 2005 年全世界豪华邮轮旅客也超过了 1440 万人,2001—2004 年则每年增长 9.5%。

(五)体验文化型休闲旅游

物质生活的满足促使人们对实现自我的智慧需求增大,文化需求成了生活的中心。休闲生活也强调通过发挥个性和创造性,追求实现自我和自我开发的类型。

学生休假时间的增加和对吸收课外知识的重视,也带来了儿童自然生态体验和社会体验的机会。

根据众多环境的变化,旅游模式从"观看旅游"的形态向直接参与的"体验旅游"形态等多样化发展,可从以下几个方面分析:

1. 从男性为主的旅行转变为女性为主的注重细节的旅行项目增加。
2. 从团体旅行到私家旅行的转换。
3. 从青、中年人为中心转移到老年人需要的增加(豪华邮轮等)。
4. 观光旅游转变为活动以及体验的旅游(体育、娱乐、休养等)。

通过上面的分析,可以预测未来主要的旅游产品将有以下四种类型:

1. 新鲜多样的长距离目的地旅游产品。

2. 根据订购而设计的旅游产品。

3. 带有探险性质的旅游(环境、自然、体力锻炼、娱乐等几项相结合的旅游项目)。

4. 摆脱日常工作和家务,享受休闲的旅行。

为了适应这些旅游模式和旅游产品需求的质的变化,未来的旅游产业和海洋旅游业都该开发与其符合的项目。

五、海洋产业发展条件的变化

(一)海洋开发的变化

过去我国传统的旅游是以山岳、湖水等内陆地区为主,现在对海洋旅游的需求在逐步增加。我国从 1990—1999 年这十年间海洋型国立公园游客增长率创造了 3.5% 的纪录,而内陆型国立公园的游客的增长率只达到了 0.7% 的程度。不仅是海洋国立公园游客数量的变化,而且近年来对潜水旅游、帆船冲浪等需求的变化也可以让我们发现人们对海洋旅游很多方面的新的需求。我国海洋将在传统的水产业和海底资源开发的基础上加大对旅游休闲的需要和利用,从而迎接私家游艇(My Yacht)时代,其内容如表 1-2、表 1-3 所示。

表 1-2　海洋开发的分类

种类	海洋开发的内容
海洋资源的利用	·水产资源 ·矿物资源:石油,天然气,固体矿物等 ·海水:冷却功能,淡水湖,海水成分(食盐、矿物质) ·生态:海边泥滩,候鸟,鲸鱼等
海洋空间的利用	·海上交通:海运,造船 ·人工岛,工作场所:酒店等旅游设施,机场,发电站,工厂等 ·沿岸地带:开垦,交通设施(港湾、桥梁等),旅游消遣娱乐场所
海洋能源的利用	·利用潮汐来发电 ·利用波浪来发电 ·利用海洋温度差来发电

表 1-3　21 世纪海洋水产业的变化

分类	20 世纪末	21 世纪初
海洋利用	海洋的自由利用权	海洋的局部管辖权
海洋环境	事后应对体系	事前应对、预防性体系
水产业	捕捞业为主	管理型渔业为主
海上运输业	大型联盟船运公司为主	超大型船运公司为主
港湾领域	H/W 为中心的数量上的增长（港湾设施的扩充）	S/W 为中心的质量上的增长（信息化、自动化）
海洋科学技术	扩散效应不足的封闭式技术	有充分扩散效应的综合性技术
海洋调查	海洋调查船为主的 1D 调查	利用人工卫星进行 3D 调查
资源开发	内陆为主	海洋为主
生活领域	内陆城市为中心	海滨城市为中心
生活方式	私家车（My Car）	私家游艇（My Ychat）

　　私家游艇，在发达国家已是屡见不鲜了。20 世纪 80 年代中期，日本神户市开发了叫港湾人工岛的大规模人造岛屿，项目分为为住宅区、港湾、商业设施、旅游设施等方面。世界各国对海洋的综合利用也加快了脚步。

　　近年来在阿拉伯海湾地区为了促进酒店等各种海洋旅游设备的开发而建造的海上人工岛屿备受瞩目。特别是属于阿拉伯联合酋长国的迪拜可以称得上是在阿拉伯地区建造海上人工岛屿的先驱。在这些搬运了阿联酋境内达 700 万立方米的沙子来填埋的人工岛屿上，陆续建设了特级酒店、高级别墅、购物中心、商务楼、邮轮码头等设施。投资 140 亿美元来建造的 4 个人工岛中有 3 个是以热带椰子树模样来建造的，而另外一个是以世界地图的形状来建造的。

　　岛国巴林也在东北部海岸投资 30 亿美元，建造了达 24 平方千米规模的超豪华人工岛。这个岛以海马为模板，将用于建造海上宾馆、酒店和住宅楼等设施。邻近的卡塔尔也为了吸引外资和游客建造了珍珠模样的人工岛。如上所述利用海洋空间来开发的休闲、居住地已掀起了世界热潮。

(二)海洋旅游条件的变化

影响海洋旅游模式的因素可以归纳为沿海交通的扩充、一周五天工作制度、收入增加、气候变暖现象等方面:

1. 交通的扩充。私家车的普及和增加促进了旅游业发展,而如今沿海交通的发达会更加促进海洋旅游业的快速发展。

2. 收入的变化。收入的变化对海洋旅游的影响表现为,首先,国民收入的增加使得海洋运动、高尔夫等高级休闲运动备受关注。其次,随着邮轮、海上运动和潜水运动等海洋运动的增加,我们需要码头、海滨度假村等多样化的旅游基础设施。

表 1-4　我国国民收入增加值

年份	名义 GDP(亿元)	人口(亿)	人均 GDP(元)
2001	109655.2	12.7627	8622
2002	120332.7	12.8453	9398
2003	135822.8	12.9227	10542
2004	159878.3	12.9988	12336
2005	184937.4	13.0756	14185
2006	216314.4	13.1448	16500
2007	265810.3	13.2129	20169
2008	314045.4	13.2802	23708
2009	340506.9	13.3474	25575
2010	397983	13.7053	29992

资料来源:国家统计局。

3. 气候变暖现象。近年来,地球变暖等气候变化对海洋旅游的影响甚大。二氧化碳的过度排放而导致的地球变暖使中国周围海域的水温在过去十年间上升了 1%。而且在过去 100 年间我们的很多城市的冬季缩短了,夏季加长了。因此出现了大气温度上升、寒冬消失、亚热带气候的特征变多、热带夜的时间延长、部分地区洪涝频繁发生、台风强度增加等气象变化。地球变暖导致了气温的升高,因而在海水浴场等地方,4—5月份就有很多旅客聚集。可以肯定的是,气温上升使得可以进行海洋运动的季节时间变长,人们对海洋休闲的热情也随之增加。并且海边旅行已不仅限于夏季,春季和秋季也成了旺季。这样的气候变化弥补了海洋旅游的季节性缺陷,促进和带动了海洋旅游关联产业的发展。

4. 一周五天工作制度。我国 1995 年 5 月 1 日开始实施的一周五天工作制度,使旅游需求引起了重大的变化。法国首次在 1936 年开始制定的一周 40 小时法定劳动制是各个先进国家都陆续开始实行的劳动制度。日本也在 1987 年开始实行了此制度。因此,人们的价值观已不仅是追求物质需求方面,越来越多的人为了满足精神需求而重视休闲生活。

第二节　我国海洋旅游概况

一、我国海洋旅游市场概况

改革开放以来,我国的海洋旅游业蓬勃发展,国内游客增多,在开拓及争取国际客源市场方面也取得了很大成绩。同时,国际来华游客人次逐年增长,国际旅游创汇及国内旅游回笼货币也不断增加。但是,在国际竞争越来越激烈的今天,我国的旅游业要想快速发展应该清醒地认识我国海洋旅游开发中存在的问题:

一是海洋旅游产品单一。长期以来,我国一直偏重于团体观光旅游,海洋旅游产品的类型单一,不适应现代人休闲旅游模式,也越来越不适应国际旅游潮流的变化。旅游产品的质量方面也存在旅游基础设施不完善、服务质量差、交通不便等问题,这些问题影响我国海洋旅游客源市场的扩大和发展。

二是海洋旅游营销力度不够。我国海洋旅游市场宣传和营销方面,虽然有了发展,但是还限于传统的参加国际旅游博览会、展销会,邀请外国记者来访,制作与海洋旅游有关的电影、光盘,编印宣传册等营销手段。海洋旅游应该在提高技术手段的同时,利用整合营销的方式,在供应能力、服务质量、产品价格、交通运输能力等方面,提高我国海洋旅游的品牌形象,才能在国际市场上有竞争力。

二、我国海洋旅游资源概况

我国滨海旅游发展前景广阔,海洋旅游资源丰富,类型多样。我国濒临太平洋西岸,拥有 1.8 万千米的大陆海岸线,1.4 万千米的海岛岸线。5000 年的悠久历史在漫长的海岸线上,积淀了中国沿海厚重的海洋人文资源。其次,由于我国海岸线在南北方向上纬度跨度大,海洋旅游资源地域差异显著,在不同地域、不同季节形成了各异的海洋旅游资源。

(一)海岸岸线长,但适合度假开发的岸线较少

我国拥有长达 32000 千米的海岸线,其中包含 14000 千米的岛屿岸线、18000 千米的大陆海岸线。横跨 38 个纬度(即 N42°～N4°),地处热带、亚热带、温带三个气候带。礁石滩、滩涂、沙滩各种类型同时存在。但只有热带海滨的沙滩比较适合度假旅游开发。另外,我国的气候深受季风影响,滨海和海岛的冬季旅游项目开发面临巨大的挑战。加之我国的工业项目建设也要占用大量的优质岸线,因此,在我国真正适合度假开发的海岸线是极其宝贵的资源,真正能够全天候和全年开发的休闲岸线较少。

(二)海岛数量多,但真正海洋岛数量极少

一般说来,陆域面积 500 平方米以上的称岛,500 平方米以下的称礁。我国拥有 14000 千米的岛屿岸线,是一个多岛屿的国家。但海岛的面积普遍较小,陆域面积在 5 平方千米以下的占绝大部分。我国的海岛呈现"一多两少"的特点。

一方面是大陆岛多,另一方面是海洋岛稀少,而且大面积海岛少。我国大部分海岛分布在大陆沿岸海域,距离大陆不足 10 千米的海岛约占 70%左右。其中基岩岛的数量约占 93%,冲积岛(泥沙岛)约占 6%。海洋岛(包括珊瑚岛和火山岛)不足 1%,主要分布在台湾海峡以南海区。这一部分海岛气候条件优越,非常适合度假项目的开发。但这一区域的海岛离目标市场的距离较远,在开发时面临着较大的挑战。

在我国的岛屿中,陆域面积超过 3 万平方千米的有台湾和海南岛 2 个;1000 多平方千米的有崇明岛 1 个;200～500 平方千米的有 4 个;

100～200平方千米的有 9 个;50～100 平方千米的有 14 个;20～50 平方千米的有 20 多个;10～20 平方千米的有 30 多个。目前,我国进入开发的只有近百个大面积的海岛。

目前我国滨海度假旅游占据主要的市场份额,在看到广阔市场前景的同时,要对我国滨海资源有着清醒的认识。我国适合度假旅游开发的海岛资源稀缺,适合开发的海岸线也受到其他产业的挤压。因此,在较长的一段时间内,我国的海洋休闲度假旅游将受制于资源条件的限制,市场的发展将存在着较大的变数。国外的热带滨海度假产品将分食我国高端市场份额。在这样的环境下,开发适合当地特色的海洋旅游产品是我国沿海各地首要的任务。下面以浙江省为例,具体分析海洋旅游特色和产品。

第三节　浙江发展海洋旅游概况

浙江作为"十二五"规划海洋经济战略示范省,在发展海洋旅游方面具有独特优势。海洋旅游占浙江旅游业半壁江山,突出中高端特色,培育壮大海洋旅游经济是浙江旅游业发展的重要契机和途径。"十二五"期间,浙江将进一步加强重视、明确思路、抓好重点,把浙江建设成为全国海洋旅游高端产品先发地,带动浙江沿海和海岛地区转型升级发展。

一、浙江发展海洋旅游业的背景

浙江发展海洋旅游是顺应旅游业发展业态需要。旅游业态是对旅游业的组织形式、经营方式、经营特色、经济效益等的综合描述。初级形态旅游业以观光为核心,相关产业各自独立,区域发展带动能力较弱。第二级形态指为了满足多样化的旅游需求,形成的观光、游乐、娱乐、休闲、康体、美食、修学、商务等多元化复合型产业形态,区域发展带动能力较强。第三级形态以旅游目的地为核心,形成多要素、多层面的产业一体化形态,成为区域发展的综合平台和主要动力。目前,浙江旅游产业整体上处于调整阶段,各种形态共存,体验化休闲型旅游业将是主要形态,而中高端海洋旅游业正是以度假旅游和生命体验为核心,有着很大发展潜力。

浙江发展海洋旅游是顺应海洋旅游发展潮流需要。海洋旅游业以其"3S",即温暖的阳光(Sun)、碧蓝的大海(Sea)和舒适的沙滩(Sand)为特色,成为旅游者休闲度假的主要追求。同时,随着参与式、体验化旅游形态的兴起,"3N",即去大自然(Nature)让自己处于大自然和谐完美的怀恋(Nostalgia)中,使自己的精神融入人间天堂(Nirvana),正成为海洋旅游新热点。对应以生命体验、身心参与为重要追求的海洋旅游产品,例如海洋游艇、海岛垂钓、海岛高尔夫等,成为新的海洋旅游吸引物。海洋旅游潮流的演进,要求浙江海洋旅游业发展更需注重"3N"追求,而"3N"多为中高端产品,这就要求浙江海洋旅游业必须坚持高起点,着重于中高端的开发建设。

浙江发展海洋旅游是顺应海洋旅游发展特征需要。相对于陆上旅游,海洋旅游的城市依托相对较差,多需建设大型度假村,或相邻度假村构成旅游城镇,使得海洋旅游具有投资较大、软硬件要求高、风险性大等特征,这就要求优先发展中高端产品,通过高附加值服务,来获得投资收益。同时,目前东部沿海和海岛海洋旅游总体上还处于起步阶段,浙江着力开发中高端产品,可积极抢占国内海洋旅游产品体系制高点,形成品牌效应,可通过高位市场进入带动大众市场需求,形成产品建设与市场开拓的良性互动。

浙江发展海洋旅游是顺应海洋旅游发展游客高新服务需求的需要。长三角地区是我国最大的经济发达区域,人口达 1.5 亿左右,人均 GDP 超过 6000 美元,已初步形成数量庞大的"休闲阶层",其对旅游产品、旅游目的地的选择正向中高端转变。例如,长三角地区居民约占我国到欧美国家游客量的 40%,到台湾旅游的浙江居民约占大陆旅客的 25%。开发有特色的、新鲜"可口"的中高端海洋旅游产品,提供高质量服务,既是吸引长三角地区中高端客源,减少外流的需要,也是发挥独特海洋文化和海洋景观资源,吸引其他省市和日韩、东南亚以及国外地区客源的需要。

二、浙江发展海洋旅游优势

浙江海洋旅游资源在长三角乃至全国具有独特优势。浙江沿海和海岛旅游资源单体占全省的 37%,优良级单体占全省的 39%,旅游资源类型齐全,空间分布呈大分散、小集中格局,为海洋旅游业发展提供了有利资源条件。同时,相对沿海其他省份,浙江海洋旅游资源有着独特优势,主要体现为:岛屿和岛群众多,类型多样,开发条件较好,可适宜开发成多类旅游产品;海鲜美食资源丰富,品质优异;海洋文化具有地域特色,宗教文化、渔民文化、外贸文化积淀深厚,连绵持续;有世界级大港宁波港、杭州湾跨海大桥、世界海洋生物保护圈等旅游资源,可开发出系列独特海洋旅游产品。

浙江海洋旅游发展已有较好基础。2008 年,浙江省海洋旅游收入约为 1200 亿元,约占海洋经济总产出的 25%。随着舟山大陆连岛工程等交通设施、凤凰岛度假村等高星级饭店建设,海洋旅游进入性和接待能力大为增强。同时,沿海和海岛地区初步形成了以城市为核心,以国家级和省级旅游功能区为支撑的海洋旅游体系,形成了普陀山"金三角"、舟山沙雕节、象山开渔节等一批知名海洋旅游品牌。同时,浙江省正积极在沿海和海岛地区规划布局一批游艇泊位,宁波、温州提出建设国际邮轮母港中心,促进发展游艇和邮轮经济。平湖九龙山旅游度假区等一批海洋重大旅游项目正在建设中,其规划建设将进一步丰富浙江中高端海洋旅游产品。

浙江海洋旅游在发展过程中,需积极正视制约条件:一是自然环境制约,主要表现为季节性强,适游期较短(每年约 5 个月),影响旅游设施利用率和投资效益;台风等自然灾害较严重,给海上旅游活动稳定性带来隐患;近岸海水水质较差,影响海洋旅游吸引力。二是经济发展制约,主要表现为旅游业正处在新一轮区域分工定位期,来自山东、福建、广东、海南等省市的海洋旅游发展竞争较为激烈;旅游业处在新一轮产品供求匹配期,中高端海洋旅游产品供需面临不确定性。

三、发展浙江海洋旅游产品思路

发展海洋旅游关键是产品开发,产品是海洋旅游的核心。针对海洋旅游产品的开发,浙江也在摸索自己的路。

(一)培育中高端海洋旅游产品

浙江计划培育海洋休闲度假、海洋文化、海洋节庆以及海洋游艇、海钓休闲、滨海高尔夫海洋旅游产品。

第一，开发海洋休闲度假产品。以"3S"为代表吸引物，融观光、度假、运动、娱乐、竞技于一体的海洋休闲度假，仍是最有市场空间的海洋旅游产品。要统筹规划，在泗礁、朱家尖、岱山、九龙山等地的大型沙滩开展帆船、沙雕、沙滩运动等密集型活动项目；在象山半岛、秀山、大衢、宁海湾、温岭等地的沙滩开展 SPA 等休闲放松活动。对开发条件好的海岛，如象山檀山头、普陀桃花岛、奉化悬山岛、温岭三蒜岛等，可结合海岛度假村开发等，形成海岛度假产品。

第二，开发海洋文化旅游产品。结合沙滩娱乐活动、风情渔村参与式表演等，艺术化加工舟山锣鼓、渔歌、跳蚤舞、翁州走书、渔民画等传统文化遗产，提高海洋文化旅游参与性和观赏性。积极规划建设宁波海上丝绸之路馆、双屿港海洋贸易史馆、嵊山海洋渔业史馆、东极"里斯本丸"纪念馆等海洋文化平台。拓展佛教文化游，开发环莲花洋朝佛之旅、浙江沿海朝佛之旅等专题产品，开发佛学修禅、静心养颜、美容保健等产品，丰富佛教文化旅游内涵。

第三，开发海洋节庆会展旅游产品。依托宁波、舟山等沿海城市，借力上海世博会、杭州休博会等，开发特色鲜明的海洋节庆旅游产品。抓好观音文化节、海鲜美食节、舟山海洋旅游节、象山开渔节等节事活动。策划实施好"船""渔""佛"等专业博览会，以及帆船赛、海岛极限运动会、环岛自行车邀请赛等特色赛事，提升浙江海洋旅游品牌知名度和美誉度。

第四，开发游艇旅游产品。游艇是一个游动在海上的旅游目的地，游艇旅游正成为海洋旅游业中增长最快产品之一。长三角游艇经济具有很大空间。要利用好浙江港湾、海岛众多，海上风景秀丽等优势，在蓝海区域合理布局游艇旅游基地，在滨海旅游区设置游艇停靠码头，开发游艇海上嬉水、绕岛巡游、无居民岛探险、海湾探奇等产品，促进游艇旅游快速发展。

第五，开发海钓休闲产品。海钓集渔业、休闲游钓、旅游观光于一体，有着"海上高尔夫"的美誉。浙江海岸线曲折，岛礁众多，渔业资源丰富，发展海钓业优势得天独厚。要以舟山为重点，科学划定嵊泗列岛、渔山列岛、洞头、东极、桃花、朱家尖、秀山、大长涂岛以东小岛等一批海钓重点区域,保护好海钓资源。鼓励成立海钓俱乐部,提供优质管理服务,促进休闲海钓和专业海钓发展。

第六,开发滨海高尔夫产品。浙江尚无滨海高尔夫,可结合游艇、邮轮等高端海洋旅游产品开发,在严格控制高尔夫球场总量和规模前提下,在北仑、象山、洞头、慈溪、朱家尖、桃花岛、马目半岛等地规划建设一批滨海型、全岛型高尔夫球场,优先建设小型球场和迷你球场。支持依托滨海高尔夫球场,建设度假村、休闲别墅、会议中心、产权酒店等景观房产,提高海洋旅游接待能力和质量品位。

(二)集中建设知名中高端海洋旅游目的地

首先,计划集中建设"舟山群岛"为整体品牌的长三角中高端海洋旅游中心。舟山群岛海岛风光、海洋文化、佛教文化和隐逸文化特点明显,优良海洋旅游单体达 219 个,占全省的 55.6%。要依托舟山城区,围绕普陀山"金三角"旅游板块(包括普陀山、朱家尖、沈家门、定海古城、桃花岛、东极岛、凤凰岛、蚂蚁岛、秀山岛、马目半岛等景点),突出海天佛国、海鲜美食、金沙碧海、海鲜购物、海洋文化等旅游产品,培育发展海钓、游艇,规划建设海岛高尔夫球场、海岛度假村、邮轮停靠码头,提升海洋旅游品位层次。借鉴海南经验,争取设立"朱家尖国际旅游岛"(含普陀山),实行落地签证等开放便利的出入境政策和旅游商品免税政策,并逐步扩大到整个舟山群岛(军事禁区除外)。同时,加快泗礁、岱山、嵊山—枸杞、洋山等外岛旅游资源开发和精品线路建设。加强"舟山群岛"整体品牌包装、招商、建设与推介,打响舟山在中高端海洋旅游目的地的品牌。

其次,集中建设宁波、温州两个城市型中高端海洋旅游目的地。宁波、温州两城市作为海上丝绸之路的重要节点,有着悠久的外贸文化,形成了宁波外滩(三江口)、溪口—雪窦山、天一阁、阿育王寺、雁荡山、江心屿、五马街等旅游景区。要加快邮轮母港的规划建设,并精心设计、丰富邮轮相关特色产品,如海鲜美食、海上丝绸之路文化演艺、多元宗教文化展示、民营经济发展史展示等,以及丝绸、青瓷等旅游商品,为游客提供优质服务。同时,随着舟山大陆连岛大桥的建成,宁波要增强对舟山海洋旅游的城市依托功能,共促宁波—舟山海洋旅游目的地建设。

最后,计划建设杭州湾北岸、象山港、三门湾三个特色中高端海洋旅游目的地。杭州湾北岸主要包括平湖九龙山、盐官古镇、尖山、海宁中国皮革城、乌镇等景区,依托上海、杭州,重点发展滨海度假休闲、滨海高尔夫、钱江观潮、商务会议、购物旅游等产品,形成杭州湾北岸精品旅游带;象山港主要包括奉化莼湖、宁海强蛟、大佳何镇等旅游资源,依托宁波,重点发展以"静"为特色的港湾休闲度假、海岛疗养、海鲜美食、休闲渔业等特色产品。三门湾主要包括石浦渔港、松兰山、中国渔村、花岙岛、蛇蟠岛、满山岛、健跳古城、伍山石窟等景区,重点发展海岸观光、海滨古城、渔村休闲、情景度假等旅游产品,培育形成三门湾海洋旅游经济区。

（三）加强海洋旅游管理服务改革创新

在旅游管理方面,浙江省在加强海洋旅游的组织领导方面作出了努力。鉴于海洋旅游的重要性,省和沿海市县旅游行政主管部门内设置了专门的处室,加强对海洋旅游发展的管理与服务。省政府加快《浙江省海洋旅游发展规划》修改、发布,加强海洋旅游的统计分析与态势研究,加大了在全球招商引资与重大项目设置等方面的扶持力度,促进了海洋旅游高水平、快速度发展。

加强了海洋旅游公共服务体系建设。推动海洋旅游咨询服务、旅游信息提示、旅游紧急救援等公共服务,及海洋旅游集散中心、旅游厕所、标识标牌等服务设施建设,完善"浙江海洋之旅"电子政务网和电子商务网,开发建设浙江旅游资讯网,强化海洋旅游安全和危机管理,加快形成快速便捷的旅游交通、资讯等网络,建立覆盖全行业并与相关部门、行业联动的安全预警机制。

加强了海洋旅游管理体制改革创新。结合沿海和海岛各地实际,强调市场化运作、企业化经营、专业化管理,努力形成有利于旅游资源优化配置、有利于资源保护和可持续、有利于产业互动的科学合理的旅游管理服务体制。加大自然风景旅游资源和文化遗产保护,探索海洋旅游景区所有权、经营权、管理权分离,引导景区管理体制和经营投资机制的创新。改革创新行业管理方式,从目前模式化的旅游行业管理向适应旅游行业发展趋势,着眼于海洋旅游产业的引领和业态分类管理的转变。

四、浙江省宁波市海洋旅游规划

宁波具有得天独厚的海洋资源优势与区位优势,是浙江建设国家级海洋经济核心示范区。宁波海洋旅游资源品种丰富、类型多样,自然与人文资源兼备,不仅拥有海岛、沙滩、奇岩、滩涂等自然风光和海上丝绸之路、浙东渔民俗、海防等文化资源,还拥有北仑港和杭州湾跨海大桥等一流的现代建设成就,并辅以良好的经济发展态势和区位交通优势,为发展海洋旅游业提供了充足的条件。

2011年年初,浙江海洋经济发展上升成为国家战略,宁波市委、市政府积极响应,将海洋经济强市建设提上重要议事日程。突破资源制约,开拓发展空间,已成为宁波市新一轮海洋经济发展的首要方向。据统计,2011年上半年,宁波海洋经济总产值达 1614.4 亿元,实现增加值431.8 亿元,占全市地区生产总值的 15.9%,海洋经济增加值同比增长12.3%,三次产业结构为 6.3∶66.6∶27.1。其中,第一产业完成产值61.5 亿元,实现增加值 27.0 亿元;第二产业总产值达到 1224.2 亿元,实现增加值 287.6 亿元;第三产业完成产业产值 328.7 亿元,实现增加值117.2 亿元。宁波的港口运输业、滨海旅游业等传统夕阳服务业保持持续增长,而港航物流服务业、科技与信息服务业等新兴海洋服务业迅速兴起(见表1-5)。

表 1-5　2011 年上半年宁波海洋三次产业发展情况　　　　　　(单位:亿元)

	完成产值	实现增加值
第一产业	61.5	27.0
第二产业	1224.2	287.6
第三产业	328.7	117.2
总计	1614.4	431.8

资料来源:《宁波发展蓝皮书 2012》。

海洋经济发展规划的出台在宁波市引发了社会各界的热议,海洋旅游又一次成为关注的焦点,迎来了前所未有的发展机遇。宁波旅游发展“十二五”规划提出,把宁波市建设成为以海洋旅游为特色的国内一流的旅游目的地。围绕这一目标,宁波市认为必须要有计划、超常规、大规模地开发宁波海洋旅游资源,推出一批兼具山海特色、海洋文化底蕴深厚、适应现代海洋旅游度假需求的旅游产品,与上海都市旅游和杭州西湖山水形成鼎足之势,实现建设旅游强市和国际港口旅游名城的宏伟目标。

宁波海洋旅游发展规划的范围确定为整个宁波市域。宁波的余姚、慈溪、镇海、北仑、鄞州、奉化、宁海、象山涉海县(市)、区为此次规划的重点地区;其他县(市)、区作为发展海洋旅游的配套功能地区一并规划。规划期限为 2011 至 2030 年,分为近期 2011 至 2015 年、中期 2016 至 2020 年、远期展望到 2030 年。规划以《浙江海洋经济发展示范区规划》为引导,以《宁波市海洋经济发展规划》《宁波市旅游发展总体规划》和《宁波市旅游业发展"十二五"规划》为基本依据,以确立海洋旅游业作为宁波市海洋经济发展支柱产业地位为目标,注重相关资源空间与产品的规划统筹,注重机制体制创新和主题形象引导下产品的创新发展,注重加强生态资源空间的保护,通过旅游与相关产业联动发展,推进现代服务业发展,使海洋旅游业成为宁波旅游业发展的新动力和形象载体。

宁波市海洋旅游规划编制的主要内容包括:全面分析梳理宁波海洋旅游资源赋存现状、竞争环境、优势与制约因素,进行针对性开发、适宜性判断和整合条件分析;研究、分析和预测海洋旅游市场的客源市场需求总量、地域结构、消费结构及其他构成特征;明确海洋旅游主题形象和发展战略目标系统,明确海洋旅游产品开发的方向、特色、层次与主要内容,明确海洋旅游功能的空间重心及层次关系;提出产品发展的策略重点和项目重点,对其空间及时序作出安排;对开发实施中的旅游设施建设、配套基础设施建设、旅游市场开发、人力资源开发等方面进行投入与产出分析;按照可持续发展原则,明确产品未来的管理与运营模式和服务质量标准;对海洋旅游开发过程中的生态和环境保护提出要求;提出开发实施的保障措施。

整个浙江省和宁波市的海洋旅游产品开发和规划过程中,我们可以看出,我国各个省市的沿海地区在海洋旅游产品开发中发挥的作用和努力以及竞争的激励。在海洋旅游的国内外环境的变化中,我们应该正确认识海洋旅游,开发适应新环境的海洋旅游产品,以促进海洋旅游业的可持续发展。

第四节　海洋旅游产品开发的研究思路

一、海洋旅游产品开发研究现状

海洋是 21 世纪人类社会可持续发展的宝贵财富,合理利用海洋资源,大力发展海洋经济,已成为我国沿海地区实现现代化的共同战略。

从欧美发达国家来看,从浅海开发转向深海开发已成为海洋经济的重心。目前,美国、法国、俄罗斯等国拥有世界上仅有的 5 艘 6000 米级深海载人潜水器,在深海探测、深海资源开发、深海空间利用及深海装备等领域实现了突破。从日韩等亚洲国家来看,从临海和沿海开发转向远海开发已成为海洋经济的重心。早在 20 世纪 70 年代,日本就先后出台了《日本孤岛振兴法》和《日本孤岛振兴实行令》,该法与实行令适用于远离日本本土、"与世隔绝"的孤岛,非常明确具体地规定了孤岛的振兴计划以及国家的经费投入。韩国也在 20 世纪 80 年代制定了《国家岛屿发展规划》和《岛屿开发促进法》,实施"岛屿综合开发计划"。

从国内沿海区域发展战略提升来看,山东、浙江、广东等沿海省区海洋经济发展上升为国家战略。2011 年 1 月,国务院批复《山东半岛蓝色经济区发展规划》,这是"十二五"开局之年第一个获批的国家发展战略,也是我国第一个以海洋经济为主题的区域发展战略,标志着山东半岛蓝色经济区建设正式上升为国家战略。同年,《浙江海洋经济发展示范区规划》和《广东海洋经济综合实验区发展规划》也先后获国务院批复,以环渤海、长江三角洲和珠江三角洲地区为代表的我国海洋经济发展试点的"三驾马车"正在形成。从全国海洋经济发展重点来看,海岛开发成为海洋经济的重头戏,海岛旅游产品的开发也是海岛开发的聚焦点。

从海洋旅游产品开发的国内外研究来看,国内外学者,针对海洋旅游进行了持续的研究。国外在海洋旅游的研究方面,20 世纪 90 年代以前,海洋旅游的开发主要集中在海洋环境影响及其评价上,90 年代后,海洋旅游的可持续发展问题得到重视,海洋旅游研究进展较快,特别是旅游产品开发和旅游产品决策及管理方面的研究。目前国外学者主要是从海洋环境科学、市场学、可持续发展的角度进行研究。海洋环境科学的研究为海洋旅游的优化提供了科学依据。在海洋资源评价问题上Morgan选择海洋开发程度、自然、生物、人文四类共50个评价因子构成的评价体系,该评价体系能对游客提供较多的海洋旅游信息。从海洋旅游的发展历程来看,旅游的发展与市场的关系越来越密切,市场学的理论指导着旅游产品及结构的开发和优化(Salmona,2001)。可持续发展通过保护海洋旅游环境,建立可持续发展的海洋旅游开发管理模式及手段,实现加强海洋生态旅游建设等途径。

国内海洋旅游发展研究的理论和方法还不成熟。研究成果多是以积极和正面影响为主的战略研究。国内学者周国忠(2006)以浙江省为例,研究了海洋旅游的调整优化问题,在分析浙江海洋旅游产品开发现状和存在的问题的基础上,提出了构建"一核、两带、三中心、四品牌、五区块"的海洋旅游格局等对策。潘海颖(2007)在分析浙江旅游资源及市场的基础上,从客观和微观两方面阐述了海洋旅游产品的开发思路。另外,郭鲁芳及胡卫等分别研究了海洋旅游产品深度开发及舟山海洋旅游品牌的构建及对策问题。陈飞永对宁波海岛旅游业带来的积极效应进行了述评。

从海洋旅游的国内外研究来看,国外学者侧重研究海洋旅游对海洋环境的影响。国内学者的研究重点放在海洋旅游的结构优化和开发原则、开发问题和对策上,研究内容基本停留在开发的战略研究层面上,缺乏针对海洋旅游产品的2D空间向3D空间延伸的政策需求和市场现实需求,研究海洋旅游业的发展。根据海洋旅游产品3D空间延伸的政策需求和市场现实需求研究海洋旅游,是实现海滨到海洋的转变,促进旅游市场和海洋旅游资源的合理有效配置,带动海洋旅游相关企业,促进我国海洋旅游产业可持续发展的途径。

二、海洋旅游产品开发研究目标

随着全国范围"群龙闹海"形势的形成,各地加快海洋经济发展已是形势所逼,形势所迫,形势所驱。我国拥有发展海洋旅游业的优越环境和丰富文化,"十二五"规划把海洋旅游列为予以重点发展的海洋产业,从"海滨"到"海洋"不仅仅是视野的变化,更是质的飞跃。充分利用"港、桥、渔、滩、岛、景"等资源优势,推动滨海旅游业的快速发展,建成我国海洋文化和休闲旅游目的地是我国发展海洋旅游业的首要任务。海洋旅游业的发展中,旅游产品开发是海洋旅游发展的重要环节,也是海洋旅游策划和市场营销的前提,作用不容忽视。我国在海洋知识博物馆、海上运动项目、海鲜美食项目等方面具有明显的优势,但是海洋旅游多以观光和商务旅游产品为主,结构单一,相关旅游如休闲度假、体育娱乐、休养型等专项旅游项目并没有完全开发出来,随着市场需求的多样化,无法保持强劲的竞争力。所谓"海洋旅游(Marine Tourism)"就是指在陆地、岛屿以及大海等空间发生的所有休闲观光旅游行为。海洋旅游的发展应从海洋旅游产品的开发设计着手,逐渐向海上、海中、海底等空间领域扩张,应从海洋旅游的主体、客体、政府服务和管制的角度加以研究。也就是说,过去的海滨旅游产品只是停留在对 2D(平面)空间的设计与规划上,如今的海洋旅游则是对 3D(立体)空间的产品设计与规划。在海洋经济发展的新背景下,本书率先提出了与旅游产品开发相结合的海洋旅游发展的新理论,提出海洋旅游业发展方向是我国发展海洋旅游业的前提。

本研究在现阶段我国海洋旅游业的发展基础上,对国内外海洋旅游开发经验和开发模式进行分析,针对海洋旅游产品的 2D 空间向 3D 空间延伸的政策需求和市场现实需求,从海洋旅游开发设计的主体角度、客体角度、理论和实际相结合的角度研究海洋旅游业的发展,提出海洋旅游的相关对策,以期能够对我国各省市海洋旅游业的发展提供明确思路,促进旅游市场和海洋旅游资源的合理有效配置,带动我国海洋旅游相关企业的规模化、集约化、国际化,同时也为促进海洋旅游理论体系的深化与发展,促进海洋旅游产业可持续发展提供新的途径。

第二章　海洋旅游产品开发概论

第一节　海洋旅游产品概述

一、旅游产品与海洋旅游产品的含义

在介绍海洋旅游产品的概念之前,我们要弄清楚旅游产品的含义。旅游产品往往同休闲、娱乐等内容混合在一起,所以在这里我们有必要先考察一下休闲、娱乐等行为究竟与旅游产品有何关联。

休闲(leisure)是指人们在业余时间时能够自由活动或者享有自由的机会,即摆脱繁忙的事务,拥有自由的时间,并且对这种时间赋予某种目的、价值以及手段或方法论方面的意义时我们称其为休闲。业余时间根据其活动状态可以分为旅游、娱乐、玩耍等多种多样的活动。

娱乐(recreation)是指人们在业余时间里所从事的一系列活动,一般包括消遣、休养、游戏等活动,而这些活动往往对人类具有调节情绪功能,创造好的气氛的活力,是一种刺激性的活动。娱乐活动不仅有益于我们每个人,而且还有益于社会。娱乐活动既包括犹如玩耍游戏的活动,也包括旅行、文化探访等活动。

休闲的一种形式是体育竞技活动(sport)。体育竞技活动的英语词

源是 disport，其含义是"从某种事情中摆脱"的意思，也可理解为娱乐或者转换气氛。如今我们把体育竞技活动的含义限定为休闲或者娱乐中的身体活动。

与此相反，有些旅游机构则把旅游产品定义为"离开自己所居住的地方 16 千米以上（或者离开市、县等行政区域）的旅行，其目的是休闲活动（娱乐、休假、健康、研究、体育竞技活动等）或者为了事业、家庭关系、业务外联、参加集会等活动的一系列行为关联事务"。世界旅游组织（World Tourism Organization）把旅游产品定义为"与娱乐、健康、科学、行政、外交、宗教、体育、商务商业为目的的与旅行滞留行为关联项目"。

由此可见，关于旅游产品的定义虽然多种多样，但归根结底是以业余时间为基础的、人们的休闲活动中的一种行为关联事务。

海洋旅游产品如同旅游产品概念一样，从根本上脱离日常生活而为了追求变化的行为（目的），在海域和沿岸连接处的单位社会区域内所发生的旅游目的性活动（空间），直接和间接地依靠海洋空间的关联活动（形态）。

海洋旅游产品是灵活利用包括海洋和岛屿、渔村、海边等辅助资源的以旅游为目的的所有活动，在海域和海岸线连接处受到海洋环境影响的领域内所发生的旅游活动，尤其是以大海为背景所发生的旅游活动关联事务。

由此可见，海洋旅游产品是将以大海为依托的海洋体育竞技活动、休闲活动等成为现实的海洋性资源作为其对象。海洋旅游产品的主要资源是我们通常所指的 3S。大海根据外海和内海的不同，其气象条件和海上条件都存在差异，所以利用海洋资源的方法也有所不同。内湾、海角、岛屿等海域连接处陆地的形状不同，利用海洋资源的方法也不同。海边的沙子对海洋旅游产品来说很重要，其原因是在海洋旅游发展初期，以沙子多的海水浴场为中心，海洋旅游才开始兴起来的。如今在海洋旅游产品中海水浴场或者沙子堆场的比重要比过去降低是个不可否认的事实，但海水浴场和沙子堆场仍然是不可变的重要资源。灼热的太阳、气温的上升促使人们产生去海水边的欲望，因此，气温的上升对海洋旅游产品的开发很有益处。气温越高，各种海洋旅游产品会层出不穷，促进海洋旅游业的蓬勃发展。所以，气温是影响海洋旅游业发展的最重要因素。一般来说,气温上升时海水浴、海洋体育竞技活动、航游、休闲潜水等方面人们的活动量将急剧扩大。海水浴在气温 24～25℃ 以上时就开始活跃起来,其他海洋体育经济活动则在气温 10℃ 以上时就可以非常活跃。然而,海边关联型旅游和生态旅游却与气温上升没有多大关系。

除了气温因素外,大海的气象、海风、充足的空气、海的颜色、大海周围的环境、大海景观等将会对海洋旅游产品的开发起着至关重要的作用。尤其是台风、暴风雨等气象警报一旦发布,将会中断所有海上活动,给海洋旅游产品开发带来致命的打击。海洋旅游产品与内陆旅游产品的比较如表 2-1 所示。

表 2-1　海洋旅游产品与内陆旅游产品的比较

形态	海洋旅游产品	内陆旅游产品
安全性	与急剧变化的海洋环境相伴的是安全性这一首要目标	与海洋环境相比,内陆环境对旅游设施的安全性要求相对要低
设施的耐久性	大海的波涛、海风等特殊环境对旅游设施的耐久性要求也很特别	与海洋的特殊环境相比,内陆环境对旅游设施的耐久性要求很一般
设施的投资费用	在大海的特殊环境中能够维持的旅游设施投资费用也很高	与海洋的特殊环境相比,内陆环境对旅游设施的投资费用相对较低
季节性	受到海洋气温、水温等因素的影响,海洋旅游产品的季节性很强	与海洋旅游产品相比,内陆旅游产品的季节性相对弱

海洋旅游产品所指的空间范围的海洋包括海边、海上、海中及海底,岛屿是海洋内的陆地,所以归属于海洋旅游产品的范畴。此外,海洋旅游活动发生地渔村等被设定为最重要的海边范围未免有些勉强,但我们可以把它定义为直接和间接影响海洋环境的领域。

综上所述,海洋旅游产品(marine tourism product)是利用空间禀赋的资源(包括海洋和岛屿、渔村、海边等),以旅游为目的所开展的一系列活动。海洋旅游产品的特征归纳为如下:

第一,海洋旅游产品是一种娱乐活动,即摆脱日常生活的体育竞技活动,并通过休养和娱乐活动追求精神和肉体的刺激变化,这就是所谓的海洋旅游产品的娱乐因素。

第二,海洋旅游产品是一种在海洋空间范围内发生的活动,即人们直接和间接地依赖于海洋空间的海洋关联型活动,这就是所谓的海洋旅游产品的海洋空间因素。

第三,海洋旅游产品是一种形态,即在与海域和海边邻接的单位区域内所发生的人们以旅游为目的所进行的活动,这就是所谓的海洋旅游产品的海洋形态因素。

第四,海洋旅游产品是一种环境亲和力极强的活动,即沿海海边是大海和陆地相互连接的地方,是海洋生物与陆地生物生态连接地带,栖息着大量的生物物种,所以这一地带是很容易被人为地破坏的海洋生态环境,开发海洋旅游产品首要的问题就是要保护好海洋的生态环境,这就是所谓的海洋旅游产品的生态旅游因素。

海洋旅游产品的开发与历史渊源有着密切联系。娱乐也好,针对人们的旅游目的所开发的海洋旅游产品的类型多种多样,如休养、水上休闲体育竞技活动、探险以及各种事件等。海洋旅游产品的历史渊源要归属于古罗马时代人们的洗浴文化,但更确切地说近代的人们利用温泉的海水浴才是海洋旅游产品的初始。随着人们利用温泉的海水浴文化的普及,沿海地区逐渐被人们认为是休养生息的好去处,因而,海洋旅游产品的开发过程就跟休养地的发展过程结下了不解之缘。

休养型海洋旅游活动最初起源于欧洲的旅游活动。自 20 世纪 50 年代后半期开始,随着收入的提高,自由时间的增加,交通网络装备的改善,人们对海洋旅游产品的需要和欲望越来越多样化起来,海洋旅游产品也从单纯休息和休养型旅游产品,变成更加积极而冒险的海洋旅游产品。社会经济条件的成熟和完善导致了主要为水上休闲体育竞技活动和渔村文化体验以及各种事件的海洋旅游活动向全世界范围内日益扩散,蓬勃发展起来。如今,海洋旅游产品的多样化目的起着题材型旅游活动的中轴作用。为对应这种日益增加的海洋旅游产品需要,各种海洋旅游产品的开发正在紧锣密鼓地进行着。这样的海洋旅游产品开发正在引起邻近渔村或海岸地区的整体社会经济结构的变化。

二、海洋旅游资源的定义及分类

旅游资源是指可以满足游客欲望和动机的具备魅力和吸引力的所有有形和无形的素材资源。然而,这种旅游资源定义随着人们的观念和兴趣爱好以及时代的变迁,具有其范围和价值发生不同变化的相对性和可变性。因此,对旅游资源的定义和分类不存在绝对的标准,旅游资源的商品价值只有在市场中才能得到实现和解决。本书认为旅游资源指的是其价值在市场中能够得到认知和肯定的资源。

海洋旅游资源则是指禀赋在主要海岸线或者海域的旅游资源,这种旅游资源在海洋依赖型或者海洋相关型旅游活动中得到利用,并实现其价值。

旅游资源可分为两大类:一是自然资源;二是人文资源。其中,自然资源是从自然界获得的旅游对象,具有景观美和娱乐性功能。作为自然资源的海洋旅游资源包括海水浴场、天然海水钓鱼台、候鸟栖息地、海岸景观地等。人文资源是由人类制作或者加工而形成的有形和无形的旅游对象,可再分为社会文化资源和产业资源。社会文化资源是指反映一个地区的生活方式、价值观、文化等规范化的文化艺术类资源。产业资源是指在产业活动中被利用的设施里可作为旅游素材的资源。作为人文资源的海洋旅游资源包括属于社会文化资源的海洋博物馆、海洋类地区庆祝活动、地区固有的海洋饮食,属于产业资源的渔港、港湾、小艇码头等。海洋旅游资源的分类如表 2-2 所示。

表 2-2　海洋旅游资源的分类

区分		内容
自然资源		海水浴场、候鸟栖息地、海岸景观地、海洋体育竞技活动空间、天然海水钓鱼台
人文资源	社会文化资源	海洋类展览馆、水族馆、地区庆祝活动、地区固有的海洋饮食、渔具渔法、海洋相关遗址
	产业资源	渔港、港湾、小艇码头

根据海域的特点考虑的话,浅水海域的海滩相对发达,可以优先考虑这些优势资源。与此相反,深水海域的海水清澈,并且沙子积压效果好,可以利用多种多样的海边和海中资源。利用不同的海洋空间开发海洋旅游产品的方案如图 2-1 所示,而海洋旅游产品的空间布局如图 2-2 所示。

海边（海水浴、旅游区、嬉水区、海滩区等）

海上（汽艇、滑水、快艇、大海钓鱼等）

海中（休闲潜水、海中瞭望塔、潜水艇、汽艇等）

海底（海水潜水主题公园等）

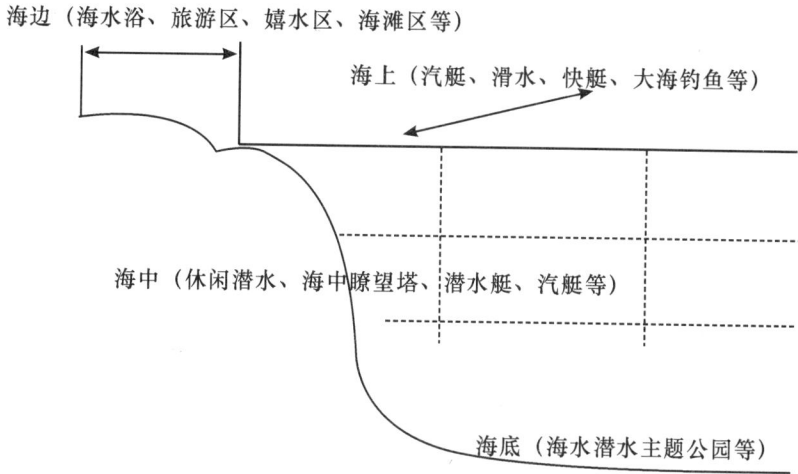

图 2-1　海洋空间类别开发海洋旅游产品的方案

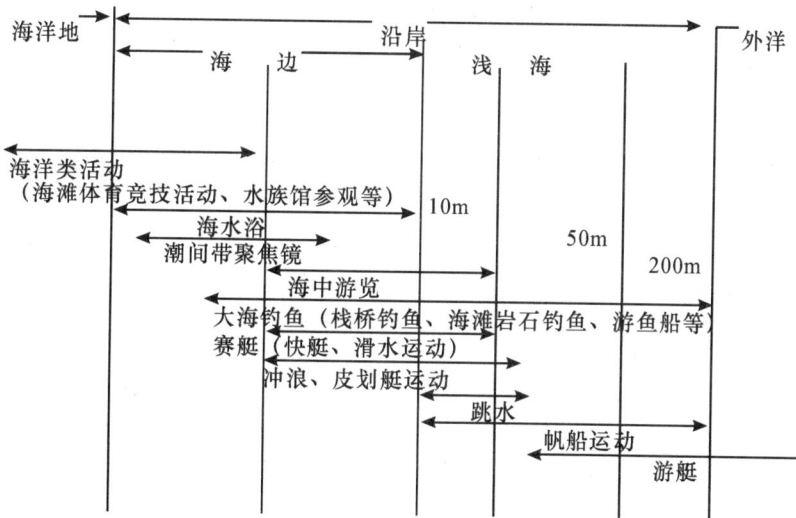

海洋地　　　　　　　　沿岸　　　　　　外洋

　　　　　海　边　　　浅　海

海洋类活动
（海滩体育竞技活动、水族馆参观等）　10m

海水浴
潮间带聚焦镜　　　　　　　　50m

海中游览　　　　　　200m

大海钓鱼（栈桥钓鱼、海滩岩石钓鱼、游鱼船等）
赛艇（快艇、滑水运动）
冲浪、皮划艇运动

跳水

帆船运动

游艇

图 2-2　海洋旅游产品的空间布局

三、海洋旅游的类型及具体活动

　　国外学者和机构从各种不同的角度对海洋旅游的类型及具体活动进行了划分。然而,这种分类法虽然通过对海洋旅游的类型及活动的划分,凸显出多种多样的旅游形态之间存在的明显区别,并消除了彼此间的模糊关系,避免了重复定义现象。但我们未采用这种分类法,而是根据对海洋依赖程度的高低来进行划分,再根据海洋水产局的分类标准来对海洋旅游的类型及具体活动进行了界定,如图 2-3 所示。

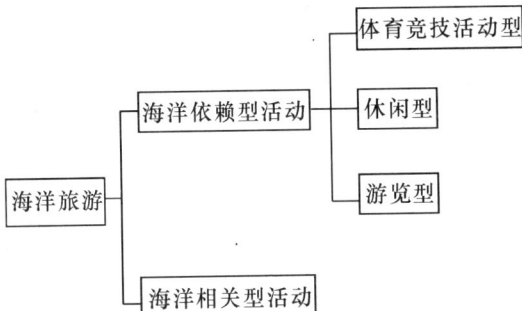

图 2-3　海洋旅游业分类

海洋依赖型海洋旅游包括体育竞技活动型海洋旅游、休闲型海洋旅游、游览型海洋旅游。体育竞技活动型海洋旅游是指创新利用海上空间的海风、波涛、海水流向等自然条件,在水面和水中空间进行的运动型旅游,具体包括坐快艇、行小船、滑水运动、喷气式滑水、帆船运动、呼吸管潜游、配备水下呼吸器的潜水等活动。这种海上体育竞技活动需要相关装备和辅助器械,还需要活动前的基本技能培训,所以要求有一定水准的收入群体才能消费之。这种类型的海洋旅游产品因具有某种创新含义,所以主要被年轻人所好。

休闲型海洋旅游是指夏天酷热的暑期前后以休养和休息为目的的海洋旅游,主要包括海边海水浴、沙浴、海边野营、海边学校等主流活动和捡贝壳、沙滩生态旅游等辅助活动。除此之外,还包括与季节无关的潮间戴聚焦镜观赏、大海钓鱼等休养型海洋旅游活动。

游览型海洋旅游在欧美和日本等国家是最受青睐的旅游产品,一般被那些退休之后具有休闲时间和资金的阶层人员喜好。然而,最近有些海洋旅游产品开发商也开始针对年轻人群体推出价廉物美的游览型海洋旅游产品。

海洋相关型海洋旅游包括参观水族馆、游览海洋博物馆、从事海边的各种游戏活动、进行自行车运动、晒日光浴、海边散步、在海鲜市场购物、欣赏日出日落风景等多种多样的旅游活动。海洋文化旅游是一种海洋文化的商品化形式,这里有海洋博物馆、海洋水族馆、渔村民俗馆、鲢鱼展示馆等,生态展示馆和海底遗物展示馆就是其中的内容。另外,还经常发生以沙滩和候鸟等生态资源为中心的旅游活动。在景观欣赏中还有日出日落、岛与岛之间海水分离的所谓"神奇现象"、海上公园等景观品味活动。海洋旅游的具体活动如表2-3所示。表2-4为韩国海洋旅游的参与类型。

表 2-3　海洋旅游的具体活动

形态		种类	
海洋依赖	体育竞技活动型	赛艇	冲浪
			帆船运动
		游艇及快艇	航海快艇
			动力快艇
			喷气式快艇
		海洋潜水	
	休闲型	海水浴	
		潮间戴聚焦镜	
		大海钓鱼	
	游览型	游艇	
		海中游览	
海洋相关型		研修设施 体育设施 文化设施 海边娱乐设施等	

表 2-4　韩国海洋旅游的参与类型

分类	项目	内容	其他
体育活动型	水鬼	资格证所有者10万人	
	帆板运动	3万人	
	其他	帆船(选手)1500余个人	7~8个赛场
海洋休闲型	海水浴	年参与人员三四千万	
	蛤蚌采捕、沙滩体验	海洋休闲,体育活动参加者的7%参与	渔村旅游
	海洋钓鱼	爱好者500万参与	

续表

分类	项目	内容	其他
游览型	国际游览船	金刚山:1 年 15 万人参与 游览船:5 万人参与	
	国内沿岸游览旅游	韩国沿岸游览船乘客:127.7 万人参与	
	海底旅游线	在济州岛运行中	
海洋相关型	海洋文化旅游、岛屿生态饮食旅游等多样性的活动类型	海洋博物馆等各种海边活动、水产物市场购物、观赏风景	文化疗养设施、体育开会等海边活动设施

第二节　地缘现象与海洋休闲的关系

海洋休闲项目很大程度上会受到自然条件的影响。自然条件有多种多样,如气温、水温、波涛、大风、水质等。尤其是水温对我国境内不同地区的海流起着决定性影响。海流是海水面的周期性上下运动的潮流、由暴风或者地震引起的海啸、副震动、沿岸流、波浪等各种因素复合作用而出现的结果现象。海流的方向和速度是指常态海水的流动。构成地球的海水为了防止气温的急剧上升从太阳中吸收辐射热,根据海流以不同的时间和空间向大气层释放出湿气。在这一系列过程中大海通过调节大气中的热量和湿气来决定气候的形态,这也决定了海洋休闲活动和娱乐形式。

大海的水温不仅影响海洋的各种状况,而且还会对气温和天气起着很大的影响。海水浴与普通的洗浴不同的主要原因在于人要进入比自己的体温低的海水,所以事先要做好细致入微的准备工作。适合做海水浴的海水温度成年人要 23℃以上,未成年人要 25℃以上。即使是适合的海水温度因其要比人体体温低 10 多度,刚开始就在海水里长时间浸泡难以正常调节体温,所以将会导致诸多不利的结果。最好是刚开始浸泡三四分钟,达到一定适应程度时要做不超过 15 分钟的海水浴后再重新浸泡海水为宜。一般情况下我们把海水温度达到 24℃时的等值线称作"比基尼防线",海水温度达到这一防线时我们主张可以做海水浴。

潜水运动一般在海水温度10～24℃的条件下进行,所以要求穿着潜水服。在做潜水运动时特别要留意的一点是即使陆地温度非常高,在潜水时也要戴上潜水帽子,这是因为人体体温损失最大的部位是人的头部。

海水温度对帆船运动和快艇等海洋旅游活动也起着重要的影响。对于帆船运动来说,初学者经常出现溺水现象,所以为了保持体温海水温度要达到一定程度,而在进行快艇旅游时人不幸遇难的话,考虑到维持体温问题,海水温度至少要达到10℃。

最近,因海水温度的提高导致水母(海蜇)大批量涌向避暑沙滩袭击游客现象时有发生,甚至有些国家和地区还出现鲨鱼游到海边旅游地的现象。海水温度的日益提高使得一些寒流鱼种数量急剧下降。这种气象温度升高现象的发生不仅给渔业带来影响,而且还影响着大海钓鱼旅游项目。与此同时,温室效应进一步加快了海洋旅游业的淡季和旺季到来的时间。如帆船运动、滑水运动、海水浴、休闲潜水等海洋旅游项目的开始时间比以往提前了不少。

潮水的涨潮和退潮现象的出现主要是月亮的原因,当然也不排除来自太阳的影响。月亮虽然只有地球的1/81.3,但它是与地球离得最近的天体,所以月亮对地球产生各式各样的影响作用,其中最重要的影响作用就是促使海水出现涨潮和退潮的现象。地球与月亮的位置和涨潮与退潮的关系如图2-4所示。

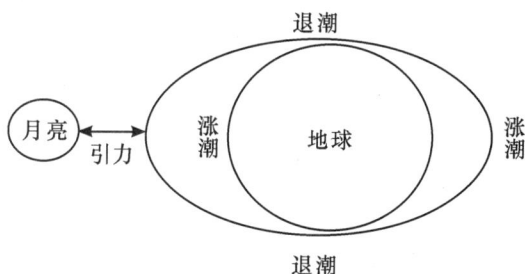

图2-4　地球与月亮的位置和涨潮与退潮的关系

这种引起潮汐现象产生的启动力我们把它叫作起潮力。海水在地球表面上虽然处于月亮的同一方向,但在以反方向运动时海面升高形成满潮(涨潮),在直角方向上则形成间潮(退潮)。起潮力跟地球重力相比微乎其微,海水面升高的程度仅仅约 80 厘米左右。然而,海水越浅越是受到月亮引力的影响,水位将发生更大的变化。

风在海面或水面上刮起时生成的波涛我们把它叫作"风浪",在某一海域生成的风浪移动到其他无风的海域时,风浪减弱形成"大浪"或"涌浪"。这样形成的波涛向四面八方扩散,并沿着海岸远距离传播。由于涌浪是随着风而生成并传播的波涛,所以在无风的情况下也会产生,不受风的直接影响。

潮流包括每天两次重复发生的潮汐和始终以一定方向流动的海流两种。这种潮流所带来的波涛很容易引起灾难。还有由火山爆发所引起的海啸也可称得上是给人类带来的最可怕的灾难。在冬天与夏天在海上所刮起的两种季节风相互交替时,这种具有一定风向的海风不会发生。季节风是由冬天和夏天大陆与海洋的气温差引起的现象。一般情况下,大陆与海洋的温度差冬天比较明显,而夏天不太明显,所以冬天的季节风要比夏天的季节风刮得更强烈。

水质对海洋旅游产品开发起着很重要的作用。海洋休闲活动是在对人体健康无害的海域进行的项目。海洋的有害性因素中具有代表性的要数海水质量。我们综合评价上述各种自然条件对海洋休闲业的影响作用,归纳出如表 2-5 所示的海洋休闲业与自然条件的关系。

表 2-5　海洋休闲业与自然条件的关系

类别		海水浴	休闲潜水	快艇	帆船冲浪	冲浪	摩托艇	大海钓鱼
波涛		O		O	O	O	O	
风				O	O			
气温	一定影响		O	O	O	O		
	很大影响	O						
水温	一定影响			O		O	O	O(亚热带以南)
	很大影响	O	O					O（温带以北）
雾气				O	O	O	O	
天气(晴、阴、雨)		O						

注:O 表示有影响。

第三章　海洋体育型旅游活动

第一节　海洋体育旅游活动特征

21世纪是海洋经济的时代。近年来,中国沿海海洋旅游发展迅速。但是随着人们生活质量的提高,旅游市场的发展,现有的观光旅游已不能满足人们的旅游需求,时尚、个性、充满体验性的新的旅游方式才是人们所追求的。

体育业和旅游业是当前国民经济中两个快速增长的行业,在我国国民经济快速稳定健康发展的前提下,人们生活水平不断提高,拥有了更多的闲暇时间,旅游成为触手可及的一项生活内容,回归自然、户外健身等旅游形式正日益成为人们余暇时间的首选。

海洋体育旅游是旅游活动中的一类特色旅游形式,它最大的特点就是有别于传统的观光旅游,更加强调旅游活动的深层质量、游客感受和个性价值,是体育观念、体验经济对旅游产业和旅游活动的渗透和提升。

广义的海洋体育旅游是指旅游者在旅游中所从事的各种身体娱乐、身体锻炼、体育竞赛、体育康复及体育文化交流活动等与旅游地、体育旅游企业及社会之间关系的总和。从狭义上讲体育旅游可以理解为,为了满足和适应旅游者的各种体育需求,借助多种多样的体育活动,并充分发挥其诸种功能,使旅游者的身心得到和谐发展,从而达到促进社会物质文明和精神文明、丰富社会文化生活的目的的一种社会活动。还有一些学者从体育旅游的某个侧面对其作了微观解释,如韩鲁安(2011)对体育旅游市场作了界定,张汝深(2007)从旅游市场营销角度阐述了何谓体育旅游产品,还有的学者对体育旅游资源作了界定。

柳伯力和陶宇平(2003)在《体育旅游导论》中提出:"如果从旅游活动具有体育的性质,即以旅游者的主要目的或主要活动内容是体育活动为逻辑起点的话,则可给体育旅游下一简明的定义:体育旅游是人们以参与和观看体育运动为目的,或以体育为主要内容的一种旅游活动形式。"

结合前人的分析,海洋体育旅游首先是一种体育活动,其次才是一种旅游方式。旅游是人们为了满足某种精神和物质的需要,暂时离开居住地所进行的旅行和逗留,以及由此引起的各种现象和关系的总和。因而,海洋体育旅游应以旅游的目的为目的,"满足某种精神和物质的需要",以休闲娱乐为目的。同时,"旅游是一种高级消费活动",海洋体育旅游活动本身也应该是一种消费行为。

一、海洋体育型旅游的特征

(一)海洋体育旅游适应大众需求,与现代生活方式紧密结合

海洋体育旅游的目的不是为了取胜,而是为了娱乐。因此往往通过简化规则使活动进行变得容易起来,大多数海洋体育旅游都不讲究专门技术,使得运动能力较差的人也能愉快地参加活动,体验健康娱乐的享受。海洋体育旅游受青睐的另一个原因就是它的自由性。海洋体育旅游以它的非拘束性受到了人们的欢迎。因此,海洋体育旅游活动所获得的乐趣是其他活动项目所不能相比的。同时还可以满足人们追求惊险刺激,征服自然的渴望,并满足他们的好奇心。

(二)各国的旅游企业,重视海洋体育旅游的开发,以获取巨大的经济效益

随着海洋体育旅游市场的扩大,许多开发商还利用互联网进行宣传

促销,并加大投入,重点扶持海洋体育旅游资源的开发。海洋体育旅游投资主体多元化,同时又强调了海洋体育旅游的可持续发展。海洋体育旅游已发展成为新的产业支柱,成为国民经济发展的重要组成部分。

(三)海洋体育旅游的世界性趋势越来越明显

各个国家的经济和政策都有利于人们从事国际旅游或洲际旅游。各个国家都有可能成为旅游目的地,这样就拉动了各国旅游经济的强劲发展。人们出国旅游,参加海洋体育比赛,如冲浪或度假疗养等,从中获取不同品位的身心体验和健康疗养。

(四)海洋体育的多种功能与旅游的结合

海洋体育运动之所以能在现代人的休闲方式中占有显著的地位,在很大程度上与它本身的特点和所具有的社会功能,以及对个体自身的改造作用密切相关。现代化的生产方式和城镇化给人们带来了财富和余暇时间,同时也带来了许多对人性和人的生命不利的因素。由于运动不足而使身体机能退化,适应能力和抗病能力减弱,工作压力加大,竞争增强,处于这种心理和生理状况的人们,十分渴望从压力中得到解脱。海洋体育运动则较好地满足了人们的这种需求,当人们跨入充满活力和生机的体育运动及娱乐活动场时,自由地选择那些可以宣泄心中的压抑,感受和体验发自内心的愉悦和畅快的运动方式,会产生极好的释放效果。

现实表明,在现代社会中,体育越来越呈现出它的多种功能和多种属性,海洋体育逐渐成为人们日常生活的一个有机组成部分。海洋体育型旅游形式可以提供人们从事体育活动,放松身心,锻炼体魄的机会,通过提供体育旅游路线,组织和引导消费者参与旅游,实现体育与海洋旅游的结合。

(五)海洋体育旅游具有可重复性

传统的观光旅游产品是为满足观赏自然风光、城市风光、名胜古迹等,这种旅游方式不具备重复性是不争事实,而参加体育旅游的消费者更加注重的是体验体育旅游过程,在重复的过程中不断追求新的目标,享受到更大的乐趣。海洋体育型旅游与参与者的身心健康密切相关,人们为了健康,会重复参与感兴趣的体育旅游活动,从中得到保健和愉悦的益处。

二、海洋体育旅游种类

海洋体育旅游的种类大致分为三大类:运动型、游憩型、观光型。

(1)运动型海洋体育旅游项目包括:海滩游泳、帆船、游艇、划船、独木舟、水上摩托车、冲浪、滑水、风帆、海钓、远泳、潜水、沙滩排球。

(2)游憩型海洋体育旅游包括:海水浴、日光浴、戏水、海滨露营、沙滩漫步、海岸生态赏鲸豚、潮间带活动、观海、海边游览、博物馆、渡轮、玻璃船、餐饮、购物等。

(3)观光型海洋体育旅游包括海洋生态观光、海岸景观观光、海洋产业观光、海洋人文观光、邮轮观光、岛屿观光、海洋城市观光等。

海洋体育型旅游资源丰富,范围广泛,把它又可分为:

(1)水域观光为利用载具搭载游客远离海岸,进入海洋、海岸与岛屿地区参访、游戏、体验或观赏等活动。

(2)依水域游憩活动管理办法称水域游憩活动,指在水域从事下列活动,例如:海水浴、游泳、冲浪、潜水。

(3)基于海洋运动与船舶之结合运用,亦指使用游艇在水面、水中从事游览、驶帆、驾船、滑水、船钓、船潜、拖曳伞及其他游乐休闲活动。

下面主要介绍利用船舶器具的海洋体育型旅游活动和以观赏为目的的海中休闲活动。

第二节　利用船舶器具的海洋体育型旅游活动

海洋休闲活动的范围及活动其实是没有限制的,同时在科技创新的时代,各种新式运动器材会被不断发展出来,人们也会不断创新各色活动。这里我们介绍利用船舶器具的海洋体育型旅游活动项目。

一、摩托艇

摩托艇是利用电动装置的船舶，主要在海上作为海上体育项目使用，其速度较快，同时也可以与垂钓、冲浪、滑水等其他体育项目一起进行。摩托艇是一项高端水上项目，惊险刺激，观赏性和竞赛性强。由于摩托艇运动体现出的科技、动力、速度、亲水、激情等吸引了一大批爱好者参与和媒体的广泛关注与报道，摩托艇竞赛成为一些企业和城市的良好宣传载体，其市场化的趋势越来越明显，城市和企业给摩托艇赛事和赛队以经费支持，从中得到相应的宣传回报，这已经成为国外摩托艇赛事的普遍运作形式。

二、帆船

帆船既可用作海上钓鱼，也可以用于发展趣味性海洋帆船活动、赛事。帆船运动是集娱乐性、观赏性、休闲性于一体的海上运动项目。现代帆船运动已经成为世界沿海国家和地区最为普及而喜闻乐见的体育活动之一，也是各国人民进行航海文化交流的重要渠道。

三、冲浪

世界上有成百上千的地方可以看到蓝色的巨浪、白色的海滩和扛着冲浪板身着时髦泳装的帅男靓女们。然而，当谈到冲浪时，人们首先想到的总是美国的夏威夷，这不仅因为夏威夷拥有世界上最好的、最危险的冲浪运动，而且还因为夏威夷岛的本地人波利尼西亚人是首先冲浪的人。

欧胡岛—夏威夷是冲浪的诞生地，每年来到这里观光的冲浪客比到全世界任何一个地方的都还要来得多。欧胡岛被公认是现代冲浪运动的诞生地，虽然冲浪长期以来就是波利尼西亚族裔和夏威夷人所喜爱的活动，但还是因为杜克卡哈纳摩库（Duke Kahanamoku）在威基基海滩（Waikiki Beach）的神奇一英里长冲浪事迹，才让这项运动举世闻名。他在1890年出生，曾担任檀香山警长，更在游泳项目上三度赢得奥运金牌，还演过电影；竖立在威基基海滩上纪念他的铜像，到今天还不时地有人献上花环。

四、水上降落伞

宽阔美丽的海滩、洁白无瑕的沙粒、碧绿翡翠的海水,作为印度洋安达曼海上的一颗"明珠",普吉岛无可挑剔。喜欢海上运动的游客,珊瑚岛绝对让你不虚此行。珊瑚岛因丰富的珊瑚群生态而得名,在小岛的周围环绕着各种色彩缤纷的珊瑚礁,这里风光优美,是各种水上运动的最佳选择地点。你随处可见很多水上降落伞爱好者。水上降落伞的乐趣,于苍穹之蓝投入碧海之蓝,在下坠之中感受心跳加速,其情其景,使人畅然。

五、游艇

钓鱼游艇,艇上置有空调、卫生间、垂钓鱼台等,钓鱼设备一应俱全,安全舒适,方便快捷。能每年接待上万名国内外游客和钓鱼爱好者,在许多优良的钓点处,可以进行岛屿垂钓、矶钓、远海垂钓、深海精品潜水等多种海上娱乐项目。游艇不仅可以带动海上观光、海上休闲娱乐、海底潜水、夜间海上项目等旅游活动的开展,还可以有效弥补中国海上旅游产品的不足。

六、豪华邮轮旅游

被称为"海上流动度假村"的邮轮是世界旅游从观光游向休闲游和度假游转型的产物。世界邮轮经济从 20 世纪 80 年代兴起以来,邮轮旅游是目前国际旅游市场上增长速度最快的一个旅游市场,对整个社会的经济发展有巨大的带动作用。邮轮旅游是典型的高端海洋旅游之一。邮轮旅游甚至能对相关产业带来推动作用,形成一种包涵着多个产业的邮轮经济。美丽的自然风光和豪华邮轮的组合,是目前人们追求高品质生活的一种必然趋势。

邮轮旅游的游程规划多元,旅游方式悠闲自在,可享受国际级的娱乐表演、豪华住宿、精致餐饮,可说是 24 小时全天候的海上度假村。加上邮轮旅游不分男女老幼,全家大小皆适合,也是行动不便及拒搭飞机的游客的另外一个不错的选择,还能减少旅客行李打包次数,可以到达许多海岸及港口都市,上岸观光等,皆是邮轮旅游产品重要的优势与特色。

最重要的是它提供了一个新的旅游概念——自由闲逸的航游。

当然在邮轮甲板上,你可以休憩看书晒太阳;宽敞的走道上,你可以架起三脚架拍照;在不同主题的餐厅里,你可以品尝到不同风格的美食;等等。

由于轮船独特的载运形态,也是世界唯一能集运输、住宿、娱乐于一身的交通工具,因此,轮船早已从运输机能转化为休闲机能。因为可载人数一次可达千人次以上,且具有可以停留在海上多日或随时靠岸等方便性,邮轮已经成为海上度假村。

第三节　海中运动休闲活动

下面具体介绍海洋中的运动休闲型活动项目。

一、海滩游泳运动

所谓海滩游泳便是一般所说的到海水浴场游泳。游泳运动是男女老幼都喜欢的海洋活动项目之一。古代人为了生存,必然要在水中捕捉水鸟和鱼类做食物,通过观察和模仿鱼类、青蛙等动物在水中游动的动作,逐渐学会了游泳。现代游泳运动起源于英国。1828年,英国在利物浦乔治码头修造了第一个室内游泳池,之后各大城市相继出现各式各样的游泳池。随着游泳运动的发展,游泳被分为实用游泳和竞技游泳两大类。实用游泳分为侧泳、潜泳、反蛙泳、踩水、救护、武装泅渡;竞技游泳分为捷泳、蛙泳、爬泳、仰泳、蝶泳。

竞技游泳,从第一届奥运会(1896年)起就列入了奥运会正式项目。发展到现在,各种锦标赛、国际大型比赛不断推动着竞技游泳的发展,使它的技术动作更完善,创造了一个又一个优异的成绩。

二、潜水运动

近几年来,由于潜水器材的进步,带动潜水运动蓬勃发展,投身于潜水和喜欢潜水运动的人也越来越多。由于潜水运动日益流行,许多潜水组织应运而生。海上潜水必须由有经验的教练来先作指导,并且配合不同区域及潜水的种类用不同的潜水装备。

国内有名的潜水地在海南。去海南旅游,不可不去三亚。到三亚旅游,不可不去潜水。潜水项目是海南休闲娱乐中最吸引人的项目之一。三亚可以进行潜水的地区是大东海、西岛、蜈支洲岛。这几个地方交通也很方便。三亚海域是世界公认的潜海胜地,水下能见度为8～16米,有些地方达到25米。成群的热带鱼,在水中悠游曼舞,美丽的珊瑚则随着折射的阳光而变换着自身的色彩,其他生物也变得如此的乖巧和温顺。您背上氧气瓶,穿上潜水服,戴上潜水镜,套上蛙蹼,经过简单的培训,在潜水教练的陪伴下,将会轻松愉快地成为一位海底使者,去打开海底世界的奥妙之窗,同鱼贝共舞。

三、潜水船

海底探奇旅游开发就是以发展海洋旅游为前提,以市场需求为导向,以丰富多彩的海底世界和海洋知识为核心,有计划有组织地吸引游客去海底探奇的经济技术系统工程。目前,进行海底探奇旅游的方式之一是运用全封闭式的观光潜艇。当游客乘坐观光潜艇看到与陆地上截然不同的海底世界时,心情会感到格外舒畅,从而忘却紧张的工作节奏,全身心地享受大自然的美景。所有的一切都对游客的身心产生有利的作用,从而升华旅游的本质属性——使游客获得精神上的愉悦。宁波—舟山海底地貌、海水深度和海洋技术等为海底探奇旅游开发提供了有利条件。

四、玻璃船

对于不想或不敢潜水,又很想看看海底是什么样子的人,可以选择搭乘玻璃船。玻璃船有些可以全部沉入海水里,有些是部分沉入海水里,在浅海则大多是只有船底部改成透明玻璃的玻璃底船。搭乘玻璃船,便可以透过游艇两面或船底的玻璃,观察海中世界,起程不久就可发现四周或船底下满布珊瑚、鱼、虾、贝类等,近距离观赏繁茂的珊瑚群落及海洋生物,让游客舒适地探索海下独特的海底世界。除了安全装备外,只要玻璃的防固做得好,一般游客可以不必太多准备及改变服装。虽不能直接接触水中的生物,对海里的景致仍能近距离下看得很清楚。

五、海洋观光型活动

海中观光是在海中设置观光台或者观光设备供游客观赏海底世界和风景。如浙江宁波海岛资源很丰富,这个海岛可以海钓,上面有游乐设施,狩猎等都在发展。

杭州湾跨海大桥海中平台就在大桥的正中间,有一个非常好听的名字叫海天一洲。它的外形就像一只展翅飞翔的雄鹰,面积接近两个足球场。它主要是分为主体平台和观光塔两个部分。"海天一洲"观光塔高145.6米,游客可切身体验"望海听潮观大桥"的感觉。

"海天一洲"整体建筑蓝白相间,占地12000平方米,主体建筑为高24米的6层钢结构,通过长约42米的栈桥与观光塔相连。观光塔高145.6米,共16层,电梯可直通塔顶的滨海观光廊。"海天一洲"整体感觉就是一座坐落在海上的五星级酒店,各类设施齐全,在其宽阔的大堂内甚至还有20多米高的棕榈树,里面有多媒体影院、咖啡厅、宴会厅以及大桥展览馆。

在观景台的展馆里,不仅可以亲眼目睹大桥的架梁过程,甚至还可以坐上模拟器,实景感受在大桥上风驰电掣的感觉,而不用担心违章。为方便旅客在海天一洲休憩,平台的一、二层还特地设置了300个停车位,平台内还在不同方位安排了大小27个房间,最大的一间面积在100平方米左右,几乎每个房间都可以观海或者观大桥。

自从我国开放各海域、海岸、渔港区域,现在游客可以体验各种海洋的观光活动,不仅可以在海岸游憩观赏海洋风光,也可以搭乘渔船出海,钓鱼或观赏海岸风景,用另一种角度来认识自己长久以来所居住的土地,同时可进行与渔业相关之海洋休闲活动,带动海上娱乐渔业的发展空间。例如,台南潟湖地区可以利用当地特有之生态、产业及地理环境等资源,包括七股曾文溪出海口黑面琵鹭栖息地、曾文溪口内海、潟湖、红树林保护区、七股盐场与盐山、二级古迹南鲲鯓代天府及海涛园、溪南春两处观光渔场,规划成一个丰富的潟湖生态休闲之旅。另外基隆碧沙渔港可以将和平岛海蚀平台、潮境公园及基隆屿巡礼等规划成游客出外旅游赏景的套装行程,供游客选择。

在国际上,赏鲸是海洋生态观光事业之一。可以观赏到鲸、豚的近海常常会吸引许多的游客搭船前往赏鲸。赏鲸船也每年成倍地增长,既让人们欣赏到了海洋生物的美态,同时也能够教育和引导人们去了解鲸的知识和保护鲸资源。

离东海岸五六里的外海,是黑潮与近岸流的交界处,两流相激,把海底的有机物质翻起,因而吸引了鱼儿成群觅食,自然也成了鲸、豚最常出现的地方。要不让海洋生态观光失业,就必须有永续经营的策略,除了限定人次及赏鲸的数量外,更应有尊重海中生物的态度。不过度接近、打扰或惊吓,更不要有让游客必须看到的承诺,否则一众船将鲸、豚围着,不但造成鲸、豚活动的困扰,更可能促使它们改道或甚至不复回来。

澳洲东海岸观鲸胜地——摩顿岛观鲸季正式开场。据当地专家预测,2011年经过摩顿湾迁徙的座头鲸数量较往年多,迁徙季也会延长。

每年6月,大量的鲸鱼经此从南极向北洄游到温暖的大堡礁过冬,摩顿湾水域冬天的水温非常适宜,并有广阔的大陆架,是鲸鱼休养繁衍的最佳场所。摩顿岛在50年前曾是澳大利亚最大的捕鲸站,由于过度捕猎,座头鲸的数量一度锐减,几乎从摩顿湾消失。1965年座头鲸被列为保护动物后,经过多年的保护与繁衍,它们又重新回到摩顿湾,轻松地享受这里的环境,也让摩顿湾重新成为澳大利亚最棒的观鲸地点之一。

第四章　海洋休养型旅游活动

海洋休养型旅游顾名思义是以休养身心为导向的旅游,相比体育型旅游更加适合老年人以及想要远离忙碌消除疲惫的都市白领。随着社会的飞速发展,现代人的压力越来越大,许多人更乐意在工作之余的节假日去享受海滨浴场的片刻宁静。为海滩的可持续发展,本章节首先对海水浴场的休闲旅游资源适宜性、建立合理的海水浴场水质管理制度进行分析。

第一节　海水浴场

海水浴场作为海洋旅游的组成部分,可以说是和海洋旅游一起发展起来的。海水浴场的关键要素是水质和沙滩条件等。

一、海水浴场的适宜性

海水浴场在滨海旅游业中占据着重要的地位,一般选取气候、水文、海水水质以及沙滩条件作为评价因子,作为海水浴场适宜性评价的指标体系。

海水浴场的适宜性涉及人在游泳和休憩时的舒适性与安全性,安全性又包括人体的健康安全与生命安全。由此两方面考虑,则主要以海水浴场的气候条件、水文条件、海水水质和海滩条件进行评价,此外还应考虑后腹地有无遮掩,树木、环境是否优雅,有无人工废弃物(如垃圾)和自然危害物(如昆虫、蛇)等。下面将海水浴场上述四个方面的条件作为评价项目,一般以每个评价项目中包含的若干评价因子作为参照的标准,进行海水浴场的适宜性评价。

(一)气候条件

气温直接影响人的健康和舒适程度,温度太低,会让人感觉寒冷,温度太高,会让人感觉炎热。不适的天气状况也会影响人的出行及舒适度,风力大小同样也会影响到海水浴场游泳的适宜程度和人的舒适程度,如果风力太大,使海浪过高过激甚至会威胁到人的生命安全。在海水浴场进行日光浴是主要的休憩健体项目之一,太阳辐射中适宜的紫外线照射会促进人的健康,但如果紫外线太强会灼伤人的皮肤,严重的会产生皮肤癌,威胁到人的健康。因此气候条件主要选取气温、天气状况、风力和紫外线指数作为评价因子,同时考虑到评价指标可获取的实际情况,以作为游泳观测期,如山东省海水浴场属于我国海水浴场划分的北区,即观测日期可以确定为从 6 月 25 日到 10 月 7 日,共 105 日。海洋环境预报中心的气象要素中的紫外线辐射指数(Ultraviolet Index)是指一天中太阳的位置在最高时(一般是在中午前后)到达地面的紫外线对人体的眼睛、皮肤等组织器官的损伤程度。紫外线指数越大,表示紫外线辐射对人体皮肤的红斑损伤程度愈加剧;同样的,紫外线指数越大,也表示在愈短的时间里对皮肤的损害程度愈强。气候条件适宜性等级主要采用中国海洋环境预报中心关于气象要素的评价标准,如表 4-1 所示。

表 4-1　气候条件适宜性评价

适宜度评价	温度(℃)	天气状况	风力(级)	紫外线指数(UVI)
适宜	>25	晴天,少云,多云,阴天	≤3	<5
较适宜	20~25	轻雾,小雨	3~5	5~7.9
不适宜	<20	雾,中等以上降水,特殊天气或灾害性天气	>5	≥8

资料来源:刘煜杰、张祖陆、倪滕南、袁怡:《海水浴场适宜性评价研究:以山东省为例》,《资源与人居环境》2009 年第 14 期。

（二）海水水文条件

海水的温度会影响人们的舒适程度,温度太低会使人受寒生病,危害人体健康,不适于人们在海水中进行活动。海浪高度不仅影响人们在海水中游泳的舒适程度,而且浪高过大还会威胁到人们的生命安全。因此海水水文条件选取水温和浪高两个评价因子,主要根据水温和海浪指标按照国家海洋环境预报中心评价标准进行评价。水文条件适宜性等级如表4-2所示。

表4-2　水文条件适宜性评价

适宜度评价	水温（℃）	浪高（m）
适宜	＞23	＜1
较适宜	20～23	1～1.8
不适宜	＜20	＞1.8

资料来源:刘煜杰、张祖陆、倪滕南、袁怡:《海水浴场适宜性评价研究:以山东省为例》,《资源与人居环境》2009年第14期。

（三）海水水质

在海滨浴场游泳,海水直接与皮肤接触,且可能入口,因此海水水质对人体更为重要。影响海水水质的因子中,总大肠杆菌、粪大肠杆菌、大肠杆菌、肠球菌是当前国内外环境检测部门评价水体受生活污水污染程度,以及在卫生学、流行病学上安全度的公认标准和主要的监测项目。国内外一般都选择总大肠菌群或粪大肠菌群作为评价因子。由于粪大肠菌群与游泳所引致的发病率关系密切,且观测成本较低,适宜作为指示性细菌指标评估海滩运动的健康风险。而溶解氧的含量会影响水生生物的正常生长,严重时会导致水体发臭、鱼类死亡,因此溶解氧含量也是水质评价的一个重要指标。海水透明度不仅影响到人们的视觉感受,关系浴场环境美学价值,对游泳活动也有较大的影响,如果透明度过低,会影响游泳者特别是潜泳者在水中的视觉范围,容易出现视线不清导致的事故。因此海水水质选取粪大肠杆菌、溶解氧（DO）和水体透明度作为评价因子。

根据我国《海水水质标准》（GB3039—1997）二类标准和游泳适宜度

分级评价标准进行评价。海水浴场水体与人体直接接触,海水水质应满足或优于第二类海水水质要求。海水水质适宜性等级如表 4-3 所示。

表 4-3　海水水质适宜性评价

适宜度评价	海水水质	粪大肠杆菌(个/升)	溶解氧(ml/l)	水质透明度(m)
最适宜游泳	优	≤100	>6	>5
适宜游泳	良	100～1000	5～6	1.2～5
较适宜游泳	一般	1000～2000		0.5～1.19
不适宜游泳	差	>2000	<5	≤0.5

资料来源:刘煜杰、张祖陆、倪滕南、袁怡:《海水浴场适宜性评价研究:以山东省为例》,《资源与人居环境》2009 年第 14 期。

(四)海滩条件

海水浴场的沙滩面积是浴场游客容量的一个基本指标。据前人调查研究的结果,大部分海浴者接受 $10m^2$/人的密度。沙滩适宜性评价应该首先从安全性角度考虑,其次是舒适性。沙滩坡度是关乎游泳安全性的一个重要指标,也会影响游泳的舒适程度。一般海滩倾斜在 1/50～1/10 范围内,倾斜度越小越好。此外,沙滩坡度与沙滩粒径有关,如粒径太粗,沙滩坡度太大,安全性降低;沙滩粒径粗细不均,粗沙或砾石扎脚、硌脚,降低浴场的舒适性;粒径太小,沙滩坡度过小,游客须涉过太长距离的浅水才能游泳,也不能算舒适。目前研究认为平均粒径在 0.25～0.5mm 算最好。因此沙滩条件选取海滩面积、海滩坡度、海滩底质和 1.5m 深水域距海岸线的距离作为评价因子。海滩条件适宜性等级如表 4-4 所示。

表 4-4　海滩条件适宜性评价

适宜性评价	海滩面积(m^2)	海滩前滨坡度 (‰)	海滩底质粒度均值 (mm)	1.5m 深水域距 海岸线的距离(m)
优	>100000	<60	<1	>30.5
良	50000～100000	60～100	1～2.5	15.25～30.5
较差	<50000	>100	>2.5	9.15～15.25

资料来源:刘煜杰、张祖陆、倪滕南、袁怡:《海水浴场适宜性评价研究:以山东省为例》,《资源与人居环境》2009 年第 14 期。

据国家海洋环境预报中心统计,我国各地海水浴场主要适宜性环境指数如表 4-5 所示。定期公布海水浴场的适宜性环境指数和海水浴场的认证制度,有助于游客选择适宜的海水浴场游玩。

表 4-5　我国主要海水浴场适宜性指标

海水浴场名称	水质	健康指数	水温(℃)	浪高(米)	游泳适宜度	最佳游泳时段
三亚亚龙湾	优	96(优)	27.4	0.8	适宜	20～21 时
海口假日海滩	良	80(优)	26.6	1.0	较适宜	6～13 时
防城港海水浴场	优	96(优)	27.1	0.4	适宜	6～13 时
北海银滩	优	96(优)	25.5	0.4	适宜	6～13 时
湛江东海岛	优	96(优)	25.8	1.0	较适宜	14～16 时
广东阳江闸坡	优	96(优)	25.3	0.5	适宜	13～15 时
广东江门川岛	优	96(优)	26.6	1.2	较适宜	20～21 时
深圳大小梅沙	优	100(优)	25.7	0.6	适宜	13～17 时
广东汕尾红海湾	优	96(优)	24.3	1.0	较适宜	18～21 时
广东南澳青澳湾	优	96(优)	23.5	1.1	较适宜	14～20 时
福建东山马銮湾	优	96(优)	23.5	1.2	较适宜	14～19 时
厦门黄厝	优	96(优)	23.2	0.8	适宜	13～18 时
福建平潭龙王头	优	96(优)	22.1	1.8	较适宜	11～17 时

资料来源:国家海洋环境预报中心。

二、海水浴场的认证制度

发达国家的海水浴场的认证制度,一般以一年为限,政府委任环境团体或者非营利组织进行管理。除了日本,其他国家收取认证费用。认证费包括手续费、现场考察和评价、调查、咨询、认证旗子、小型册子、证明书、广告等费用。

欧洲通过 Blue Flag Program、澳大利亚通过 Clean Beach Challenge、美国利用 Blue Wave Award 认证系统,每年对达到一定水平的海水浴场发认证合格旗子,旗子插在海滩上,游客寻找认证通过的海水浴场,可放心享受安全可靠的海水浴。通过这样的认证制度(见表 4-6),不仅有利于游客对海水浴场的选择,更有利于海水浴场的质量提高。

表 4-6　各国海水浴场认证制度评价项目比较

区分	美国	日本	欧洲	澳大利亚
管理制度	lue Wave Award	适宜海水浴场标准	Blue Flag Program	Clean Beach Challenge
主要评价项目	水质 安全性 服务 维持管理 情报教育 就寝管理	水质和景观 对环境保护的意识和措施 安全性 便利性 多样性	水质 环境教育和情报 环境管理和设施	干净的海边 资源管理和废气物管理 防止垃圾措施 亲切的海边氛围 地域发展参与行动 环境保护
评价方法	由 Clean Beach Council 对申请的海水浴场符合评价标准的颁发认证书,没有达到标准的帮助设计管理以达到标准	对水质进行评价,颁发证书	由 FEE 对海水浴场的下水处理和游泳水质达到标准者,颁发证书	由 Keep Australia Beautiful(非营利机构)对达到标准的海水浴场颁发证书

　　韩国也很重视海水浴场的认证。从韩国济州市往东 14 千米的咸德海水浴场水质干净,水深适中,是深受大众青睐的避暑胜地。这里的沙滩十分干净,白色的沙子像白珊瑚一般,将大海衬托得更为蔚蓝。济州特有的玄武岩海边,耸立着为渔民们指引方向的灯塔,和周围的风景完美地结合在一起,构成一幅美丽的风景画。咸德海水浴场各种配套设施十分完善,有更衣室、停车场和酒店、野营场等设施,又有租借水上摩托车、香蕉船的地方,既适合住宿,又适合休闲娱乐,浅浅的海边还是钓鱼的好地方。咸德海水浴场和犀牛峰遥遥相望,波浪适中的日子,在海中冲浪一番也是海洋游客的选择。

　　可以得出结论,国外海水浴场的适宜环境的营造是靠对海水水质的严格管理和认证制度以及对环境的保护意识。在海水浴场的水质方面,国内还没有引起足够的重视,更没有严格的认证制度和管理机制。

三、我国海水浴场水质管理

　　因为海水浴场管理体制的不健全,我国的海水浴场,存在沙子流失、水质被污染等深刻环境问题。像海边高层建筑的建设,妨碍了海风的疏通,是直接构成海滩沙子侵蚀的直接原因,所以应该避免沿岸区域的密集的高层建筑或修养地的建造。同时,海水浴场的水质问题也是游客比较关注的问题。下面以国内比较有名的青岛海水浴场和厦门海水浴场为例分析它们的水质和适宜性。

（一）青岛市海水浴场水质管理

山东省的海水浴场主要位于东部沿海的日照、青岛、烟台、威海4个城市。以青岛市海水浴场为例,青岛市内的第一、第三和石老人海水浴场具有不同的游客密度和服务水平、不同的交通便利程度和距离、不同的游客类型及消费行为、不同的自然景观和水文环境。青岛市第一海水浴场位于汇泉弯畔,拥有长580米、宽40余米的沙滩。这里三面环山,绿树葱茏,海湾内水清波微,滩平坡缓,沙质细软,作为海水浴场自然条件极为优越。青岛市第一海水浴场消费总额达到1.97亿元/年,海滩年度总使用支付意愿达到6310万元,环境保护捐赠意愿达到1.74亿元,总海滩使用价值超过4.3亿元,再加上非使用价值,其价值总量相当可观。第一海水浴场夏季高峰时每天的平均游客数量超过10万人次,最高达35万人次,是山东省乃至全国游客密度最大的海水浴场之一。第三海水浴场位于太平角北侧,由于该浴场服务设施不完善,只有部分冲水和商业设施对外开放,游客数量较少,主要以附近居民和疗养者为主;石老人海水浴场位于市区东部,是青岛市区最大的海水浴场,主要以外地游客和东部崂山区居民为主,夏季高峰季节平均游客数量超过1万人次/天。

从青岛海水浴场的适宜性来看,主要存在的问题是:因为海水浴场位于繁华的市中心,青岛工业较其他城市发达,海水污染相对比较严重,以致海水水质较差,海滩条件不尽如人意,海滩面积小,海滩容纳的游客数量少等。

（二）厦门市海水浴场水质管理

厦门岛海岸线曲折漫长,滩缓浪平,有适宜开辟海水浴场的天然条件。现有的海水浴场主要分布在鼓浪屿至厦门东侧水道一带。近年来,由于海洋环境污染加剧,海水水质下降,极有必要加强对海水浴场水质的监测力度,及时了解海水水质变化,以引导游泳者正确选择合适的游泳时机。

厦门8个海水浴场分布于厦门岛沿岸,自西向东分别为:艺术学校、水产研究所外浴场,鼓浪屿别墅美华浴场,港仔后菽庄花园外浴场,厦门大学浴场,公主园海鲜酒店外浴场,华天学院外浴场,椰风寨外浴场,一国两制外浴场。近岸海域海水水质评价标准执行《海水水质标准》,其中涉及水质的因子有30多项,全部监测将费时费力。当前,总大肠菌群、粪大肠菌群、大肠杆菌都是卫生学、流行病学上安全度的公认指标和主要监测项目,常用来评价水体受生活污水污染程度。

为了调查厦门海域水质,研究者们选取粪大肠菌群为主要污染指标分析海水质量,样品采集于每年的6—9月(夏季游泳高峰期)进行海水监测。选择距离海岸中点100米处水域,取表层5～15厘米深的海水。每周定期采样一次,每点取样一个。每年各采样17次,各得水样136个。他们的检测方法为进行粪大肠菌群项目的监测,监测分析方法按《海水水质标准》(GB3039—1997)执行,采用多管发酵法。评价标准与评价方法,根据《海水水质标准》(GB3039—1997)二类标准和游泳适宜度分级评价标准进行评价。海水浴场的水体与人体直接接触,海水水质应满足或优于第二类海水水质的要求。根据粪大肠菌群的浓度,对游泳适宜度进行了分级,三级以上均符合二类海水水质标准。

研究者的结果显示,厦门海水浴场水质均明显下降,尤其是不适宜游泳的四级海水出现频率增多,最适宜游泳的一级海水减少。曾厝垵、黄厝水域水质大幅下降,鼓浪屿水质也略有下降。鼓浪屿、曾厝垵海水浴场水质较差,不适宜游泳;黄厝区域的水质相对优良,适宜游泳。总体看来,厦门海水浴场水质整体下降。

根据调查结果,研究者们对厦门海水浴场水质下降的原因从下面几个方面进行了总结,我国其他地区的海水浴场水质管理和治理可以从中借鉴一些经验和教训:

一是九龙江入海径流带来污染。九龙江入海口位于厦门岛西面,九龙江河水自上游携带着大量的泥沙和生活、工业废水在此入海,直击厦门岛西岸。九龙江河水每年接纳的未经处理的各类污水达两三亿吨以上。工业、生活、医疗、畜牧养殖、农药、化肥等废水未经处理而大量顺流而下,特别是大量的生活污水、生活垃圾直接排入九龙江流域,使得河流水体受有机污染物的污染明显,水中粪大肠菌群浓度严重超标。入海口处的径流,随着潮汐的走动,将水中的污染物沿厦门海岸线自西向东转移,受到较大影响的是鼓浪屿与曾厝垵海域。九龙江入海径流已成为厦门海水浴场的主要污染源。

二是厦门市的陆源排放污染。随着厦门市社会经济的持续快速增长,城市人口的不断增加,附带的环境污染程度不断地扩大。每年都有大量的城市污水排放,由于处理能力有限以及废水私排现象存在,还有大量未经处理的生活污水直排入海,造成区域性的海域污染,影响到海水浴场的水质。人口密集区附近的鼓浪屿、曾厝垵的周边海域遭受的陆源污染较重,水质较差。

三是厦门海堤的阻隔及西海域的围垦。厦门海堤阻隔了厦门岛环岛海流的流动,并且厦门西面的杏林湾、马銮湾的围垦,使西海域的面积逐年缩小,从而使形如袋状的西海域纳潮量减少,内外海水交换能力降低,海水自净能力减弱,也影响了邻近的海水浴场的水体更新。而位于厦门东海域的黄厝海域因为有充分水体交换,水质较好。

四是天气等自然灾害的影响。如果遭遇台风、暴雨影响较多,雨水的冲刷使得陆源污染直接进入海域的几率大大增加。特别是在几次台风过后,海面出现了大量的垃圾漂浮物,粪大肠菌群含量大幅超标,由此推测,天气因素也是导致水质下降的原因之一(姜欣欣,2006)。

从青岛海水浴场和厦门海水浴场的水质可以看出,我国对海水浴场的水质管理还没有统一标准,缺乏管理和控制。我国的各地区海水浴场,借鉴国内外的经验,应该把水质管理纳入议程,加强其海水浴场的水质管理。

第二节　海上垂钓

随着社会的发展和人们休闲需求的增加,一种新型的休闲方式——海上垂钓,慢慢地走进了人们的生活,成为劳逸结合的渔业活动方式。海上垂钓的分析应该从它的文化开始。

一、垂钓文化解析

中华民族有着悠久的垂钓文化,并在其发展过程中,在各种因素的影响下不断得到传承,也必将随着社会的发展不断地丰富和完善。随着我国国民经济的不断发展,人民生活水平的日益提高,人们用于休闲的时间也随之大幅度增加。休闲渔业是人们劳逸结合的渔业方式。经济学家江荣吉(2003)认为,休闲渔业"是利用渔村设备、渔村空间、渔业生产的场地、渔法渔具、渔业产品、渔业经营活动、自然生物、渔业自然环境及渔村人文资源,经过规划设计,以发挥渔业在渔村休闲旅游上的功能,增进国人对渔村与渔业之体验,提升旅游品质,并提高渔民收益,促进渔村发展"。换言之,休闲渔业就是利用人们的休闲时间、空间来充实渔业的内容和发展空间的产业。垂钓是休闲渔业发展中的一个重要内容,是中华民族丰富多彩的鱼文化内涵中一个重要的组成部分。垂钓活动追求渔乐与自然的天人合一,取之自然,还之自然,其蕴含的文化也具有重要意义。历代名人雅士慕名前往垂钓,使垂钓的意境升华,孕育了丰富的垂钓文化,古往今来,经久不衰。而今,垂钓已成为人们健身娱乐的重要内容。钓鱼活动逐渐从单纯改善生活中分离出来,成为一种充满趣味、充满智能、充满活力、格调高雅、有益身心的文体活动。

(一)垂钓的发展

在现代社会大多数国家与地区,垂钓多是人们一项健身休闲娱乐活动。发达国家更是钓具先进、钓鱼场所丰富多样、钓鱼法规齐全、钓鱼秩序井然文明,以人为本又和谐于鱼类与大自然,注重环保在先的钓鱼理念深入人心。20世纪50年代初,国外掀起世界性的钓鱼热。1952年,欧洲、非洲、拉丁美洲等地的10多个国家,联合发起并成立了"国际钓鱼运动联合会"。1980年9月,由国家体育运动委员会牵头,在无锡市成立了"中国钓鱼协会"。而后,江西、江苏、上海、重庆、沈阳等地也相继成立了地方性钓鱼协会。在开放发展中,符合新的经济文化的"钓鱼俱乐部"兴起了,集钓鱼、旅游、休闲为一体而充满生机。随着人类社会经济文化水平的提高,全世界的钓鱼人越来越多。休闲垂钓运动已日渐成为一种时尚的休闲度假方式。

(二)垂钓与中国文化

古往今来,人们都把钓鱼作为一项有益于身心健康的休闲娱乐活动。古代很多名人、学者都喜爱钓鱼,虽然他们垂钓的目的各不相同,但培养高雅的情趣是完全一致的。我国有文字记载的4000多年历史中,早在新石器时代,我们的祖先就用骨制鱼钩钓鱼了,从地下挖掘出来的骨制鱼钩就是历史证据。2000多年前,神农、黄帝、舜帝都会钓鱼。公元前300多年的哲学家庄子,把钓鱼看得比功名利禄重要。《庄子·汤问》中也描述了楚国人詹何高超的钓鱼技巧。中国最早的钓鱼记载可能是《六韬》里的《虎》卷,记载的是太公望钓鱼的故事,这里垂钓成了政治智慧的展现和政治谋略的实施。中国的老庄学说博大而精深,其哲学认知论著名的命题有"子非鱼,焉知鱼之乐",大千世界,生灵万物,庄周却非要用"鱼"带出他的哲理。庄周在这里触及到了垂钓的魅力所在。垂钓的魅力,有的说是"希望"所致,固然也是对的,再升华一点,兴许是它的"不确定性"。由于人对鱼在认知上的不确定,庄周可以方便地说明他的抽象哲学命题。垂钓中由这种"不确定"的挑战,引发垂钓者希望努力转换为"确定"的中枢神经兴奋,俗话说的"钓鹿"是也。

(三)垂钓的休闲作用

关于垂钓的魅力,据许多钓鱼文化资料和钓鱼活动实践体会记载,垂钓是一项风靡全国乃至全世界的群众性休闲体育活动。如此多的人喜欢这项活动,这说明钓鱼有着巨大的魅力。垂钓的魅力主要体现在两方面:首先,垂钓能给人带来无限的乐趣;其次,垂钓常给人以强烈的刺激性。在垂钓过程中,总有机会遇到大鱼,这种与大鱼比拼的时刻,也是最富于刺激性的时刻,在这种较量中,钓者尽管累得筋疲力尽,却仍是兴致勃勃。

人最大的幸福是"健康",而垂钓也是获得健康的一种较好方式。人体健康主要包括两方面:身体健康和心理健康,两者同等重要。垂钓可促进身体健康。人们常说:生命在于运动。这句话揭示了运动可保持健康和延年益寿的科学道理。垂钓是一项野外运动。钓者离开喧闹、空气污染的城市,置身于青山绿水之间,呼吸新鲜的空气,沐浴和煦的阳光,动则健体,静则养心,乐而开怀。钓鱼的过程使大脑皮层得到很好的休息,身体机能得到协调平衡,起到防病治病、保健长寿的作用。外出垂钓,或多或少总有些渔获。鱼是一种营养十分丰富的食品,且有较高的药用价值,其食疗功效,历来为医药卫生学家和养生家所重视。多吃鱼,不但能强体健脑,还有防病治病、延年益寿之功效。在垂钓之外,还能享受鱼的美味及带来的神奇效果,岂不又是垂钓的一大收获。垂钓,还能使人精神愉快,远离烦恼,这是人体健康的必要精神因素。

从垂钓对人的精神影响来看,可陶冶情操,钓鱼人在茫茫碧水面前,使鱼儿上钩,不仅需要技巧和耐心,同时也是对耐心和意志的最好考验。钓者既然选择了垂钓这种休闲方式,就要准备承受垂钓给你带来的喜怒哀乐,从某种意义来讲,这也是一种陶冶情操的好方式。

同是垂钓,每个人追求的却不同,其体现的人生价值也不同。所以姜子牙渭水用直钩垂钓,非为钓鱼,而是钓人君也。而唐代诗人孟浩然"坐观垂钓者,徒有羡鱼情"的诗句充分表现了他的无奈和失望。自己不能出仕,而只有羡慕的份,人生价值如何实现,青史留名也可能成为虚谈,孟老夫子自然悲从中来,感慨无限。

垂钓活动是学习的动力,因为垂钓与科学的联系十分密切。季节、气温、水温、光照、水流、潮汐、天气等因素的变化,都会对垂钓效果产生影响。作为一个垂钓者,要想钓到鱼、多钓鱼,就必须了解垂钓鱼类的生活习性和很多的相关知识,并将学到的知识应用于实践。这个过程,就是一个求索、求知的过程。

(四)垂钓文化在休闲活动中的发展展望

现阶段休闲活动者的需求已经发生了改变,越来越看重休闲体验和经历的获得。而休闲垂钓的魅力就在于高度的参与性,除垂钓外还可以参加观赏捕鱼、驾驶渔船、亲自垂钓、品尝河鲜、参加捕鱼活动、住渔村、体验水上生活等既丰富多彩又颇具特色的活动。这些不仅丰富了休闲体验,而且增强了休闲乐趣,体验性强,重游率高,再加上消费较低,且季节波动不十分明显,休闲垂钓的发展恰好符合市民游憩的需求。休闲渔业活动的发展使得钓鱼活动逐渐从单纯改善生活中分离出来,成为一种充满趣味、充满智能、充满活力、格调高雅、有益身心的文体活动。钓鱼文化这一品牌,充分体现文化在休闲垂钓中的作用,通过文化的提升增强垂钓业的吸引力和辐射力,展现垂钓文化的魅力。我们可以向人们传播钓鱼文化,并加大对垂钓基地的宣传力度,采用多种形式,广泛宣传休闲垂钓文化和经营单位风采。

随着经济的发展、时代的进步,垂钓已形成了一种独特的文化。一个地区"钓鱼文化"的发展程度,可以反映出当地政治、经济、文化发展状况的一个侧面。因此,我们在发展休闲垂钓业的同时,丰富的鱼文化还将会融入其中。李平、张然然、卢飞(2010)认为,弘扬中华鱼文化的宝贵遗产,赋予休闲渔业丰富的文化内涵,激发文化情趣,既享受水域自然风光,又陶冶思想情操,将更加有利于提高休闲渔业品位。

二、海钓产业的发展

(一)世界主要渔业国家海钓产业的发展

作为一项中高端的休闲旅游活动,素有"海上高尔夫"之称的海钓项目在欧美国家已有上百年的发展历史。尤其在美国、日本、芬兰、挪威、加拿大等国家海钓产业发展健全。美国每年参加海钓人数达8000万人次,拥有海钓渔船1500万艘,年产值达380多亿美元,是其商业渔业产值的3倍。与此同时,为海钓服务的各类钓区、游艇、钓具、旅馆、餐饮娱乐等服务设施也一应俱全,其提供的120万个就业岗位为美国就业压力的缓解作出了一定的贡献。日本海钓产业颇为发达,是亚洲最大的海钓消费国。海钓爱好者占全国人口的30%,仅渔具、渔饵的年销售额就达8亿美元以上。

(二)我国海钓产业的发展

我国休闲海钓起步较晚,改革开放政策使沿海地区率先富起来,海钓也随之升温。从1995年第一家海钓俱乐部成立起至今,国内沿海城市已相继建立规模不等的海钓俱乐部千余家,海钓爱好者队伍也不断壮大,海钓产业对沿海地区经济结构调整和转型的影响逐步显现,已成为沿海地区促进经济发展的一大亮点。

(三)海钓产业发展研究

随着海钓产业的发展,以海钓为对象的研究也逐步增多。总结国内关于海钓产业的研究,大致可归纳为以下两类:一是海钓技巧研究。主要从海钓实践需要出发,介绍海钓常用渔具种类及其使用方法,钓场与钓点的选择,潮汐与潮流的观察,季节与气象的掌握,水情与鱼情的判断等海钓基本功,为海钓爱好者指点迷津。二是海钓产业经济学研究。主要以实证研究为主,大多数以渔业或沿海旅游较发达城市,如舟山、象山、洞头、厦门等地为研究区域。

浙江省舟山海钓产业发展较早,影响面较广。下面从浙江省象山、舟山为例,分析国内海钓旅游产业的发展。

三、象山、舟山地区海钓产业的发展

(一)象山海钓产业的发展现状

海钓产业是集渔业与休闲垂钓、旅游观光与娱乐体验、健身活动与竞技体育为一体的产业。海钓活动被看作是一项高雅的休闲活动,既可以进入大众化的消费领域,又可为中高端消费者提供个性化服务,它所涵盖的主体追求、心境体验、消费档次和历史文化等,都不是陆上其他旅游项目所能替代的。近年来,浙江象山海钓业被大力推进并呈良好发展态势。

象山的国际海钓节、休闲露营文化节等旅游特色节庆,在过去给象山带来了 730 万人次的游客。海洋、旅游、节庆,三个元素的融合,正在成为浙江宁波探索海洋旅游的发力点。根据《浙江海洋经济发展示范区规划》,未来浙江将以滨海城市为依托,重点建设宁波滨海—定海—岱山连岛等旅游板块。未来还将开发邮轮、游艇、垂钓、探险等高端产品,培育引进国际知名酒店连锁管理集团、旅游代理商和旅游咨询集成商,建成我国知名的海洋文化和休闲旅游目的。

1."海上高尔夫"创造可观经济收益

海钓是一项高雅的休闲活动,与高尔夫、骑马、网球并称为四大贵族运动,被称作"海上高尔夫"。象山的渔山岛,每到仲夏时节,这座安静的小岛总能迎来日韩等国的海钓发烧友。渔山岛海钓俱乐部董事长胡祖岳是一名土生土长的象山人,也是全省有名的海钓高手,每年象山举办海钓节都少不了他的身影。

当然在胡祖岳眼中,海钓不仅仅是一项娱乐项目,更是一个有潜力的产业。"随着一些外地及外国海钓爱好者的拥入,加快发展象山海钓产业的时机已经到来。"胡祖岳算过一笔经济账,渔山岛一带主要鱼类是黑鲷,俗称铜盆鱼,是一种普通经济类海鱼,市场价每公斤约30元,一般钓手一天能钓上2~3公斤,卖到市场上也就70~80元。但如果是海钓项目,游客除了往返交通费用外,在象山本地,至少要花费1800元钱。换句话说,每公斤黑鲷创造的市场价值,从30元涨到了300元,提升了整整9倍。这一经济效应,从海钓节举办中已经初显。如一名韩国选手来象山参赛,来回飞机票3000元,住宿费3000元,参赛报名费1200元,购买饵料1000元,加上餐饮等其他日常费用,总共加起来,来象山参加一次海钓比赛支出折合人民币1.4万元。目前该县已初步形成象山港、乱礁洋、韭山列岛、大目洋、檀头山、渔山岛、岳井洋等七大海钓区,可进行船钓、拖钓、岸钓、筏钓等多种海钓活动,适合登礁钓的岛屿达500多个,全年海钓时间长达10个月。据不完全统计,2010年到渔山岛参与海钓消费的游钓客达6万人次。海钓在象山兴起不过5年时间,游客的数量却增长了10倍。

2. 滨海渔民吃上"旅游饭"

休闲观光渔船是2008年象山旅游部门开发的新旅游项目,也是当地最受欢迎的休闲旅游活动。当了30多年渔民的王钊生不曾想过,不用离家几个月去远洋捕鱼,只要在家门口开开船带游客去海上兜兜风就能有稳定的收入。与王钊生同在一家公司工作的还有20多名渔民,自从休闲观光渔船运转以来,渔民们就改变了过度捕捞的生产方式,转产从事旅游服务业,吃上了稳定的"旅游饭",再也不用风里来浪里去赚辛苦钱了。发展海洋旅游不仅改变了王钊生的生活,对于另外一个人同样有着非凡的意义,他就是黄江泳,王钊生的老板、休闲观光渔船公司的负责人。看着石浦港不断有休闲渔船出海,黄江泳对这片海域同样充满了期待。"往年客人要等到六七月份才会来出海,今年从春节到现在,陆续有客人过来。2008年2条船接待了5000多名游客,2010年4条船接待了1.8

万人,今年6条船游客接待量有望突破2万。"说这话时,黄江泳的口气铿锵有力,"坐渔船出过海的人都说好玩,一个宁波的客人去年来了11次。前不久,江苏和福建的渔业部门都派人来我们的船上考察,他们对这个旅游项目很感兴趣,想把这个模式引入当地。"借助海洋优势发展旅游服务业,象山在"十一五"期间成为浙江省首批旅游经济强县,进入中国最佳休闲旅游县、中国生态旅游百强县行列。2006—2010年,年接待游客量从2005年的200万人次增长到730万人次。旅游经济总收入从2005年的12亿元增长到2010年的76亿元,年均增长在30%以上。

随着国民经济的快速发展,人们在满足物质需求的同时,对生活情调、生活质量等精神需求越来越高。都市人在紧张工作之余,需要有一个放松休闲的去处。他们希望亲近自然,体验乡村生活,在辽阔的大海里放松心境,渴望成为桃花源里的渔人。

(二)舟山地区海钓产业的发展

1.各级政府政策推动

近年来,浙江省政府高度重视海洋经济的发展,大力推行"八八战略",努力建设海洋经济强省。在发展海洋旅游方面提出了"大力开发海洋资源,加快发展海洋旅游产业"的战略要求。舟山市委、市政府明确提出了舟山经济要实现跨越式发展,并制定了"六六决策",为舟山海洋旅游产业的发展指明了方向。编制完成的《舟山市海洋旅游产业发展总体规划》(以下简称《规划》)进一步明确了发展海洋旅游产业的重要地位,提出要实现岛海联动,整合海岛海洋资源,做大做强舟山海洋旅游经济,要大力开展"海上观光、环岛巡游、海钓旅游以及渔村休闲旅游"等项目。市政府在《规划》的实施意见中强调要加快旅游精品项目建设,并把发展大众海钓列为重点项目,体现了政府推动发展海钓产业的决心。

2.舟山地区海钓产业发展

跨入新世纪以来,随着海洋旅游的不断升温,舟山旅游接待人数稳步增加,目前正处在一个高速增长的阶段,2007年全市游客量已经达到1300多万人次。全市以吃、住、行、游、购、娱为核心的旅游接待设施初成体系,具备一定规模、较高档次的酒店相继落户舟山。特别是连岛大桥的建成,使舟山与上海、杭州的4小时交通圈形成,以自驾车为代表的自助游呈现了明显的增长趋势,舟山海洋旅游将迎来新的黄金发展期。同时,以"渔家乐"为代表的休闲渔业发展迅速,全市已拥有休闲垂钓、生态观光、生活体验、品尝购物、科普教育等类型的休闲渔业项目 45 个,年接待游客 65 万人次。舟山海钓近几年发展迅速,并向产业化方向发展,相继建成了嵊泗六井潭、白沙岛、桃花岛、秀山岛等适合于大众游客岸钓的基地,全市已有海钓爱好者逾万人,海钓会员千余名,舟山的海钓氛围正在逐步形成。

(三)舟山海钓产业发展的优劣势条件

1. 舟山地区的优势条件

得天独厚的区位优势:舟山地处我国大陆海岸线中点,背靠经济发达的长三角地区,地理位置十分优越。长江三角洲地区是中国经济最发达的区域之一,人均 GDP 超过了 5000 美元,是高收入人群的聚居地,更是我国最大的旅游度假客源市场。据统计,长三角每年产生 2 亿旅游人次,占全国旅游出游人次的 28%,以周末和"黄金周"为主的近中程旅游已经成为长三角地区居民日常生活的一个有机组成部分。同时,舟山背靠上海,距离釜山、长崎、高雄、香港等国际大都市较近,这些城市有大量的海钓爱好者,随着海岛交通的便利和改善,舟山必将成为海钓爱好者的首选地。

丰富多样的海钓资源:舟山位于长江、钱塘江、甬江三江入海口,大陆冲淡水与台湾暖流的交汇处,独特的地理和气候条件产生了大量的浮游生物和贝藻类生物。境内大小岛屿星罗棋布,港湾众多,是各种近岸性鱼类和岛礁性鱼类繁殖、生长的理想海域,同样也是海钓的理想场所。舟山海域存在浮游植物 120 种,浮游动物 328 种,底栖动物 206 种,均高出全省平均水平一倍多。目前已经发现的能够开展海钓活动的可选鱼种在 30 种以上,舟山的石斑鱼、鲷科鱼类无论是数量还是质量,在国内均相当少见。

久负盛名的渔业品牌:舟山是我国唯一由群岛组成的海上城市,拥有大小岛屿 1390 座。舟山渔场是我国最重要的渔场之一,渔业历史悠久、源远流长,特别是海洋捕捞业作为传统的优势产业享誉国内外。舟山鱼类品种繁多,海鲜美味可口,素有"东海鱼仓"和"祖国渔都"的美誉,

2007 年被评为"中国海鲜之都",2008 年被授予"中国渔都"的称号,这些渔业品牌为舟山发展海钓产业奠定了良好的基础。

极具特色的旅游资源:舟山旅游资源非常丰富,风土人情各呈异彩,集海岛自然风光和海洋文化、佛教文化于一体。舟山海洋旅游资源品种之丰富为全国地级市所独有,奇特的山海风光,深厚的海洋文化,已成为我国华东地区独具特色和富有竞争力的海岛旅游区,有着巨大的开发潜力,而海钓作为海洋旅游的重点内容,必将获得快速的发展。

2. 舟山地区的劣势条件

海钓基地标准化发展配套条件不成熟。舟山岛礁众多,很多海钓资源分布在周边岛礁,发展海钓离不开钓船。我国海钓刚刚起步,受经济发展水平所限,海钓尚不能进入"游艇化"时代。目前的海钓用船一般多是休闲渔船,而休闲渔船按省有关规定,受到航距及风力的严格限制,与发展海钓要求差距极大。这已成为制约舟山海钓产业发展的一个重要因素。而且,目前常发生违规事件,安全隐患极大。

渔业资源萎缩。随着国内外海钓爱好者的增加,无序的海钓竞争使舟山部分近海渔业资源受到一定程度的破坏,有些海钓者不顾鱼类的排卵期及产卵期,不顾及"钓大放小"原则,进行掠夺性生产,造成鱼类品种减少;还有部分海钓者抛下的垃圾造成了对海域环境的污染,包括一些群众对舟山岛礁的破坏也直接影响了鱼类的生存环境。

(四)舟山发展海钓产业的对策措施

海钓产业在舟山还处于刚刚起步阶段,如何采取有效措施,促进舟山海钓产业全面、协调、健康地发展是舟山需要解决的课题。

1. 科学的产业发展规划

应立足资源对其产业的发展作出全面科学的规划,重点是对钓鱼场的区划建设、管理及养护。

对相关配套产业的布局及发展,海钓线路的安排作出规划,使海钓产业有序发展,稳步推进,形成定位准确、布局合理、功能多样、服务齐全,能适应各类不同消费群体需要的海钓业。此外,政府应认真研究,就海钓渔船的规范、发展、管理作出相关规定,保护海钓产业健康发展。

2. 加大钓场资源保护和增殖力度

资源是海钓产业存在和发展的基础。针对舟山近岸及岛礁资源长期以来破坏严重,一方面,要加大岛礁资源的保护力度,坚决打击非法捕捞。主要从改革岛礁资源保护管理的办法做起,发挥渔民或渔民组织在保护岛礁资源中的积极性和作用,明确岛礁资源保护、开发、利用的责权利关系,推进资源保护工作。另一方面,要大力开展对沿岸渔场及岛礁资源的增殖、养护。主要从以下三个方面开展:一是整治沿岸渔场,逐步削减资源杀伤力大的作业方式,发展资源保护型作业;二是大力开展人工鱼礁建设、资源增殖放流,搞好特别保护区建设,促进钓鱼场资源的丰富;三是按照钓场区划实施对钓场的管理,实施钓场轮流开钓的管理模式。

3. 海钓配套服务业的发展

海钓产业的发展可以带动旅馆、餐饮、渔具、饵料、娱乐服务等行业的发展,所以有必要根据海钓业的特点和钓客的要求,建设吃、住、行、娱等配套设施,大力培育海钓经营和服务企业。例如发展海钓俱乐部、海钓经营公司、渔具经销生产企业等。同时,还需要建设、培育导钓员队伍,提高服务质量,以期给大众游钓客留下良好印象。

4. 将舟山海钓品牌化

李欣、刘舜斌(2011)认为,舟山要在激烈的竞争中独占鳌头,必须创立自己的海钓品牌:一是组建舟山的海钓专业队伍,培育一流的海钓团队,提高舟山在海钓界的影响力;二是要引进举办国际、国内重要的海钓赛事,使舟山成为这些赛事举办的基地;三是要充分利用舟山渔场知名度高的优势,加大宣传营销;四是要抓好软件建设,不断提高服务质量,从而创出"舟山海钓"的品牌。

四、国外垂钓先进管理经验

日本休闲渔业的发展历程与美国不同,下面分析日本休闲渔业的发展模式。20世纪60年代,日本渔业的发展经历了从沿岸到近海,从近海到远洋的扩展和高速发展时期,但到了70年代,由于石油危机和世界主要沿岸国先后实施200海里专属经济区管理,高度依赖进口石油和外国渔场的日本渔业,出现了一个减船和渔业结构调整的大转变时期。在这个时期,日本政府提出了"面向海洋,多面利用"的发展战略,实施了沿岸和近海渔场的整治和"渔港渔村综合整备事业",并采取各种措施,发展休闲渔业。

日本地处太平洋,四面环海,海岸线蜿蜒曲折,水域面积相当于国土面积的 12 倍,渔业资源非常丰富,是世界上最主要的渔业大国之一。日本休闲渔业最初和最主要的形式为游钓业,每年国内消耗的钓饵仅岩虫就达 500 多吨,可见其发达程度了。随着参与人数的逐年增加,游钓已不再是单纯娱乐消遣的个人行为,已经开始影响到渔业资源的开发利用和管理,对以游钓业为主的休闲渔业加强管理的呼声也越来越高。日本政府对此所采取的措施主要有:在中央和地方都增设了休闲渔业组织,强化管理;与国际接轨,由国家立法实施游钓准入制度,并对游钓船的使用情况和游钓的主要品种与产量进行登记;加大投入,建造人工渔场;改善渔村渔港环境,完善道路、通讯等基础设施建设,保障休闲渔业持久健康地发展下去。同时,渔民、游钓者和渔业协同组织也参与休闲渔业管理。

日本在休闲渔业发展中非常注重发挥科研的指导作用,开发出许多有效的污染监测手段和治理方法,使渔业水域环境得到显著改善。另外,日本对人工渔礁的研究非常细致和深入,水产厅属下的几个研究所都有专人研究人工渔礁与鱼类的关系和人工渔礁的效益等。人工渔礁的投放,从根本上限制了底拖网作业,海底从平坦变为高低不平,再加上人工放流各种鱼苗,使原本日趋衰退的近海渔业资源得到了恢复性增长,为休闲渔业的发展创造了条件。

全球视角 1:

海钓方法

在地球表面,含负离子最高的地区是海边。在海边垂钓无疑是一种美好的享受,既能促进健康,又能陶冶情操,可谓乐趣无穷。

(一)海边陆地钓黑黄

黑黄在这里指的是黑鱼和黄鱼。进行海钓,饶有妙趣。用 0.4 毫米粗、60 多米长的尼龙线,用线板缠好,在其末端拴上约 100 克重的砣,在砣的上方 5～15 厘米处,用 0.3 毫米粗、长约 12 厘米的尼龙线,拴上中号鹤嘴鱼钩 2～3 只。这就是最简单而十分有效的钓具。临场时,在海滩挖点沙蚕(海蛆、海蚰蜒)装钩即可施钓。或在市场上买点处理的毛蛤等贝类装钩,既便宜又适用。根据情况选其中之一装钩即可,也可把贝类敲碎壳喂窝子。若用沙蚕装钩,最好是在钩尖外余 0.5 厘米长,让它蠕动,诱鱼上钩,不用担心被鱼摘吃提空钩。海鱼不像淡水鱼觅食狡猾,而是凶猛地一口吞下,所以海钓中极少有提空钩的。若用毛蛤等贝类装钩时,应把钩尖对准肉厚的白边刺入,将其易撕碎的黄和内脏部分卡入钩门内。这种装钩方法,可连钓2～3条鱼不用换饵。用纱布包些敲碎壳的贝类肉,或把鸡、鸭、鹅的肠子用绳拴牢,固定在重砣上投入钓域,然后把线收直,缠在手指上,等待鱼上钩。这时可与钓友下棋或进行野炊。假若出现缠线手指有拽力感,应不失时机地先往后抖一下线,借以把渔钩刺牢,同时两手快速轮流收线,以防海鳝上钩后钻洞。当收线不及,鱼已钻入石缝或洞中,但还不深的情况下,仍可能被拽出来,否则只好把脑线拉断。

黑鱼和黄鱼,一年四季不离海岸,在有礁石的海域,既是它的栖息地,又是它生儿育女的理想场所。但当把垂砣饵钩投入水域后,说不定什么海物都有可能上钩。所以要备一把抄网,用来抄大鱼或螃蟹等。若用家禽类的肠子为诱饵,在春、夏、秋季,螃蟹常常会装满钓者的渔护。要注意的是,当蟹钳住钓饵时,千万不要提出水面,只要离开水面,它便立刻松开大钳逃之夭夭。正确的方法是,放线让它下沉,操起抄网放入水中,再将蟹拉入抄网内,它便会就范了。能钓上来的黑鱼和黄鱼一般都不大,操作时应灵活掌握。不超过500克重的,不需抄网,可直提上岸。如在海滩进行底钓,常有重1000克以上的大牙片或油片鱼上钩。这种鱼常卧在底层自造的沙坑中隐避,等着游到嘴边的小鱼虾,吞而食之。用海竿进行拖钩(即投竿后慢慢地摇轮收线),有手感时就抬竿,抬竿就可能得鱼。

海钓受潮汐的影响。农历的初一至初三和十五前后,是上鱼的高峰期,尤其是从初潮到满潮这四五个钟头,上鱼最快。当潮水开始退落时,就可收竿了。若继续在岸边陆钓,收效甚微。为了赶潮流,最好是在黄昏或夜间出钓。如专钓黑鱼和黄鱼,钓位应选在它栖息的礁石附近,用廉价的贝类碎壳喂窝子,在一潮期投入500克左右即够,中间不需补窝,用重砣、大漂、手竿钓,常能丰收。唯礁石上悬崖峭壁,很难找到适宜钓位,弄不好有跌入海中的危险。在退潮后,常不须涉水,就能找到比较开阔而平坦的礁石,落潮时就喂上窝子,到初潮就开钓,历经一潮期12小时,便可带着丰收的喜悦,安全返回。在这期间,落潮时露出的石缝中,有拣不尽的小蟹子等小海鲜。此时,可尽情享受"赶海"的乐趣。手竿海钓可谓是一举多得。

手竿海钓,一定要配筒式立漂。因七星漂或蜈蚣漂在浪大的情况下很难观察,不适用,只有筒式立漂加重砣,才能抵住海浪的冲击。铅坠要重于大漂的浮力。不用漂亦可,但手不能离竿,有手感就提竿,提竿就可能得鱼。由于海钓绝大多数是咬死钩,只要在没有鳝鱼的水域垂钓,提竿早晚无关紧要。为了减轻手把竿的疲劳,可把竿放在支架上,在竿梢上拴一条绳,系在脚上或手指上,有拉力感就提竿,并可防止鱼把竿拉入海中。

(二)乘舟追钓甩鲅鱼

因为这种鱼的背部长有蓝黑色斑点,又名蓝点鲅,学名马鲛鱼。到了夏至以后,鲅鱼常在渤海沿岸近海水域游弋,尤其是入伏以后的30～40天,成群结队地到近岸猎食。这时用海竿垂钓会有好的收获。钓甩鲅鱼,要二人合作,乘舢板"追捕"。一人摇橹,一人站立船头观察鱼情,当发现鲅群时,二人通力抱橹快摇,加速追击,当追到甩钩能达到鲅鱼群位置时,改为一人掌橹,一人甩钩收线钓鱼。钓鲅操作技术要求高,体力消耗比较大,一时不好掌握,须经过一定的训练和实践方能得心应手。

钓具的制备。将3只中号长柄鹤嘴钩,用焊锡组成锚状,用钢丝拴牢钩柄后余出10厘米长,以防其锐齿把尼龙线切断。在砖上挖一个能容50克左右铅水的扁平梯形槽,用钢锯或专用刻刀开一道能容下钢丝的小沟,将拴钩的钢丝放入,把熔化后的铅水倒入梯形槽内,使钩、坠结为一体。在10厘米钢丝的末端,拴上一个能自由转动的环(将1厘米铁丝锤扁,钻上一个能通过细钉的孔,再揿成钥匙环状,把细钉穿入孔中,最后把钉子头揿个小圆圈,拴上主线即可)。这个转环可以消除主线拧劲,能在收线时牵动模拟饵转动,以增强对马鲛鱼的诱招力。扁平的梯形铅坠与锚钩连为一体,可减少收线时的阻力而不下沉,提高模拟饵的可见度。最后,用晒干的猪膀胱或河豚皮,剪成1厘米宽、7～8厘米长的条,把锚钩和铅坠用它包裹起来,在钢丝的根部结扎牢固,就是一副得心应手的钓鱼用具。使用前,用清水泡开、化软,用后挂起来阴干,可用一两年不坏。不仅钓甩鲅鱼好用,就是贪食的哲罗、鲈鱼都可上钩。

钓这些凶猛的大型鱼,主线粗要大于0.5毫米,如在船上追钓甩鲅鱼,60米长即够。要把线的末端拴在船头上,收线、甩钩都方便。甩钩要领是,先把线一圈一圈地收在左手中,余80～100厘米用右手捏住,沿身体右侧画圈,借钩坠画圈的惯性把钩甩出。坠钩甩出后立即收线,争取坠钩少下沉。收线时的拉力,可拽着模拟饵在水面上转,并发出击水响声。对此鲅鱼、哲罗、鲈鱼会误认为是逃窜的猎物,穷追不舍,直到上钩,但当发觉上当时,已不可能逃脱了。需要注意的是,收线速度不能过快,要保证钓者能看到模拟饵旋转滑行,又不离开水面,使河豚皮能稍展开一点,就是恰到好处的收线速度。在钓鲈鱼和哲罗时,以看不到模拟饵又不挂水底为佳。

(三)帆钓针鱼

具体方法是,用200～300米线,拴200～300只专钓针鱼的鹤嘴钩,用一个小的竹编箩筐,在筐缘缝上一条草绳,在主线上用10～12厘米长的脑线拴钩后,每隔40～50厘米与主线联结,将拴好的钩逐个插在草绳上,不乱线,用起来方便。钓法也很简单,把挖来的沙蚕(海蛆、海蚰蟮)剪成0.5～0.7厘米长的小段,每只渔钩上装一小段,边装钩边放线,主线上每隔2～3米加挂一个小的硬质泡沫塑料漂。垂钓时间最好是阴历的初一、十五前后的涨潮期,收获量常是其他时间的2～3倍。其实,海钓远不止上述几种鱼,这里只是选垂钓趣味浓又易钓获的技法。①

①　http://xkb626544.blog.163.com/blog/static/114845473201010255393815 8/。

第五章　航游型旅游活动开发

第一节　国际海上游览开发

一、海上游览概述

海上游览(cruise)是追求娱乐的游客游览多数具有魅力的港口的海岸航海,它比起更注重纯粹的旅游为目的的船舶旅行,具备住宿、饮食、娱乐等为游客客运服务的设施,给游客提供高水平旅游产品的同时,享受安全舒适游览秀丽的旅游地的旅行。

清晨,可以在甲板上慢跑,欣赏海上日出;繁星点缀的夜里,可以在豪华大厅高举香槟,聚会狂欢。邮轮旅游已经不是外国人的专享,国内邮轮旅游逐渐形成市场及客户群体。海上游览是邮轮和度假酒店的结合。

海上游览＝邮轮＋度假酒店

海上游览是具备住宿、饮食、娱乐等各种设施给游客提供船内较高服务,游览各个地方的同时,接触观光资源的航游型旅游活动。它与单纯移动为目的的客轮不同,整个旅程目的以"娱乐"为主,为顾客提供住宿、饮食、饮酒、娱乐等方便设施,提供一流的服务让游客安全舒适地游览。

海上游览是在各种旅行产品中给游客提供最高满足的高水平旅行产品。在费用方面，它要求较高的经费，旅行社的收益也高，对停泊地域的经济附加值创造效果较高，是世界各国都关心的旅游产品。

海上游览出现在19世纪初，曾用定期旅客航路上的大型客轮，在客轮淡季为提高运航效率，以欧洲富有阶层为对象，以地中海投入使用为契机而展开，这时的享受者一般局限在富人阶层。下面更具体地介绍海上游览的特征。

二、海上旅游的特征

海上旅游与旅客和货物输送有所不同，它是以纯粹的游览为目的，船舶的规模是大型的，并具备高级的附带设施，运行时间有定期和不定期两种。白天在新的起航点体验，即游览未知的世界，晚上是在船舶内享受着各种娱乐设施。海上旅游使用大型船舶，在航行时间上短的数日，长的则达数月。

（一）时间利用的效率性

游客就寝时在航行，白天游览各个旅游地探险新的世界，晚上在船舶内利用各种设施享用美酒、欣赏节目等度过愉快时间，所以提高了海上游览时间的利用效率。

（二）多样化价格

可以以低廉的价格享用酒店水平的饮食和船内设施，赏玩来自世界各国的节目、最高级别的海上体育项目。这些价格与旅行水平和提供的服务质量相比相对比较低廉。

（三）保障最高的安全性

海上游览的特点是外部人员的出入被禁止，船舶本身空间上比其他货船宽广，游客可以享受较舒适安全的旅游。

（四）提供世界各国的美食

在旅行中难得的是美食，海上游览都配有最高级别的厨师，在提供法国、美国、意大利等世界各国美食的同时，餐厅的环境也富有情调，为使旅客流连忘返而努力。

（五）提供社交场所

时间虽短，但在船舶内一起生活期间，会与各种人打交道，为交朋友提供良机。

（六）提供多样化的节目

每天晚上上演的幻想节目和各种晚会是其他旅游中感受不到的，这是海上旅游的魅力所在。

（七）体验多样化的文化

通过体验起航地的独特的地域文化、原住民的各种文化和联系旅游产品可以带来效用的极大化。

三、海上游览的分类及内容

先从形态方面对海上游览进行分类，可以分为大众、高级、豪华和特定目的等海上游览（见表5-1）。

表5-1　海上游览的形态分类

等级	市场份额	酒店等级基准	日程
大众海上游览	60%	一般酒店等级	2周以内
高级海上游览	30%	五星级酒店水平	3周以内
豪华海上游览	6%	特级酒店水平	6个月—1年
特定目的海上游览	4%	特殊观光、体育、研究	

按照运行类型区分，可以分为：

（1）港湾海上游览（Harbor Cruise）；

（2）岛屿顺行海上游览（Island Cruise）；

（3）派对海上游览（Party Cruise）；

（4）酒店海上游览（Restaurant Cruise）；

（5）长途海上游览（Leisure Cruise）；

（6）远洋海上游览（Ocean Cruise）。

邮轮并不是游轮，游轮通常不会横渡海洋，而是以最普遍的绕圈方式行驶，现代邮轮是旅游性质的，就像是流动性的酒店。国外邮轮上的主要设施如表 5-2 所示，一般具备住宿、运动、娱乐及休息设施和公共便利设施。船舶因大小如吞吐量不同，所提供的设施种类具有较大差距。一般长途海上游览和远洋海上游览属于国际间的海上游览，其他属于国内的沿岸海上游览。

表 5-2　邮轮上的主要设施

大小	主要设施
3 万吨以上	住宿设施：客房达到 5 星级酒店水平 运动设施：散步道、跑道、日光浴、游泳池、网球场地、乒乓球场地、健身会所 娱乐设施：电影院、赌场、酒吧、钢琴演奏厅、舞厅 休息等方便设施：餐厅、桑拿浴、温泉 公共设施：咨询室、广播室、医院、药局、办公室 其他设施：免税店、纪念品店、理发美容室、洗衣店、照相馆、儿童室
1 万～3 万吨	住宿设施：客房达到 4～5 星级酒店水平 运动设施：野外竞赛场、泳池、健身会所、体育馆 娱乐设施：剧场、赌场、酒吧、夜总会、迪斯科吧、咖啡厅 休息等方便设施：桑拿浴、餐厅 公共设施：咨询室、医疗设施、演讲厅、演奏厅 其他设施：阅读室、免税店、理发美容室
5000～1 万吨	住宿设施：客房达到 3～4 星级酒店水平 运动设施：泳池、桑拿浴、健身会所 娱乐设施：沙龙、餐厅、酒吧、剧场 休息等方便设施：桑拿浴、休息室、食堂、餐厅 公共设施：讲堂、咨询室、医务室、大众浴室 其他设施：理发美容室、小卖店、公用电话、洗衣店、水房
1000～5000 吨	运动设施：泳池 娱乐设施：迪斯科吧、钢琴演奏厅、影像系统 休息等方便设施：餐厅、沙龙、咖啡厅、桑拿浴、快餐厅 公共设施：咨询室、广播室、理发美容室 其他设施：阅读室

四、海上旅游的外汇收入及其对地域经济的贡献效果

海上游览通过入港的港口利用、渡船、曳引、装卸费用所提供的必要

物品和服务创造效果。特别是作为母港的时候因为配备各种食材等物品,出港准备等比起其他起航地可以创造更多的经济效果。

现代邮轮旅游已经成为一种上升势头迅猛的高端旅游产品。因为涉及航行、造船、建筑、商贸、交通、金融保险、旅游等多个产业,其带动作用十分强劲,被称为"漂浮在黄金水道上的黄金产业""港口城市的重要经济增长极"。

据测算,目前国际上邮轮母港每接待一名国际邮轮游客其平均综合收益高达1340美元,1万名游客在母港区域停靠10小时,将会给母港带来300万美元的收入。除此之外,邮轮母港还会给城市带来补给、油料、淡水与废品处置、港口服务、邮轮维护修理等多方面的经济收益。邮轮经济为城市经济注入强大的动力,还将有力地推动城市消费结构的转型升级,在推动城市经济发展、提升城市形象上发挥着十分重要的作用。

五、海上游览现况

(一)世界海上游览现况

1990年以后,全世界船舶年平均增长率为3.8%,但海上游览船增长率为7.4%。特别是从20世纪初开始,海上游览业作为朝阳产业,发展速度较快。传统的海上游览业是以地中海和北美加勒比地区的高龄富裕阶层为中心发展起来的,最近在亚洲地区作为新市场,引入中老年人阶层、一般大众为对象,显现大众化的趋势。

据世界海上游览协会统计,全世界海上游览游客规模从2000年的1019万名增长到了2005年的1440万名,2010年达到了1800万名。从海上游览船的情况来看,世界十大游览船公司占有全部海上游览船的50%以上,其中最大的三家公司(美国的Carnival公司、RoyalCaribbean公司、Star Cruise公司)占有80%的游览船。

表5-3　世界海上游览概况　　　　　　　　　　(单位:名)

区分	2001年	2002年	2003年	2004年	2005年	年平均增长率
北美	6906666	7470000	8195000	9107000	9670000	9.7%
欧洲 (英国)	1906000 (776000)	2120000 (824000)	2672000 (963000)	2793000 (1029000)	3216000 (1071000)	13.6% (9.9%)

续表

区分	2001 年	2002 年	2003 年	2004 年	2005 年	年平均增长率
亚洲 （日本）	800000 （200000）	820000 （220000）	700000 （200000）	650000 （200000）	N. A.	−6.7% （0.0%）
大洋洲	75000	116000	154000	158000	N. A.	28.2%
其他 （南美等）	505000	672000	620000	655000	N. A.	9.1%
合计	10192000	11198000	12340000	13383000	144000000	9.5%

从海上游览市场的需要量来看，一般北美需求量为 60%左右，欧洲 20%左右，亚洲 10%左右。其中在北美主要是以美国市场为中心，在欧洲英国和德国的游客占一半以上，另外还有法国、意大利、瑞典等游客。

在亚洲，因为海上游览的文化认识差异，海上游览产品的开发水平较低，还没有成熟。但 20 世纪 90 年代末开始，马来西亚的 Star 海上游览公司以新加坡为中心发展海上游览业，已成为世界主要海上游览船公司，日本也正在运营自己的海上游览船等，积极进军海上游览市场。

马来西亚的 Star 海上游览船主要是在新加坡和我国香港地区运行，主要特点是联系航空和海上游览的特殊游览项目。这样的产品包含航空运行费、海上游览船的运行费、住宿及美食、基本附带设施的适用费用等。随着 30 岁年龄层的收入增加和生活质量的提高，利用 3～4 天休假的短期特色产品越来越受年轻人的欢迎。

（二）我国海上游览现况

过去我们一般认为度假就是飞机、火车、自驾游，而邮轮是一个新的度假理念，是一个中高端的旅游产品。虽然我国的邮轮游客目前并不多但是增长速度较快，据国外不完全统计数据显示，2005 年以前，中国人每年坐邮轮的不超过 1 万人，主要是从中国香港地区、欧洲、美国上船的，内地还没有邮轮航线，2010 年为 40 万人次，2011 年大概为 50 万人次。

我国许多沿海港口城市现在都竞相建设邮轮母港，发展邮轮经济。截至目前，上海、天津、三亚已经开通了邮轮母港航线，厦门的邮轮母港航线也将在 2012 年实现常态化运营，青岛、大连、舟山、宁波、温州、深圳、广州等城市也都在积极谋划邮轮母港的建设，分享邮轮经济这块巨大的市场蛋糕。有专家预测，未来 3～5 年，中国邮轮旅游将迎来爆发式增长。

邮轮旅游是中国旅游业"十二五"期间的重点发展领域,国家旅游局正与相关部门编制《中国邮轮旅游经济总体规划》,预计到"十二五"末,中国邮轮市场将突破100万人次。一艘邮轮的造价在5亿~14亿美元,邮轮产业对产业上下游的带动作用明显,估计1美元邮轮造价能带来相关产业10~14美元的收益。显而易见,未来国内邮轮市场将是一个数十亿至近百亿美元的"蓝海市场"。

邮轮产业虽然发展前景广阔,可是其发展投资规模巨大。邮轮"财源广进",自然引来浙江的民间资本。目前国内船厂只能造内河豪华游轮,而对内部设计和装修理念要求非常高的远洋邮轮,目前还没有能力。2012年1月5日,浙江省发布《关于支持浙商创业创新促进浙江发展的实施意见》,称要积极引导浙商投资邮轮。目前,汇聚浙港台资本的主要由温州商人控股的中国邮轮有限公司已经在香港成立。据其介绍,该公司计划总投资20亿元,打造以舟山为母港的中国首支本土邮轮船队。作为船队的一期项目,该公司买下了全球唯一六星级双体邮轮"中华之星"。目前全国共有十几艘国际邮轮在靠泊,没有一艘是由中国民资控股的,"中华之星"是唯一由内资控股的邮轮。该公司项目二期还计划投入10亿~15亿元,继续引进4~5艘国际邮轮,逐步开通舟山至韩国、日本、东南亚等国际航线。

世界上可以挂靠邮轮的港口有900个,但是可称为国际邮轮母港的不到10个,邮轮母港不是靠政府形成的,而是靠市场形成的,需要具备很多硬件条件。发展邮轮产业是一个系统工程,包括航行管理、酒店管理、旅客管理、销售管理、供应管理,我国发展邮轮产业还缺乏经营邮轮的人才。

第二节　海底游览开发

一、海底游览开发的概念

骆高远(2005)认为,海底旅游主要是通过水下旅游游艇和海底博物馆让游客饱览丰富多彩的海底世界和了解与此相关的海洋知识。旅游开发是以发展旅游为前提,以市场需求为导向,以旅游资源为核心,以发挥、改善和提高旅游资源对游客的吸引力为着力点,有计划有组织地对旅游资源加以利用的经济技术系统工程。从而我们可以界定,海底游览开发是以发展海洋旅游为前提,以市场需求为导向,以丰富多彩的海底世界和海洋知识为核心,有计划有组织地吸引游客去海底游览的经济技术系统工程。

二、海底游览开发的意义

(一)有益于游客的身体健康

目前,进行海底游览主要有两种形式:一是运用全封闭式的观光潜艇;二是自由的个人式海底游览。在不久的将来,随着科学技术的发展,越来越多的游客会选择海底游览,而自由潜水游览不仅具有游泳的锻炼功能,而且能有效地加大游客的肺活量和利用海底微量元素来治疗游客的某些生理疾病。即使是乘坐观光潜艇,当游客看到与陆地上截然不同的海底世界时,心情也会感到格外舒畅,从而忘却紧张的工作节奏,全身心地享受大自然的美景。

(二)有利于增强游客的环保意识

游客在海底见到的不仅仅是各种美丽的鱼类、漂亮的珊瑚,而且展现在他们眼前的还是一个洁净、湛蓝的世界。通过海底游览游客对美丽的环境更加爱惜,无形之间也就增强了他们珍惜自然环境的意识。同时,游客进行海底游览时可能还会看到人们污染环境所造成的后果:因随意倒入海底的来自甘蔗田的化肥和糖厂的化学剂,致使许多环绕岛屿的珊瑚受到污染而死亡。无论是哪一方面,进行海底旅游都能增强游客的环保意识,从而为海洋的良性发展提供有利条件,为我国海洋的可持续发展奠定基础。

三、海底游览开发现况

(一)国外海底游览开发

海洋旅游资源是目前世界上开发利用最广、潜力最大的一类旅游资源,为了对这一旅游资源进行进一步的开发利用,海底游览开发在各国方兴未艾。20 世纪 80 年代中期,美国、英国、法国、日本、苏联就十分注重海底游览的开发,纷纷开展了对海底游览潜水艇的研制。进入 90 年代,全世界已有近 20 艘旅游潜水艇投入运营,其中具有代表性的是日本的"潜水者"号旅游潜水艇。该潜水艇每年 11 月下旬至 12 月上旬进坞维修,其他时间都处于营运状态。1989 年,日本仔奄美岛开辟了海底旅游观光业务,珊瑚海运、松下电器、日产造船、大岛运输等六家公司出资从芬兰购置了海底观光潜水艇"珊瑚探险号"。1993 年年初,风靡法国的流行歌手雅纳·比尔金和鲍里斯·贝克尔先后潜入了毛里求斯海底,以旅游者的身份率先游览目睹了奇妙的海底世界,引起了旅游者的极大兴趣,加上旅游营销,海底游览成了位于印度洋的毛里求斯、太平洋的西提岛、拉丁美洲的巴哈马群岛等地最为时髦的旅游项目之一。新加坡旅游公司也对此大力营销与开发,使喜欢海底探奇的旅游者能从巴拉望、锡米兰、锡帕丹、特鲁克和太平洋的最佳潜水基地出发,到真的海洋世界去游览。

在韩国济州的马罗岛,潜水员们经常来访,海岸绝景在济州具有代表性的美丽,也是被指定为马罗海洋公园的地方。与济州岛的其他沿海不同,松岳山沿海岸潜水艇运航区域易于各种热带鱼和海藻类等栖息,也是形形色色的多样珊瑚集中栖息地。

超 100 吨的潜水艇龙宫号是世界性海底景观中有名的韩国济州市的牛岛前海一带探险神秘海底世界的潜水艇。龙宫号运航的水深 10 米内是各种海草类,水深 20 米内是牛岛引以为豪的各种鱼群,水深 30 米内是各种漂亮的珊瑚礁和各种海底奇异鱼类。

(二)国内海底游览开发

我国已建成了广东放鸡岛、海南三亚等潜水旅游基地。广东放鸡岛海水清澈、透明度较高,水下富有酷似假山公园的珊瑚群及色彩艳丽的热带鱼类,这里已成为我国第一个符合国际标准的潜水游览基地。旅游者在饱览海底风光的同时,还可勇闯龙宫,与漫游而过的鱼群为伴,欣赏海底奇诡的岩石,缤纷美丽的珊瑚、海葵,极具诱惑力,而且充满生机,深受海底探奇旅游者的欢迎。海南省三亚市亚龙湾旅游区的潜水游览、海底探奇旅游项目,也吸引了众多的中外游客。但是我国的海底探奇旅游从总体上来看,由于起步晚,水平低,配套设施不齐全,加上宣传与促销力度的缺乏,尚未得到广大游客的广泛认同与参与,目前还处于低级阶段。要将我国的海洋旅游资源优势尽快地转变成产品优势,必须重视海底旅游产品的开发。

　　规模浩大的海底探奇旅游开发单靠一个部门的力量远远不够,还要进一步制定并落实优惠的投资政策,广开投资渠道,坚持强强联合的方针,实行谁投资、谁开发、谁经营、谁受益的原则。并依法保护投资者的合法权益,做到投资形式多样化,投资主体多样化。海底旅游产品的推广中,我们也应该树立海底探奇旅游"惊、奇、险"的形象,突出海底游览的特色。海底旅游产品的开发中,学习借鉴国外海底探奇旅游的经验,使海底旅游成为旅游时尚。

第六章　海洋文化探访旅游开发

第一节　海洋文化与海洋旅游

一、海洋文化的概要

广义的文化是指人类在社会历史发展过程中所创造的物质财富和精神财富的总和,特指社会意识形态。狭义的文化是指意识形态所创造的精神财富,包括宗教、信仰、风俗习惯、道德情操、学术思想、文学艺术、科学技术、各种制度等。

关于文化的分类,H. H. Stern(1992:208)根据文化的结构和范畴把文化分为广义和狭义两种概念。广义的文化即大写的文化(culture with a big C),狭义的文化即小写的文化(culture with a small c)。广义地说,文化指的是人类在社会历史发展过程中所创造的物质和精神财富的总和。它包括物质文化、制度文化和心理文化三个方面。物质文化是指人类创造的种种物质文明,包括交通工具、服饰、日常用品等,是一种可见的显性文化;制度文化和心理文化分别指生活制度、家庭制度、社会制度以及思维方式、宗教信仰、审美情趣,它们属于不可见的隐性文化,包括文学、哲学、政治等方面内容。狭义的文化是指人们普遍的社会习惯,如衣食住行、风俗习惯、生活方式、行为规范等。

海洋文化,就是和海洋有关的文化,就是缘于海洋而生成的文化,也即人类对海洋本身的认识、利用和因海洋而创造出来的精神的、行为的、社会的和物质的文明生活内涵。海洋文化的本质,就是人类与海洋的互动关系及其产物(曲金良,2007)。如海洋民俗、海洋考古、海洋信仰、与海洋有关的人文景观等都属于海洋文化的范畴。

人类的生命来自海洋,人类的文化起源于海洋。海洋占地球表面的71%,总面积约3.6亿平方千米,是地球上最大的"宝库"。海洋的浩瀚壮观、变幻多端、自由傲放、奥秘无穷,都使得人类视海洋为力量与智慧的象征与载体。

海洋文化包罗万象,人类缘于海洋,因海洋而生成和创造的文化都属于海洋文化;人类在开发利用海洋的社会实践过程中形成的精神成果和物质成果,如人们的认识、观念、思想、意识、心态,以及由此而生成的生活方式,包括经济结构、法规制度、衣食住行习俗和语言文学艺术等形态,都属于海洋文化的范畴。海洋文化中崇尚力量的品格,崇尚自由的天性,其强烈的个体自觉意识,其强烈的竞争意识和开创意识,都比内陆文化更富有开放性、外向性、兼容性、冒险性、神秘性、开拓性、原创性和进取精神。

中华民族是人类海洋文化的主要缔造者之一。中华民族祖祖辈辈所居住的大地,东南两面临海,海岸线长达1.8万千米,这样的地理环境,孕育了我国悠久的海洋文化。考古表明,早在旧石器时代,中国沿海地区就已有了人类活动的足迹。从公元前3世纪至公元15世纪,中国古代的航海业和航海技术,一直处于世界领先水平。古人还留下了众多描写海洋的诗词作品,如"海不辞水,故能成其大""长风破浪会有时,直挂云帆济沧海""海上生明月,天涯共此时""海纳百川,有容乃大"等,足见海洋一直以来都是中华文化的渊源和重要组成部分。无论从我国海洋历史文化、海洋军事文化、海洋旅游文化或海洋民俗文化中都能挖掘出无数亮点。较具有代表性的,如郑和七次下西洋的壮举,历史性地开辟了亚非海上航路,传播了中华物产和中华文明。更重要的是,在与不同国家进行文化、经济交流的同时,没有占领别国一寸土地,没有建立一个要塞,没有掠夺一份财富。郑和下西洋代表了中华民族发展和平共处、睦邻友好关系的精神实质,是相互尊重、和平友好的伟大实践,不仅完美地展示了中华民族对外交往的优良传统,也是人类文明发展进程中的一个杰出典范和成果。这就是先进的中华文化、先进的海洋文化。

中华文化发展到今天,文化氛围更加融洽和谐,文化创新更加积极活跃,文化产品日益丰富。文化建设与政治建设、经济建设、社会建设协调发展,对外文化交流、非物质遗产保护、舞台艺术、群众文化事业的发展都显现了勃勃生机。当代中华儿女,踩着前人的足迹,正以更加抖擞的精神、更加科学的态度、更加稳健的脚步在建设社会主义先进文化的大路上昂首前行。虽然目前海洋文化在文化部门还没有一个专门机构加以关注,但是我们欣喜地看到国家海洋局以及全社会对海洋文化越来越重视。我们对海洋文化的研究和探索日渐深入,如对海岛文化、航海文化、海洋文学、海洋旅游文化、海洋经济文化、海洋环保文化、海洋军事文化、海洋科普的研究和对海洋文化历史遗产的保护,等等。有关的海洋院校、海洋论坛、海洋博览会、海洋文化节等也在日益发挥着积极的作用,相信这些必将有力地推动海洋事业的蓬勃发展,必将推动社会主义先进文化的大发展大繁荣。

"海兴国强民富,海衰国弱民穷。"面临已经到来的海洋世纪,我们应该了解海洋、关心海洋,建设和弘扬海洋文化,让海洋更好地造福人类。

21世纪为海洋世纪。海洋是生命诞生的摇篮,是人类文明的重要发祥地,在人类社会发展的进程中起着举足轻重的作用。随着社会经济发展,陆地可供开发资源的减少,世界各海洋大国之间在海洋经济、科技、资源、海权等方面的竞争日益激烈。然而,种种激烈竞争的背后,实质上是海洋文化的竞争。不同的海洋思维、海洋意识、海洋观念等文化因素,决定着竞争的格局和态势,决定着竞争的成败。

(一)海洋文化的定义

由于文化概念有狭义和广义之分,且对文化的理解又受到研究者文化背景、知识结构和所站立场的不同的影响,因此对海洋文化的概念的诠释未形成明确统一的定义,国内学者对海洋文化概念的界定多是基于广义的文化来定义理解。李隆华(2005)认为,海洋文化是人类理性对海洋实践活动加以理解,并使这种理解适合于人类利益增进之后所形成的大规则。这个规则主要有祈求、合作和先进。在此基础上，又提出体现海洋文化的载体即海洋人文景观的概念和类型，认为海洋人文景观就是人类文明的历史在海洋上的反映所构成的可供旅游观光、审美鉴赏的存在物。

　　不同地域的沿海地区又由于地理位置和历史沉淀的不同，海洋文化呈现区域性特点。浙江舟山地处东南沿海，是我国沿海最大的海洋列岛型区域，得天独厚的地理位置和悠久的人类活动历史赋予了舟山特色鲜明、内涵丰厚的海洋文化体系。舟山海洋文化是舟山群岛人民长期依仗海洋从事政治经济文化等活动的过程中所创造的物质成果和精神成果的统一体，是缘于我国东南沿海海洋而生成的一种海岛型地域文化。舟山海洋文化旅游内涵丰富，呈现出多层面、多元化的特点，包括海洋历史文化、海洋文学艺术、海洋科教文化、海洋渔业文化、海洋佛教文化、海洋民俗文化、涉海名人文化和海岛港口文化等，有着深厚的海洋文化积淀和多元的海洋文化。

　　舟山拥有世界上唯一的海上宗教圣地和观音道场——普陀山，它的海洋佛教文化更多地体现为观音文化。观音文化是以观音信仰为核心而演绎出来的宗教文化现象，学术界一般将观音文化分为观音宗教文化和观音世俗文化两大系统。其中观音宗教文化是佛教观音信仰的基本义理和修持仪轨，大体上由两个相互联系的方面组成：一是对观音菩萨所具神力、灵验的崇信；二是为获得观音神力而进行的修持。观音世俗文化也就是观音信仰的世俗化，或者以世俗文化方式表现出来的观音信仰，主要表现在哲学、伦理、文学、艺术、民俗、养生等方面，这是近两千年来观音信仰深入世俗社会、普及民间大众的结果。"海天佛国"普陀山巍峨壮观的寺院殿堂、美奂绝伦的雕塑绘画、盛大隆重的观音香会、庄严肃穆的仪式修持、源远流长的观音传说以及高僧大德的菩萨风范不仅体现着观音文化，而且也体现出中国博大精深的以佛教思想、佛家礼仪为代表的佛教文化内涵。

　　海洋民俗文化，是指沿海区域的人们在充实海洋活动或海洋性社会生活中产生的海洋风俗人情、海洋节庆、海洋传说等文化形式，是最具特色的海洋文化。舟山作为中国唯一的群岛型城市，世代以海为生，以渔为生，海岛生活形成了舟山群岛丰富而又独特的渔家风俗，体现在舟山的生产习俗、生活习俗、礼仪习俗、民间艺术上。

（二）海洋文化旅游资源和海洋文化旅游产品

海洋旅游资源是能激发旅游者旅游动机，能为旅游业所利用，并由此产生经济效益、社会效益和环境效益的一切有形和无形的海洋文化旅游吸引物。有形资源包括现相关文物、建筑和建筑群、遗址遗迹等，具体形态有海船等水下文物、海堤海塘、港口、滨海和近海历史文化名城、古渔村、古集镇、民间信仰与宗教建筑、海防、海战遗迹、历史人物遗迹和历史事件发生地遗址、贝丘文化遗址、博物馆、主题公园等。无形的海洋文化旅游资源包括口头与非物质的文化资源、节庆活动等。具体形态有文学艺术作品、宗教信仰、民间文艺、传统技艺以及与海洋生产活动、生活方式有关的习俗和节庆活动，尽管在资源形态上，海洋文化旅游资源既有物化形态的实在物，也有非物化形态的模式和意境，但海洋文化旅游资源必然是附着于一定的有形实物或无形表现形式之上的，是以海洋文化载体的方式出现的那部分海洋文化资源。

在海洋文化旅游资源的基础上，并结合旅游产品的概念进行总结，海洋文化旅游产品是以海洋文化旅游资源为凭借，以旅游设施为依托，向旅游者提供用以满足旅游活动需求的有形实体和无形服务的总和，它包括海洋文化旅游景点、设施和服务。

二、海洋文化和海洋旅游的结合

我国的海洋文化起步比较晚，在很长时间内我们是靠着内陆文明发展起来的，如黄河文化、长江文化，后来在明清，又出现了运河文化，沿着运河又出现了一些新兴的城市，唯独在海洋上起步很晚，因为当时为了巩固政权，对海有一些畏惧的情绪，所以有了海禁，不许下海，而且还把海边的人内迁了50里或者更远的距离，这种畏惧给我们带来的实际上是挨打，因为没有自信、主动地去接触它，自然，外来的列强就利用海路从天津打进了中国。我们如果吸取这样的教训，在国力日益增强的情况下，就应该去拥抱大海，所以海洋文化应该给我们强烈的震撼，要亲近大海，要和大海交朋友，充分利用大海给我们提供的资源，使我们国家在发展上可以更迅速，更好地和各国进行交流。

海洋文化从本意上讲,就是人和海的互动,以及互动后产生的各种效应和结果。因为从世界范围看,各种交流更加频繁,世界经济一体化和文化交流,海路无疑是重要的通道。所以,海洋文化,对一个国家的文化发展、经济发展和对外交流,是不可或缺的。中国的海洋文化实际上早已存在,尤其是近代以来,我们与外国的政治、军事、经济、文化的接触和碰撞,使我们越发感觉到,海洋文化和中国的发展日益密切,国家的发展离不开海洋文化,而且海洋文化会对我国自己的文化发展提供一笔巨大的资源。

在经济发展当中,自唐宋以来,沿海城市迅速崛起。在我国历史上,最能说明中国人和大海关系的是明朝的郑和七次下西洋,它是一个创举,使得中国人对大海的认识,以及中国人在大海上航行的能力,达到了世界一流水平。中国的海洋文化是从近代真正发展起来的,比如,天津在鸦片战争以后开埠,使得大陆和外界的联系更加密切。世界上主要的海洋强国都重视海洋旅游,都建有自己的海洋博物馆,比如英国、荷兰、法国和澳大利亚。澳大利亚悉尼的国立海洋博物馆,有一艘17世纪的海船,被当作镇馆之宝。这些海洋强国把海洋博物馆,当作海洋文明和文化的载体,是了解海洋文明和文化的国家级权威地方,也凝固了一个国家的海洋价值观,比如英法老牌帝国主义,它们曾到海外去进行商贸和殖民。

以海洋文化和历史为核心的博物馆,应该首先坚持"海洋的历史和文化"的属性,应该打造以海洋文化和历史为核心的博物馆。海洋教育,海洋国土观念,海防教育,不能仅仅停留在书本上,或者老师的口头语言上,还是要让国人亲眼看到,亲自接触到海洋文物、海船模型或者原型,这样的实体接触,是最好的海洋教育,是最好的海洋意识的普及。

三、浙江省舟山海洋文化旅游发展现状

(一)舟山海洋旅游发展基本情况

舟山是中国唯一的以群岛设市的地级城市,有着深厚的海洋文化积淀和多元的海洋文化旅游资源,特别是展现佛教文化、民俗文化的资源尤为突出,这些独特的资源为舟山海洋文化旅游产品开发提供了广阔的

空间。舟山市已开发的海洋文化旅游产品现有舟山佛教文化朝拜游、海洋民俗文化游、海洋历史文化游、国际沙雕节精品游等系列旅游产品,但多为静态观光类产品,缺乏参与性、体验性活动项目,旅游体验方式被动单一,难以满足游客深入体验的需求,产品的吸引力不高,不利于舟山旅游产业综合效益的提高。此外,舟山市的旅游业尚未形成明确的文化旅游开发指导思想和整体战略规划意识,海洋文化旅游产品开发中存在着一些问题。本书借鉴文献分析舟山海洋旅游文化发展中存在的问题,为我国海洋旅游文化产品的开发提供思路。

(二)舟山海洋旅游文化发展存在的主要问题

1. 海洋文化旅游产品开发力度不够

长期以来,舟山海洋旅游发展一直偏重于接待团体观光旅游,尚未形成以观光为主,以文化、体育、教育、娱乐、探险、度假、会议等为特色的大众旅游与专项旅游相结合的立体型产品格局,旅游产品结构单一。从产品形态来看,舟山目前的海洋旅游产品多为传统的海岛观光旅游产品,以岛屿观光、宗教朝拜为主,未能充分利用、深入挖掘舟山身后的海洋文化内涵,整合海洋文化旅游资源加以开发,地方文化特色挖掘不够。随着旅游需求的不断变化,缺乏文化内涵的旅游产品将难以在竞争激烈的旅游市场上立足,浙东区域宁波、温州、台州等沿海城市近年来相继推出海洋观光产品,争抢同一层面的观光客源市场,给舟山海洋旅游发展带来竞争压力。舟山邻近长三角地区,旅游发展以上海、浙江、江苏、福建四省(市)为主要客源市场,该市场呈现出消费能力强、文化素质高、消费观念新、自主能力强等特点,文化旅游需求旺盛。舟山单一、老化的旅游产品已无法满足市场需求,因此,如何挖掘、开发舟山独特的海洋文化资源,形成具备竞争力的品牌旅游产品,推向市场,乃是舟山亟须解决的问题。

2. 海洋文化旅游产品停留于表层体验

目前舟山已开发的海洋文化旅游产品依然呈现为静态观光类产品,游客只是走马观花地参观人文景观,很少接触目的地居民、地方风俗与文化,旅游体验方式被动单一,停留于表层体验,在产品设计中未能从旅游者体验需求出发加入更多参与性、互动性活动的内容,旅游者很难体验到旅游地具有的文化内涵并从中获得难忘的回忆。如舟山已开发的佛教文化朝拜游还只是停留在寺庙烧香拜佛许愿朝拜的阶段,对博大精深的佛教文化内涵的挖掘远远不够,难以满足现代人禅修体验、修身养性的要求。国际沙雕节精品游已成为舟山市海洋文化节庆活动的代表,是舟山独具特色的拳头产品,但沙雕节历届都是供游人观赏的,游客无法亲身参与其中,对沙雕的制作和舟山沙雕文化渊源知者甚少,游客难以真正体验到沙雕的情感魅力,这就需要在产品开发中适当设计一些沙雕的制作及游戏和比赛项目,将游客融入进来。以渔家民俗风情为特色的海洋民俗文化游产品虽然初步形成规模,但从产品层次来看,大多处于基本消费层次,还远未达到提高层次和专门层次。多数表现为吃几天渔家饭、坐几次渔家船等单一体验形式,而极具舟山海洋民俗文化特色的舟山锣鼓、渔歌、跳蚤舞民间艺术和渔民传统风俗礼仪未得以展示,游客也难以真正体验渔家生活。此外舟山海洋历史文化悠久,但目前存在的产品多属于遗址类等静态景观,缺少能够现场观摩、切身体验的具有情景性和情节性、内容丰富、内涵独特、品位出众的文化旅游产品系列。但游客参加文化旅游,是以感受、体验异地文化为目的,旅游者希望在对旅游景观文化内涵进行深入体验的过程中,得到全方位的精深与文化享受,获得旅游中传统的"观"和亲身体验的"感"的双重满足。同样,游客来舟山旅游是想能真正品味海洋文化的独特含义,进而与这个地方的文化产生共鸣,留下一个值得回忆的体验。

3. 旅游产业发展不平衡

舟山现有旅游产品结构单一,文化内涵挖掘不深,文化旅游资源利用不充分,开发的海洋文化旅游产品停留在观光和参观访问的层面上,缺少互动性和体验性,体验类型单一等一系列问题,导致了舟山旅游产业发展不均衡的现象,尤其在宗教朝拜和海岛观光产品一枝独秀的情况下,舟山旅游受到海洋性气候和宗教节日的影响较大,游客数量季节性变化显著(见表6-2)。每年7月到10月是舟山滨海旅游旺季,每年农历二月十九、六月十九、九月十九为观音生日、得道、出家三大香会,在旺季和"普陀山三大香会期"这几月中,游客过于集中,致使旅游设施超负荷运转,交通、住宿、餐饮等服务质量均受到影响,对海洋生态环境的维护也造成了一定的压力,而春、秋季节,特别是冬季,游客数量很少,海洋旅游经济呈现萧条不济的现象,造成许多旅游服务设施闲置,浪费现象严重。此外,舟山旅游发展区域不平衡,游客主要集中在由普陀山、沈家门、朱家尖、桃花岛四岛域组成的黄金三角洲区域,而海洋文化资源同样相当丰富的岱山、嵊泗、定海三地却难以吸引旅游者,普陀山作为舟山唯一的5A级风景名胜区对周边岛屿景区的带动作用有限(见表6-2)。

表 6-1　2010 年舟山市总体旅游接待人次和收入

年份	旅游接待人数（万人次）	国际旅游者人数（万人次）	国内旅游者人数（万人次）	总收入（亿元）
2007	1305	19.93	1285	85.34
2008	1500	21.19	1479	101.96
2009	1755	22.35	1733	116.52
2010	2139	25.68	2113	142.04
2011	2459			235.4

表 6-2　2011 年各月份舟山市主要风景旅游区国内旅游者接待情况统计

月份	旅游者人数（万人次）	普陀山	朱家尖	沈家门	桃花岛	定海	嵊泗	岱山
1	88.59	16.87	5.02	9.20	1.09	15.32	6.78	17.10
2	144.06	52.90	28.20	12.50	2.78	24.04	5.35	18.20
3	167.95	59.47	11.80	18.50	4.15	31.15	8.01	16.51
4	194.99	62.58	18.25	17.52	11.40	34.70	13.07	16.69
5	260.17	61.38	37.59	19.10	25.91	49.38	19.38	19.62
6	226.97	36.71	40.10	21.51	11.29	47.10	20.73	20.30
7	332.05	59.53	66.95	39.10	1942	51.40	42.86	23.60
8	349.18	44.98	67.26	42.50	32.78	54.60	55.99	24.20
9	202.56	24.09	27.11	21.20	18.16	50.70	19.28	20.46
10	253.25	52.81	35.20	36.01	24.40	44.10	16.50	19.70
11	145.01	30.67	18.50	16.65	1.12	36.10	7.90	18.00
12	93.86	17.67	10.60	3.64	1.05	19.01	7.45	17.62

资料来源:舟山市旅游局官网,http://www.zstour.gov.cn。

4. 旅游产业综合效益低下

舟山客源市场主要是以上海为核心的长三角地区,客源市场呈现出消费能力强、闲暇时间充裕、消费观念新、消费要求高、自主能力强的特点。游客希望通过全方位的参与或体验来感悟异域文化的特色,而舟山的传统旅游产品无法满足市场需求,使得旅游产品缺乏持久的吸引力,导致游客停留时间短,人均消费不高,主要集中在住、食、行的刚性消费上,购物和康体娱乐产品缺乏,不利于旅游产业综合效益的提高。

针对舟山海洋旅游文化产品存在的问题,国内海洋旅游产品开发中各地应该重视海洋文化旅游产品的开发,充分利用丰富独特的海洋旅游文化资源开发旅游产品,以促进海洋旅游的可持续发展。

第二节　海洋文化与相关设施

一、海洋博物馆和海洋关联展示馆

海洋旅游产品中的海洋博物馆和海洋关联展示馆是弘扬海洋文化的必要途径。海洋博物馆就是展示海洋自然历史和人文历史,重塑一个国家的海洋文明价值观的,国家级爱国主义教育基地的展示馆。摩纳哥海洋博物馆是世界上最古老也是最大的海洋博物馆。在这里设立了庞大的科研机构,是国际海洋学会会址,是召开国际性海洋学研讨会的重要场所。该馆还拥有自己的小舰队,经常外出搜集海洋生物标本。经国务院批准,国家发改委正式批复,中国国家海洋博物馆在天津滨海新区正式启动。在不久的将来,一个规模宏大的国家海洋博物馆,将矗立在天津滨海新区。

二、国外海洋博物馆案例

(一)摩纳哥的海洋博物馆

摩纳哥是欧洲最小的四个袖珍国之一,在法国南部的地中海沿岸。摩纳哥的海洋博物馆是一个令人震撼的博物馆,它屹立在摩纳哥海岸上,高出海面85米。这个从1910年开始动工的博物馆花了11年时间才建成,整个建筑重10万吨,而它在科学上的重量是无法估量的,因为它拥有世界上最丰富的海洋收藏品,以及一流的科学实验室。在1910年阿尔贝国王发起创建这个博物馆时,就强调了博物馆的科学性。国王曾说:"我打开摩纳哥海洋博物馆,并将它移交给进行科学研究的人们。通过国家具有开拓性的发展,摩纳哥将成为世界海洋研究中心。"

摩纳哥海洋博物馆矗立在临海的断崖上,整个建筑物长100米,宽87米,连同地下室共有三层。白色的大楼巧妙地镶嵌在巨大的岩石之间,仿佛从岩石中长出来的一样。1910年,摩纳哥海洋博物馆正式建成开放,从此吸引了无数观光者。这座宏伟壮丽、别具一格的大厦里的一切,都会使参观者想到海洋。大门正面和门楣上方雕刻着神话里的人鱼公主和海神、海兽及海龟的形象。入门处是阿尔贝特一世站在快艇上乘风破浪的塑像。正厅的墙上镶嵌着一块巨大的玻璃,透过它可以看到水天一色、浩渺无边的地中海。

博物馆由海洋动物陈列厅、海洋器具陈列厅、海洋物理和海洋化学陈列厅、实用海洋厅、水族陈列室组成。海洋博物馆大厅两旁玻璃缸里,摆满浅海动物标本,如虾、蟹、海星、海参、牡蛎、海葵等。海洋器具展厅里,陈列品为著名海洋科学家考察时用过的仪器、设备和各种捕鱼工具。仪器设备有深水测量仪、测温计、测量水位和潮汐用的自动记录仪以及用于研究海流的各种浮标。在展厅里还可看到世界上各个民族各式各样奇特的捕鱼工具。海洋物理和海洋化学陈列厅以直观的方式展示着不同深度下水的特性、水温、水压和气体状态,还展示出地球上各大海洋的立体模型。在实用海洋展厅内,陈列着从各个海洋捕获的有经济价值的鱼类、海兽、海鸟的肉、动物油、皮及其化学制剂,以及用于农业的鱼肥、可当饲料的鱼粉等。设在海洋博物馆地下室的水族馆是最引人入胜的地方。在大大小小的玻璃缸里养着各种珍奇的海洋动植物,有的蛰伏沙底,有的遨游水中,形状怪异,色彩斑斓,令人大开眼界。在博物馆二楼的展厅里,参观者可以看到各种各样的海船模型。

(二)澳大利亚海洋博物馆

澳大利亚海洋博物馆是世界上公认的顶级展馆之一,也是澳大利亚最大的自然历史博物馆,藏品极为丰富,很多藏品是独一无二的。博物馆主要收藏和展出各种动植物标本、化石、矿石,与人类学有关的物品,与环境科学有关的物品。馆内展出的物品包括澳洲原住民族的历史、文化与工艺陈列、澳大利亚特有的飞鸟、鱼类、昆虫和贝克化石等。

澳大利亚博物馆建筑设计创意新颖、风格活泼，以质朴无华的材料勾勒出简洁明快的建筑线条，配之以五颜六色的外墙装饰，令人过目难忘。澳大利亚博物馆共有三层，共十个永久性陈列厅和一个临时陈列厅。

澳大利亚博物馆设管理、科研、陈列、社交和教育等部门。科普科教活动十分丰富多彩，馆内设有教育中心，为中小学生上课。在学校假日里，还组织许多活动，如科普电影，观看显微镜标本，野外考察旅游，等等。此外，还有一辆两节车厢的展览列车、展览汽车。可供出借的"博物馆仙子"内有资料、小册子、标本照片和幻灯片、图片等。该馆每年还出版科普杂志《澳大利亚自然史》和科研论文《澳大利亚海洋博物馆记录》。

（三）温哥华海洋博物馆

温哥华海洋博物馆由一艘真正航海过的古老船舰改造而成。一踏入博物馆，抬头可看见船舰顶住后来建盖遮蔽的木制天花板。游客看完馆方播放的录音介绍后，便可参观博物馆。

所谓的博物馆就是这艘船的内部。这艘加拿大的骑警船舰，船名是圣劳殊号，于1928—1954年服役于加拿大皇家骑警队，为其隶属的运输船，经常于北极航行。由于航行任务及地点所需，这艘船船身十分坚固，船首特别镶上一层金属厚板以作破冰之用。船底呈圆弧形，使船不致被冰块撞击。1954年圣劳殊号退伍后，由温哥华政府购得，停放在现址，后来船身加盖防蔽建筑，内部也装修回复成当时旧貌，供民众参观。

（四）韩国国立济州博物馆

于2001年6月15日开馆的国立济州博物馆，展示、保存自史前时代一直到朝鲜时代于济州岛所挖掘出土的遗迹及历史文献等。建筑外观极富浓厚的济州地方色彩，以花岗岩和玄武岩砖砌成的墙壁等。国立济州博物馆每年还会以不同的主题举办定期的特别展。

第三节　海洋水族馆

一、水族馆的历史和功能

目前水族馆有三种不同的形式：一是展览水生生物和水族馆舍的传统形式；二是兼展示水生生物与两栖爬行动物于一体的水族馆；三是大型综合性的水族馆，大多叫作海洋公园、海底世界、海洋馆等。海洋博物馆的设施是以过去的海洋遗物展示等无生物为主构成，水族馆是有生命的海洋生物展示为主，具有教育、展示、储藏等与海洋博物馆类似功能的设施。在提高对海洋的理解和知识方面、旅游功能方面也具有相似之处。

世界上最早的水族馆是 1789 年在法国建立的水族馆。1853 年英国在伦敦动物园内建造了海产动物水族馆。之后，在英国伦敦水族馆的影响下，德国、意大利、美国等国家相继建立了水族馆。海洋水族馆是 1899 年最早设立的，设立以来已有 100 多年的历史，但是 1980 年以后随着电子控制系统和深海探险技术的发展以及旅游的急速增加，得到了飞跃发展。

20 世纪 80 年代以前的水族馆在功能上主要是以教育和研究目的为主，在利润上基本上是赤字经营状态，得到国家和地方政府的支援以非营利的形式经营。展示的动植物也是容易采集到的海洋生物为主，很难开展确定主题和一贯性的展示。还因为受技术条件的限制，水槽的形状一般以单纯直四角形或者壁挂型的水槽构成。

但是，在 20 世纪 80 年代中期以后，随着民间资本的参与程度扩大出现了商业设施，而影像、电子等新技术的发展为展示空间的多样化创造提供了保障，还因为经营方法和选址的科学性经营利润开始大增。设施的主题也越来越明确，为游客服务的方便设施也在发展。同时，建筑材料的发展给大型水槽的建造带来了可能，实现了圆柱形水槽的建造。因为防止腐蚀排管设施管理的进步，设施的舒适性也有了比较大的改观。不仅如此，除了视觉还通过听觉、触觉为间接体验丰富了其展示物和展示方法。种类也是不仅包括养殖类,爬虫类、哺乳类、无脊椎类动物的比重在逐渐增加,植物展示的比重也在增加,逐渐形成如同动物园的形态。水族馆的分类如表6-3所示。

水族馆饲养的金鱼和热带鱼不仅可供观赏,而且可做医学、遗传选种、鱼类养殖、放射生物学和环境保护等的实验材料。大型饲养池不仅可驯化海豚作各种精彩表演,还可驯化海豚做"水下巡逻兵"以保护近海的鱼群。世界海洋鱼类资源日渐衰竭,海洋水族馆日益成为开展多种鱼类的人工授精孵化鱼苗,提高水生动物养殖效率的重要实验基地。

表6-3 水族馆的分类

分类	细分	国内外主要案例
建立目的分	公益性开发	美 Baltimore,法 Oceanopolis,日 Sealife park
	复合功能开发	美 Longbeach,Monterey,日 海游馆
	商业性开发	美 Sea world,新加坡 Underwater world
据开发选址分	港湾重开发型	美 Baltimore,日 海游馆,法 Nausicaa
	海洋疗养型	美 Longbeach,Monterey
	内陆型	美 Shedd,Belle Isle
	淡水型	美 Tennessee
据开放方式分	主题公园型	美 Sea world,迪斯尼世界
	独立型	美 Monterey
	附属型	韩 63,ASEM 水族馆,北京动物园水族馆
据水管理方式分	open system	美 Monterey
	closed system	美 Baltimore
	closed system	

二、国内水族馆发展现状

进入 21 世纪以来,随着我国国民经济的高速发展,我国水族馆行业保持了多年高速增长。水族馆是观光渔业的重要内容之一,水族馆旅游业的发展促进了观光渔业的发展。作为海洋旅游观光资源的水族馆,在旅游业的发展过程中显示出极强的生命力和独具特色的魅力,它不仅能为公众提供良好的娱乐休闲场所,而且水族馆又是科学技术和文化知识的载体。公众教育属性是水族馆重要的属性之一,水族馆在进行水生生物收集、研究、饲养、保藏和展览的过程中,重塑和再现了陆地水域、海洋及其生态环境的发展变化,使水族馆不但成为旅游的好去处,并且使之成为科普教育和地区性的自然保护中心,这不仅是时代的要求,也是水族馆自身生存、发展和不断完善的需要。我国第一座真正意义上的水族馆是 1932 年在青岛建立的,即青岛水族馆。

(一)国内水族馆发展概况

我国第一座近代水族馆是 1932 年在青岛建立的水族馆,建筑面积800 平方米,室内有壁式水槽 37 个,俯瞰池 2 个,其内饲养各种海洋生物,在当时这是一座比较先进的水族馆,在亚洲也属一流水平。其后的40 多年,我国水族馆的发展几乎处于停滞不前的状态,没有新建的水族馆。直到 1978 年,广西北海市修建了一座小型水族馆——北海市水产馆。以后又有一批新的水族馆诞生,如 1988 年建成的大连碧海山庄水族馆等。从 1992 年起至 2005 年,我国水族馆有了较大发展。如 1994 年徐州云龙湖水上世界(拥有 20 米亚克力玻璃隧道的淡水水族馆)揭开了中国现代水族馆的发展序幕;1995 年开馆的大连圣亚海洋世界(拥有 118米长的海底隧道)更使中国水族馆迈入超长度亚克力玻璃隧道的大型海洋水族馆时代。之后北京富国海底世界、北京太平洋海底世界、广州海洋馆、厦门海底世界、上海海洋馆、北京海洋馆、哈尔滨极地馆等水族馆相继建成并向游人开放。我国近代水族馆经过 70 多年的发展,已经有了一定的规模。到目前为止,沿海地区水族馆发展迅速,几乎每个沿海省区都建有一座水族馆,有的省区还拥有不止一座水族馆。在沿海省区的带动下,我国内陆省区也在不断地建设水族馆,以满足人们求新求异、了解海洋的需要。水族馆旅游的兴起给旅游业带来了新的生机和活力,同时也带来了可观的经济效益、社会效益和科研效益。

我国的水族馆在数量和规模上均能达到世界先进水平,但设计主题雷同、定位不准的问题比较突出。即展示主题不明确,展示模式不系统,展示内容不完整,给人一种海洋文化体现不深刻的印象,没有把海洋文化充分地挖掘出来,只给游客留下生物色彩绚丽的外观感觉,无法让游客在体会到海洋世界的奥秘和奇妙后回味无穷。我国水族馆应当朝着精细的方向发展,建造自身风格独特、主题明确、内容丰富的特色水族馆。目前我国的水族馆在建设中是千篇一律的,在南方水族馆中饲养的热带海洋生物在北方水族馆中同样可以看到,海豚海狮表演的节目在内容上大同小异,基本上是遵循旧的模式不变。

水族馆旅游给水族馆带来了可观的经济效益,但对水生动物却产生了一些负面影响。由于游人的增多,影响水生动物的正常生活,导致它们受到惊吓、受伤而死。此外在捕捉和运输海洋哺乳动物的过程中,也会造成动物大量死亡。有数字表明,仅英国就有约 300 头海豚死于运输过程中,或死在水族馆内。此外,对于海豚这样的动物,它们的栖息环境应该是广阔无垠的大海,而不是数十平方米的狭小水池。从动物行为学方面来看,长期囚禁在狭小空间中的动物往往会表现出很多失常行为,动物行为学家和动物心理学家认为这是圈养动物精神失常的表现;从动物权益角度讲,将野外自由生活的动物们捕捉并饲养在海洋馆这样的狭小环境下,既对动物自身的身心健康造成严重的伤害,也有悖于对水生动物进行保护的初衷。

(二)国内典型水族馆案例

我国水族馆的类型多种多样,本书着重对内陆城市型水族馆和沿海城市型水族馆进行分析研究。

1. 大连圣亚海洋世界

大连圣亚海洋世界是我国第一座人造"海底隧道"式水族馆。它是由中国内地、新西兰、中国香港地区三方共同投资 3.1 亿元人民币合资兴建的,于 1995 年 6 月 6 日正式向游人开放。大连圣亚海洋世界经历了 11 年的发展,已建立了一整套符合水族馆旅游特点的宣传策划、技术更新维护和服务管理体系,并且已经成为我国水族旅游业内具有较高知名度的水族馆,成为大连市旅游业的一个名牌。

大连圣亚海洋世界是海底隧道式水族馆,这种水族馆的展示方式是目前世界水族业最先进的。它也是中国第一座海底隧道式水族馆,拥有长达 118 米的海底隧道。到 2005 年 9 月,共接待游客 90 多万人次,累计实现销售收入 5 亿余元人民币,取得了良好的经济效益和社会效益。由于受到旅游行业特点和地域的影响,圣亚海洋世界的经营受到了季节性限制。旅游行业在我国南北各地均有明显的季节性,客源和收入在不同季节变化较大,而圣亚海洋世界游客数量和大连市游客数量呈同比增减趋势。近年来的假日经济促进了旅游行业的增长,同时也进一步拉大了不同月份间客源和收入的差距。圣亚海洋世界地处我国北方城市大连,受气候条件影响,每年的第一季度和11月份、12月份天气寒冷,游客较少,因此,圣亚海洋世界每年第一季度和11月份、12月份均处于亏损或微利状态,每年的4月至10月为旅游接待旺季,效益十分显著。随着大连市冬季旅游工作力度的加大和圣亚海洋世界改进淡季的销售和宣传策略,将力争实现"旺季仍旺、淡季不淡"的目标。

根据大连圣亚海洋世界调查统计,来大连圣亚海洋世界的游客主要来自东北三省、山东省、北京市和天津市等,所占游客比重之和达到60%以上。在参观游览的游客构成中,主要的游客是学生、专业人士及企事业单位职员,其所占比重之和为83%以上,游客中大中专以上学历者占61%以上。从游客构成中可以看出,来参观水族馆的游客不再仅满足低层次的参观游览需要,而是以其知识性、信息量吸引更高层次的游客。另外,"圣亚"不断地加强海洋世界内部环境的建设,不断调整展区内容,增强知识性与参与性,以吸引游客的重复进馆。通过提高展品质量和变换展区内容的方式,"圣亚"在吸引游客二次观光的目标上已有成效。

但是大连圣亚海洋世界也还存在业务内容较为单一,抵抗风险能力较弱等问题。首先,目前"圣亚"的营业收入97%来自于门票收入。其次,同行业竞争加剧。近几年,我国陆续建立了数十家大型综合性水族馆,这些水族馆主要分布在沿海和内陆的一些省会和主要旅游城市,而且新建的一些以海洋世界为主题的水族馆,如北京海洋馆等,在规模上已经超过圣亚海洋世界,从而客观上造成了游客的分流和市场的分割。第三,同城竞争。大连市的老虎滩地区目前已建成"大连极地海洋动物馆",对圣亚海洋世界的游客量产生了一定的影响。

2. 北京海洋馆

北京海洋馆是当今世界最大的内陆水族馆。北京海洋馆拥有种类繁多的海洋生物,是一个以展示水族生物为重点,以突出展示海洋动物为主的,集科普宣传教育、旅游休闲于一体的现代化的科教旅游馆。它为向青少年们普及海洋知识,增强环保意识开创了最佳的环境。

北京海洋馆是我国首批国家 4A 级旅游景点,馆内分别由"雨林奇观""海底环游""触摸池""鱼馆""京豚港""海洋剧院"六个场馆展示出一个蔚蓝色的海洋世界。游客可以沿着北京海洋馆从陆地到深海的独特布局,进行一次神奇的海洋之旅。动物展示采用目前世界上最先进的展示方式,设有巨型展示窗。作为全国最大的海洋剧场,场内可以容纳 340 名游客观看海洋动物的表演。

但是北京海洋馆主要存在成本过高维护艰难问题。由于海洋馆是投资额大、运营成本高的项目,再加上其科技含量要求较高,维生过滤系统需要采用先进的水处理和监控设备,还必须根据水生动物的特性在野生自然生态条件下建立适合的场地和完善的设施,因此需要足够的资金支持。北京海洋馆每年维持正常运行的费用需要几千万元。这里每天都要用淡水人工配制出 18000 吨海水,而且对水质和水的成分、温度要求极高;维生系统全部是进口设备,维修和更换配件价格昂贵;馆内所有动物的保健医疗设备加起来相当于一个中等医院的规模。北京是缺水城市,然而北京海洋馆每天需要消耗大量的水,更加剧了成本支出。

我国发展水族馆旅游具有自己独特的优势,但与国外的水族馆相比较,还存在着一定的差距,主要表现在:水族馆旅游的开发程度和产出水平与水生生物资源大国的地位不相称,经济效益不明显。

(三)我国水族馆发展策略

旅游业的不断升温,给水族馆旅游业也带来了无限生机,因此一批批水族馆不断地兴起,但对水族馆旅游资源的开发利用必须科学合理,做到开发利用与资源保护相结合,使资源持续利用。然而某些水族馆的经营者只看到眼前利益,而没有考虑到水族馆的建设投资大、运营成本高等特点,盲目开发,从而导致现在国内的水族馆基本都是开业之初游人如织,之后就处在勉强维持的水平上,少数甚至在负债经营,有的水族馆面临或者已经倒闭,例如曾经火爆一时的温州福海水族馆,当年曾创下了三个全国之最、三个浙江第一:国内规模最大、水生动物品种最多的水族馆和国内最早创办的民营水族馆;浙江省第一个水族馆、第一个鳄鱼养殖基地、第一个民营企业创办的科普教育基地。该馆的珍稀鱼类种类、数量,超过了国内许多大城市的水族馆和海洋馆,被评为温州市青少年科普教育基地、温州市旅游定点单位、温州市旅游项目先进单位、瓯海区中小学校科普教育基地、全国 AA 级旅游景点。当时，水族馆第一年效益不错，仅门票收入就有 100 多万元，净利润 20 余万元，最多一日接待游客 2000 余人。然而半年过后，这个高档次、大规模的水族馆，却连年亏损，从最初的六七十万到以后的十几万元，直至连鱼儿们的吃食也朝不保夕，最后倒闭。其原因之一是旅游资源开发利用不当。该水族馆地段虽说不属温州市区中心地段，但也属交通便利地区，市区通往此处公交线路五六条，仅十几分钟便可到达，但它的缺憾在于景点单一，周围没有其他配套的娱乐、旅游综合设施及公园，只有孤零零的一座水族馆，游客至多参观 1 小时左右，导致游客在出游时无法经济地安排时间，故难以吸引游客光顾。因此，在开发水族馆旅游之前，应对水族馆旅游进行总体规划，对旅游产品的市场定位进入深入的研究，不但要考虑到水族馆所具有的旅游观光功能，还应考虑到其他配套设施是否健全，对客源市场要进行全面分析，等等。具体可以采取下列策略：

第一，积极探索水族馆旅游企业构成形式及其管理方式。在水族馆旅游企业中增加民营成分，鼓励建立合资企业、旅游集团和国有旅游股份企业。积极探索政府与企业的联动关系，在政府出资源、企业出资金等方面走出独具中国特色的路子，水族馆旅游的大发展要适应新的对外开放形势，要充分利用好国内外两种资源、两个市场，动员和引导国内外资金、技术、人才、信息、产品等投入我国水族馆旅游的开发。近年建设的水族馆基本上都是合资经营，例如上海海洋水族馆，它的运作模式与绝大多数同行类似，采用合资的形式，是与新加坡三家投资公司联手，合作建立的；北京富国海底世界，是由中国和新西兰合作兴建的北京第一座五星级海洋水族馆，拥有亚洲最长的海底隧道，是中国目前最大的人工"海底世界"之一。

第二，加强水族馆与科研院所的合作。一方面可以使科学研究成果得到实际的运用，并且走向市场；另一方面将以科技带动水族馆的发展，使水族馆更具有竞争力，以科技促进水族馆走可持续发展之路。在与科研院所合作方面和馆际交流方面，北京海洋馆走在了前列，同中科院水生所共同组建了中国科学院水生生物研究所和北京海洋馆水族生物研究中心，其目的是促进我国水生生物资源的研究与保护，实现企业与科技的良好合作,提升中国水族馆的科技含量和国际地位。而中科院水生所则借助北京海洋馆所提供的研究条件和环境,根据双方制定的研究计划,开展与水族生物有关的理论和应用研究。通过双方的合作,不仅使北京海洋馆作为旅游企业,为人们提供旅游休闲的场所,而且成为中科院水生所的科研基地,使海洋馆在宣传科普教育、环境保护等方面发挥更大的作用。北京海洋馆还与大连圣亚海洋世界建立了友好关系,使双方在经营模式、动物驯养、科学研究等方面进行全面的交流与合作。各馆之间加强交流与合作,互通有无,能避免恶性竞争,使水族馆旅游市场步入良性发展的轨道,完善水族馆旅游的合理布局。

第三,借鉴国外发展经验。目前我国水族馆在数量和规模上均能达到世界先进水平,但在产品质量上尚未达到精致的水平,水族馆今后应当朝着精细的方向发展,建造自身风格独特、主题明确、内容丰富的特色水族馆。国外的水族馆经过200多年的发展,在各个方面都已成熟,具备了许多成功的经验,日本的做法有很多值得借鉴之处。日本的水族馆大概有50多个,每一个水族馆均有自身的特色主题,有的是结合当地的地理特点创建地区特色的水族馆;有的是联系日本周边的海洋特点创建国家特色的水族馆;有的是根据饲养品种,创建品种特色的水族馆。50多个水族馆各有各的展示主题,不存在雷同和重复的现象,整体上是互相补充、互不干扰的特色建设。如日本鹿儿岛水族馆紧紧围绕鹿儿岛的海洋生物策划水族馆的展示,特别展示了1993年发现于该海域的82米深处的一种瓣鳃类动物。

在借鉴国外水族馆的先进经验的同时,也要加强与国外水族馆的交流与合作,可以在水生生物的饲养、繁殖、驯养、疾病防治及保护方面进行合作,互相进行人员和技术培训,增强水生动物饲养专业人员和技术的交流与输出。这不仅有利于我国水族馆旅游特色的发挥,同时也影响着我国水族馆业的发展。

三、海外主要水族馆概况

国外水族馆的发展始于18世纪后半期,迄今已有200多年的历史。法国于1789年建立世界上第一个水族馆;英国于1853年首次在伦敦动物园内建立了海产动物馆;日本最早的水族馆是1882年在东京上野动物园内设立的"观鱼室";美国于 1856 年在纽约博物馆内开办供展览用水生生物的水族馆。荷兰、德国、意大利也都纷纷建立了水族馆。当时的水族馆规模较小,设施简陋,展出形式也比较单调。国外大中型水族馆的快速发展是从 20 世纪 80 年代后期开始的,特别是进入 90 年代之后,许多大中型水族馆相继诞生,主要分布在欧洲、北美洲和东南亚。其中较为著名的有美国巴尔的摩水族馆、新加坡海底世界、日本大阪水族馆、摩纳哥海洋博物馆等,这些水族馆不仅规模大、档次高,其展示内容也非常丰富。

作为模拟水域生态环境的水族馆,其发展过程大致经历了三个阶段,进行了三次更新换代,目前大多已扩展成开放式的规模宏大的海洋公园。第一代水族馆是将活鱼养在火车厢式的玻璃水箱里,人们如在火车窗外行进,可一路观赏窗内的游鱼,即火车窗式。如 1929 年修建于美国芝加哥的约翰谢德水族馆,展示鱼类有 900 余种,此外还有企鹅、海牛、海豹、海龟等海洋生物,并设了一个中国金鱼展厅。这种博物馆式的水族馆,由于每个水族箱容积有限,展示鱼类品种单一,游人逐渐感到枯燥乏味,于是就产生了第二代水族馆。第二代水族馆是将原来的水族箱型的水族馆改建成连续环形,一箱可放养几百上千尾鱼类,多种混养,即洞游槽式。第三代水族馆是现代大型的综合式水族馆,常见的具有代表性的是人造海底隧道,它采用耐压强度高、透明的丙烯酸玻璃制成,两侧为透明鱼池,各种海洋生物在珊瑚、水藻中川流不息,呈现出一望无际的模拟海底景观,游人可在隧道中观赏水生动物。加强娱乐性是第三代水族馆的趋势,海洋公园是水族馆的发展方向。海洋公园是从室内走向露天,从单一功能的"活标本"扩展到水族表演、科技展示、体育运动、文娱欣赏、休闲度假等诸多功能,面积成十成百倍地扩大。海洋公园内以海洋馆为核心,兼有园林、水族表演场、动物园、戏水场等设施,有的甚至配置体育场、马戏团、电影院、酒吧、商店、餐馆、电缆车,成了包罗万象的浏览娱乐中心。

国外水族馆的定位,强调的是海洋生物的展示、繁殖保护、科普教育和海洋知识普及,大体可分为四类:第一类以繁殖保护为主,如日本水族馆协会从 1989 年开始进行水生生物的保护活动,选择了短麦穗鱼、关东鱼等 14 种鱼作为保护对象,对其中濒临灭绝的关东鱼专门成立了繁殖研究组。美国的海洋生物海洋馆,进行海豚免疫系统的研究,并对墨西哥湾的海豚进行调查,对海豚、海龟进行救助。第二类水族馆是以展示色彩艳丽的观赏鱼和珍稀水生生物为主,如色彩艳丽的鹦鹉鱼、憨态可掬的中国金鱼等。第三类是以普及海洋知识和海洋旅游为主。它们将太平洋、印度洋、大西洋、加勒比海等划分为若干个区域,每个区域内设若干个大型水槽,模拟各海区的自然环境,使游客犹如身临其境,观赏到各大洋的自然生态景观。第四类是专门饲养和展示某些珍贵水生动物的水族馆,如日本的美深鳄鱼馆、伊豆安迪龟族馆等。

在经历了200多年的发展历史后,进入21世纪,国外水族馆不仅规模大、档次高,其展示内容也相当丰富。现代高科技的应用和工艺水平的提高,使水族馆无论在设计、建设或水生生物的采集、饲养、展示等方面几乎不再受任何条件的限制。水族馆已不再仅仅是对水生生物进行分类展示,而更多地满足人们求新、求异的需要。随着通讯技术的提高,人们对全球环境问题的关注,国外的一些水族馆正纷纷走出馆门,一方面与世界各地的水族馆相联合,利用各种通讯手段举办科普教育活动;另一方面与大学、研究所和政府机构联合开展水生生物的研究和保护等工作,并取得一定成效。例如美国的水族馆在很大程度上得益于现代高科技应用,它们在全球采集动物以及饲养、展示等方面几乎不再受到技术上的限制。美国新的水族馆看上去更像一个"湿教室",一个水生动物保护中心,一个城市人们关注的热点,闹市区一个海水环境的重现。加拿大等北美的水族馆,主要在内开展科普教育、研究和自然保护活动,如对濒危物种进行繁殖等。日本水族馆最早建于1882年,经过100多年的发展,目前已有大小水族馆230个,而被批准加入日本动物园水族馆协会的只有65个。日本水族馆规模大、内容丰富、技术完善。如今日本又提出了水族馆该向何种方向发展的问题,倾向性的意见是水族馆必须满足社会各方面的需要。

（一）美国

作为世界最发达海洋国家,美国在水族馆领域,早在20世纪初已建成大规模的鱼类展览馆,随着展览器材的高度化发展和展览物采集的现代化,生存环境系统的发展渐渐增加其展览的种类,如深海鱼、其他大陆鱼、海中植物、爬虫类、养殖类、哺乳类等多种多样的海洋生物等。

过去的水族馆大部分是以与水产品生产相关联的研究和教育为中心，相比之下，最近渐渐多以环保为中心的教育技能和商业化设施的导入为中心，更倾向于大型建筑、大型水族馆、大型鱼的展示。同时，除了单纯的水族馆和展览馆设施之外，注重与多样化的海洋休闲设施的结合，为增加游客的访问次数运用临时的展览项目、开展各种活动、开放展览空间、安排各种表演等各种经营方案。如果是海洋为主题的公园，作为树立核心形象的设施设立水族馆的案例也增多，如海上世界（Sea World）和迪斯尼的EPCOT等公园。

但是大部分水族馆经营通过接受州和市的财政支援或者大型企业的赞助费，通过会员制、灵活运用自愿者等努力，实现同时满足周围居民的社会活动和减少经费的目的。

（二）日本

到现在为止，日本已设立90多个水族馆和120多个海事关联博物馆，特别是1990年以后设立的水族馆具有大型水槽、海中建筑、周边兼备娱乐设施和公园，年游客量超过数百万的水族馆为主的特点。

全日本水族馆的年访问数量约3000万人次，水族馆的总收入大约为500亿日元。水族馆的选址以海岸线大城市区域为中心开发，也以主要行政区域为单位进行。在财政方面除了大型水族馆，一般以县和市的财政支援为主，重点不是放在商业功能而是放在教育和研究功能上。1990年以后建立的水族馆的特征已不是重点放在教育上，而是以水族馆周边的主题公园、娱乐设施相联系起来构建或者与这些设施结合的大规模设施为主。

这些大型水族馆中以大阪的海游馆、东京葛西临海水族馆、横滨水族馆为主，其特征如表6-4所示。

（三）欧洲

近代欧洲的水族馆是从1899年海洋学者设立的海洋博物馆开始的。这家博物馆设立的目的是在当初海洋知识浅薄的情况下，力图将海洋关联知识传播介绍给大众。

表 6-4　日本主要水族馆概况

	大阪海游馆	葛西临海水族馆	横滨水族馆
位置	大阪	东京	横滨
开幕时间	1990	1989	1993
工程期间	22 个月	22 个月	22 个月
总面积	1 万 8800 平方米	1 万 3629 平方米	1 万 8203 平方米
腹地	港湾区域开发	买入地段	买入地段
开闭馆时间	10:00—20:00	09:30—17:00	10:00—20:00
水槽容积（数量）	1 万 1000 吨（14 个）	3160 吨（47 个）	1 万 2000 吨（6 个）
展览种类（个数）	生物:580 种(3900) 植物:150 种(3500)	生物:540 种(6.2 万)	生物:500 种(10 万)
主要展览	鲸鱼　鲨鱼	三文鱼	鲸鱼表演
生存环境系统	关闭系统	关闭系统（有些开放系统）	关闭系统（有些开放系统）
主题	环太平洋	大海和人的相遇	大海和人的沟通
总工程费用	200 亿日元	88 亿日元	500 亿日元
游览费用	2000 日元	800 日元	2450 日元
年游客数	300 万	200 万	220 万
经营	大阪市民间企业开发	东京都直接经营委托东京动物园协会经营	横滨八景岛集团

在欧洲,除了地方政府和民间企业携手合作建立水族馆外,各大学的海洋研究所为进行海洋生物、海洋物理、海洋化学等海洋领域的研究和传播其研究结果,也设立了不少水族馆。

在欧洲,法国的水族馆建设和经营最为积极,法国现有 100 多个水族馆,其中最有代表性的是国立海洋博物馆。法国其他区域也以地中海为中心积极开展水族馆的建设。在欧洲,地中海海岸国家很早就和中国、印度等亚洲国家通过海上交易加快实现近代化发展,同时拥有众多海洋文化遗产,因此在南欧设有很多与海洋关联的博物馆、展览馆和水族馆。

除此之外,在欧洲,以英国、荷兰、德国等西部海洋强国为中心建有很多水族馆。特别是英国有很多规模虽小,但具有悠久传统,展示各种海洋生物的优秀水族馆。在荷兰和德国港湾周边也有很多既介绍海洋文化,又强调海洋产业和海洋科学重要性的博物馆和水族馆。

表 6-5　欧洲主要水族馆的设施比较

区分	Nausicaa (法国布罗尼)	Oceanopolis (法国布雷斯特)	Expo'98 (葡萄牙里斯本)	L'Aquarium (西班牙巴塞罗那)
开建 (重建)	1991.5.18 (1998.5.30)	1990.6.21 (2000年)	1998.5.22 (1998.10)	1995年
建筑物 (总面积)	地上4层 (10000平方米)	地上3层 (12000平方米)	地上5层 (18000平方米)	地上3层 (13000平方米)
主题 (目标)	海洋知识的传播	航海和安全 产业和海洋 海洋动植物	海洋遗产	休闲 社会公益 教育 研究
设计师	Jacque Rougerie	Jacque Rougerie	Peter Chemayeff	Tellades兄弟
工程费用	1亿6000万美元	7900万美元	1亿美元	5000万美元
财政支援	EU 44% 国家10% 地方42% 捐款4%	地方100%	国家100%	港湾厅20% Larcacia 27% 建设公司20% 外国公司20% 中小企业13%
设施构成	水族馆;展览馆;影 像室;资料室;饭店; 纪念品馆	水族馆;展览馆; 教育场;娱乐场所	水族馆;纪念品店	水族馆;展览馆; 教育场;饭店;纪 念品店
鱼种(个数)	400种(3000)		200种(15000)	450种(8000)
职员数量	夏天200名 冬天140名		17名	80名(研究员18 名)
游客数量	年60万	年20万	EXPO期间120万	年150万(外国人 占70%)
经营		SOPAB		Mundo Submsrino
游览费用		成人65FFr	成人1700Esc	成人1400Ps

第四节　海岛文化的发掘与开发

我国具有独特美丽的东方文化,同时也形成了自己独具魅力的各地海洋文化。这为我国滨海旅游产品的开发和提升提供了丰厚的文化资源,也是我们的竞争优势所在。借助特色文化、个性化服务体现旅游地的形象、旅游经济效益、目的地及其旅游企业的核心竞争力,综合度假、休闲、健康、养生等为要素的滨海和海岛旅游日益成为吸引度假市场的特色品牌。充分利用和发掘海岛文化是提高海洋旅游价值的很好途径。

一、发掘海岛独特文化资源,满足旅游者身心的全面需求

(一)丰富的历史文化资源

一般来说,由于海岛离陆地距离较远,交通不便,信息较为闭塞。在古代常作为贬谪高级政府官员和军队领导的地方,或失败军队逃亡的地方,或军事据点,因而富含历史文化。比如,辽宁的觉华岛上就有明清的战争遗迹和古城遗址,非常适合开发观光旅游。我国各地海岛历史文化旅游资源较为丰富,挖掘和开发这些历史文化能满足旅游者的需求。

(二)丰富的民俗旅游资源

海岛由于面对大海,岛上居民靠海为生,产生了完全不同于我国传统农耕文化的海洋文化。另外,由于海岛与陆地的交通隔绝,产生了海岛特有的民俗活动,这也是一项重要的人文旅游资源。

淳朴的民风和悠闲的生活方式对都市人有着莫大的吸引力,在海岛相对封闭的环境内还可以建设海上的"天堂小镇",成为释放都市压力的绝佳场所。

(三)丰富的宗教资源

我国有些海岛上还有丰富的宗教资源,如浙江舟山的普陀山同时也是著名的佛教圣地。目前多数海岛上的宗教资源在旅游业中得到了充分利用,满足了游客在海岛实现身体放松的同时,获得心灵上的回归。

(四)部分海岛具有殖民文化色彩

因曾经作为殖民地而形成的殖民文化以及怀旧情结,往往也成为重要的旅游资源,并能够吸引大量宗主国旅游者。这些情结有利于国际客群怀旧的需要。

二、海岛文化旅游的展望

目前,我国的海岛开发正从南向北进入一个新的开发阶段。结合世界现今的成熟做法,我国的滨海及海岛开发还应在以下几个方面有所改进:

一是管理上编制高水平旅游规划。进行高水平开发,推行旅游国际化,引入国际投资和旅游管理集团来吸引岛外市场的需求。如:巴厘岛的海岛旅游规划并不是单纯地只对旅游行业的发展进行规划,而是将其传统的农业、手工业也纳入了考虑之中;同时,巴厘岛极富特色的文化,包括婚俗与葬礼等,也被作为重要的内容引入了总体规划。

二是产品上通过高文化产品提升档次。主要开发海岛度假产品以及与当地自然、文化资源相关的特种旅游产品,尽量通过高档次旅游产品增加效益,降低单纯靠增加接待人数而对环境形成的压力。如:马尔代夫和印尼巴厘岛等岛屿地区通过特色和文化推出高水平旅游产品。

三是服务上援用国际标准或惯例。按照国际化标准提供的基本旅游服务和公共保障,使政府旅游机构、旅游行业组织在结构、功能、运行机制和管理办法等方面同国际惯例和国际标准对接。

全球视角 2:

巴厘岛的海洋旅游文化

旅游业是巴厘岛的支柱产业,当地 315 万居民中有 80% 都从事旅游业。据资料统计,每年来巴厘岛的外国游客总数达 300 多万人次,酒店的住房率平均达到 90%。巴厘岛开发旅游业的主要手段是:利用独特的本土文化,提供丰富的旅游产品,开展积极的宣传促销。

巴厘岛旅游发展的成功就得益于它对自己的成功定位,它并不是单纯地依靠自然景观来吸引游客,而是依赖它的巴厘岛文化。巴厘岛文化实际上包含的是浓重的宗教文化,它深深地影响了巴厘岛人。巴厘岛几乎所有的文化从形式到内容都与宗教有关。岛上庙宇多达 10000 多座。许多人到巴厘岛都是去看海神庙。他们独特的祷告、祈福仪式都是他们生活方式的一部分,都对岛外的旅游者有着巨大的吸引力。另外,音乐也是当地文化的重要内容,在巴厘岛酒店中每天都能听到竹筒打击乐演奏,佳美兰音乐融合铜乐、鼓乐、弓弦乐,据说还有中国的古乐调。

在巴厘岛旅游业的发展中，本地文化受到了高度的重视，巴厘岛上的各种民俗都通过促销和宣传手段被赋予了新的内涵而成为了旅游的优秀产品和理念，这既增加了巴厘岛旅游吸引力，又使巴厘岛的文化得到了推广。如巴厘岛的皮影、舞蹈、雕刻、绘画、手工等，都成了巴厘岛巨大外汇收入的源泉。

除了文化旅游外，巴厘岛还开发了各种各样其他的旅游形式，如生态旅游、乡村旅游、海洋旅游和体育旅游等。同时，巴厘岛还努力学习外国管理经验，引进高级酒店，提高旅游服务质量等。

巴厘岛有着一套完整的旅游规划体系，该规划的主要目的就是保证旅游业在巴厘岛发展的同时不牺牲巴厘岛的本土文化特色，不破坏巴厘岛的生态环境。在巴厘岛的规划中就明文规定岛上所有建筑物不能超过四层。

巴厘岛非常重视旅游宣传促销，政府拨出专项资金用于旅游宣传，包括制作小册子、地图等。同时，通过政府或行业协会，组织各个旅游企业进行宣传。此外，国际管理公司也有介入，许多远在美国、欧洲的旅游中间商也为他们免费宣传。巴厘岛宣传和发展旅游业的手段还有：与济州岛（韩国）、岩手县（日本）、冈山县（日本）等建立友好旅游城市关系，通过简化入境手续和宣传，吸引更多游客。举办大型会议，如太平洋亚洲旅游协会，世界旅游组织和EATOF等大型活动为巴厘岛迎来了巨大的发展机遇。巴厘岛地方政府，通过简化入境手续，帮助企业和私人介入旅游业，为他们提供方便，并在保障游客安全等方面出台了一系列的措施，保证了当地旅游业的正常发展。

第七章　海洋岛屿旅游开发

第一节　海洋岛屿旅游特征

从我国海洋经济发展重点来看,海岛开发已成为海洋经济的重头戏。目前,我国无居民海岛有 6500 个,约占全国海岛总数的 93.8%,拥有海岛资源的各省份把海洋经济发展聚焦在海岛的开发上。基于海岛开发在国家安全、经济安全战略中的重要地位,海岛开发已成为各地海洋经济发展的优先开发重点领域。海岛开发主要用途涉及旅游娱乐、交通运输、工业、仓储、渔业、农林牧业、可再生资源能源、城乡建设、公共服务等多个领域。

海洋岛屿旅游,构成了"海洋旅游"经济的主体部分。海岛风情所特有的岛屿、礁砣、碧浪、沙滩、阳光等衍生的诗情画意,牵动着人们内心深处的浪漫情怀,掀起了国际海洋旅游市场的阵阵热潮。海洋岛屿因其给旅游者以远离城市喧嚣和彻底回归自然的心理感受而备受青睐,已成为世界的旅游热点地区。

我国海洋岛屿管理部门和当地居民应意识到旅游业在改善当地经济单一性方面的重要作用,尤其是能够创造就业、培训技能以及外汇收入的乘数效应,应积极地开发海洋岛屿旅游,使其成为第三产业中的主导产业。目前国内大部分岛屿上的经济活动范围十分有限,只依靠少数产品的出口,经济活动范围小,又加上岛屿当地的消费需求有限,海洋岛屿管理有关部门应尽早制定经济发展规划采取措施鼓励发展海洋旅游业,促进海洋岛屿的经济发展。

一、海洋岛屿旅游特征

目前,我国的消费需求升级很快,海洋旅游消费适逢良好的机遇。随着生活水平的普遍提高,人们不再满足于恪守多年的居家生活模式,有了更多的余暇走出家门,但也不再仅限于走马观花式的周游世界,而是从休闲度假中寻找更大的乐趣——到岛屿上感受原生态的灵性,体味生命的美好与愉悦。海洋岛屿旅游有如下特征。

(一)旅游活动的空间完整性

海洋岛屿远离大陆,是一个隔离的地域空间。旅游者在海岛上的旅游活动是在一个完整的地域空间中实现和完成的,融合了大陆旅游和滨海旅游共同的特点。

(二)旅游路线的进入条件具有可游性

对于海洋岛屿旅游,进入岛屿的过程就具有一种可游性。进入岛屿的交通方式可以乘飞机、游轮。如果岛屿与陆地通桥或者有海底隧道亦可以乘坐汽车或自驾车,因此可以说海(海上、海底)、陆、空三体都可以成为海洋岛屿的途径,并且乘坐的方式和进入岛屿的中途环境都具有可游性。

(三)旅游气候的季节性

受到海洋性气候及海洋岛屿旅游类型的影响,绝大多数高纬度地区的海洋岛屿旅游具有明显的季节性。由于海洋岛屿属于海上旅游,多数旅游活动离不开海滩和海上交通,受近海及岛屿自然条件影响较大,尤其是在很大程度上受到海洋岛屿近海气候条件的限制,具有明显的季节性特征。

（四）旅游产品的多样性

海洋岛屿可以说是一个空间相对完整的旅游地,如果因地制宜合理开发的话,海(海上、海底)、陆、空三体都可以考虑开发相适应的旅游产品,突出海洋岛屿旅游产品地域空间上的多样性。岛屿的旅游资源集陆地的旅游资源及滨海的海洋资源于一体,应该突出海洋岛屿旅游资源这个特色和优势,尽量挖掘海洋岛屿旅游产品基于资源基础之上的多样性。

（五）旅游环境的综合性

海洋岛屿开发是一个完整的生态系统和环境系统,开发和进行岛屿旅游不仅仅是旅游,而是对整个岛屿区域进行综合性的开发和游览。开发海洋岛屿旅游时应注重系统的综合性,并要注重岛屿产业结构的调整、资源的整合及环境的保护、基础设施的供给的开发模式、后续及保障、选取管理手段等。进行岛屿旅游时不仅要注意系统的综合性,而且要注重可持续发展观的理念,与观光度假相结合,注重更多的感知和体验,注重海陆环境结合的旅游环境的综合感知。

（六）旅游感知的神秘性

喧闹的环境对于忙碌的人们而言已经习以为常,人们已经过于习惯公开式、敞开式的发展环境。海洋岛屿以远离大陆为特色,在岛屿上开展的旅游活动也以其隐蔽性、神秘性受到人们的喜爱。人们在偶尔有时间、经济等条件下想要找寻、回归自我时,岛屿旅游的神秘性及其隐蔽性成为忙碌于喧嚣城市的人们最好的选择。

二、国内外海岛旅游研究概述

（一）国外海岛旅游研究

目前,国外海岛旅游研究主要集中在旅游的环境、经济、社会和文化的区域影响,旅游地演化,旅游规划与管理,可持续旅游以及旅游业与海洋综合管理一体化发展等方面。

1. 海岛旅游项目开发的环境问题

海岛地区生态系统脆弱,任何对自然环境和生态系统的干扰都可能对长期稳定造成严重后果。旅游开发对海岛区域水体、海岸线、地表水文特征和土壤等自然环境都产生巨大影响。在加勒比海、地中海等开发较早的海岛旅游区,水体污染已经非常明显。海岛淡水资源匮乏,旅游用水供需矛盾可能突出存在,在东南亚等海岛地区,地下水过度抽取已引起海水入侵,严重威胁地表植物生长,居民和旅游者的生活饮用水需要通过航运才能解决。由于旅游开发,近海陆地植物被大量砍伐,土壤直接遭受海洋风暴的侵蚀,并最终导致海岸带生态系统平衡的破坏。旅游基础设施建设和旅游项目开发对珊瑚系统会产生大规模的影响。加勒比海地区,在过去 20～30 年间,污染物排放加剧了水体富营养化,影响到珊瑚生存,珊瑚观光旅游等项目受到严重影响。在热带和亚热带地区,海岛旅游导致红树林被大量砍伐,河口湾被疏浚或填围,红树林生态系统和河口湾生态系统遭受破坏严重,这种现象在澳大利亚、夏威夷、斐济、瓦努阿图等国家和地区尤为突出。

旅游发展可以引导或加速环境质量的改善,环境也可以影响旅游业的发展,所以海岛旅游开发首先要重视环境的监管。印尼巴厘杜阿岛、墨西哥坎昆等海岛旅游地在制定旅游规划时,均有明确旅游容量指标作为旅游地开发的基本依据(Edward,1993)。Teresa Almer(2003)针对西班牙巴利阿里群岛的环境压力,提出应对游客征收"生态税"(eco-tax),用以资助环境保护工作,减少海岛旅游的环境代价。另外,海岛旅游发展还要重视市场开发方面的研究。M. A. Bonn(1992)进行了海洋旅游地市场季节性研究,揭示了其基本特征。F. M. Diaz(2005)指出为提高海岛的旅游竞争力,需要通过持续性的市场细分研究,以这些细分市场的需求为依据,才能进行有效的市场营销、形象设计和产品创新。Catalina Juaneda(1999)通过分析德国和英国游客的行为特征,提出在市场研究中不仅需要关注旅游者的心理、动机、偏好、对价格敏感度等因素,还应关注旅游者的国籍,并能充分认识这种国籍区别对市场细分的影响。Reidar J Mykletun(2001)通过波罗的海地区游客行为研究,认为旅游者的地域分布是影响市场细分最大的因素。此外,由于海岛旅游的多样性和综合性等特征,制定合理的旅游政策成为难题,政策的影响难以评价。为充分理解旅游政策的运行,实现旅游发展与地区发展的双重目标,学术界提出五种基本旅游行政管理类型,并对 20 种具体方法的运用目标和使用范围作了详细分析,从而为海岛旅游规划提供了政策规划支持。

2. 海岛可持续旅游问题

可持续旅游是海岛旅游研究的热点。可持续海岛旅游必须满足五个条件:良好的海岸管理、健康的生态系统、安全的旅游环境、高质量海滩环境以及合理的动植物保护政策。小岛与可持续旅游受到广泛关注。SIDS 地区土地面积狭小,可利用资源有限,交通不便,且生态系统脆弱。但是很多小岛与地区并没有充分理解这种地域特征以及旅游业的动态性,对旅游危机没有较强的处理能力,Jerome L. McElroy(1998)分析了加勒比海 20 个小岛屿地区的旅游发展情况,提出了"Torism Penetration Index",并针对不同的指数等级分别提出管理建议。Abeyratne RIR.(1999)认为 SIDS 地区必须充分考虑旅游开发带来的经济、社会文化和环境生态的影响,以及区域合作、海洋科技应用等诸多问题,保证旅游业的适度开发和可持续发展。

(二)国内海岛旅游研究

近 10 多年来,国内诸多研究机构和学者对海岛旅游进行了积极探讨,研究多集中于资源评价、市场分析、环境保护和规划管理等方面。

1. 海岛旅游资源评价问题

海岛旅游资源个性小、共性大,在旅游开发中必须对资源价值进行详细评价。国内有关海岛旅游资源评价多是定性分析,主要研究资源类别、海滩质量、资源品牌等问题。李植斌(1997)分析了舟山群岛的资源特征、优势及资源开发的限制因素,对港口航道、海洋生物、旅游、盐业和海洋能源等优势资源的开发利用进行了深入探讨。海岛开发多集中于海滩优良的地区,海滩是海岛旅游的重要资源。李占海(2000)提出海滩旅游资源质量评价体系,他选择 80 个评价因子,建立了海滩质量评价模式,该模式有利于中国海滩旅游与国际接轨。唐少霞(2004)分析了热带海岛的特色资源,认为海南具有建立独特旅游资源品牌的潜在因素,并提出打造旅游资源品牌是海南旅游持续发展的关键。夏林根(2001)通过上海和海口、三亚等地的问卷调查,发现远洋海岛旅游者以中、高等文化程度的中青年为主,消费趋向中高档,普遍要求旅游项目参与性强,有一定的文化含量和较高的品位。海岛型旅游地季节性突出,陆林等(2002)分析对比了三亚、北海、普陀山等海滨(岛)旅游地和黄山、九华山等山岳型旅游地国内客流季节性特征以及海滨(岛)旅游地季节性变化的自然和社会因素。

2. 海岛旅游的环境问题

中国部分海岛地区已经出现资源破坏、视觉污染、水污染、沙质退化和旅游超载等环境问题,这些环境问题已经得到许多学者的关注。吴宇华(1998)分析了北海银滩西区环境问题,指出应在查清资源和环境的基础上制定新的总体规划,加强环境景观保护,制定环境管理政策,明确环境管理机构的权力和职责。张灵杰(2000)以玉环大鹿岛为例,通过海岛生态系统的评价,探讨了影响旅游环境容量的因素和原则,运用数量最终环境界值法对大鹿岛的日旅游环境容量进行了计算,进而提出了相应的对策和建议。乐忠奎(2000)对舟山海岛旅游资源和环境进行了调查研究,认为该区域目前旅游环境良好,但随着旅游业的发展,环境问题将会日益显露。为此,提出了可持续性旅游的对策和建议。

3. 海岛旅游区与合作问题

国内学者对于区域合作比较重视。中国海岛众多,海岛之间资源特征相似,空间竞争明显。文吉(2004)采用对比的方法,客观评价了粤西海岛旅游开发,并提出建立粤西海岛旅游联合区,实现区域联合开发是解决替代性竞争的关键。冯学钢(2004)依据世界海滨(岛)和港口发展经验,认为舟山嵊泗列岛应实施"桥—港—景"旅游联动发展,构建全新的生态型旅游空间格局,提供与上海乃至国际接轨的旅游产品,带动周边岛屿和海域的开发。海岛内部旅游业同其他产业存在空间竞争,不同产业之间的空间合理布局非常重要。沈陆澄(2004)提出南澳岛总体规划应围绕建设"生态岛"的目标,采取"大分散,小集中"的组团式布局,在生态产业布局上,划分陆域生态经济区和海域生态经济区,形成"一环一线两大区,两个中心,四个重点"的旅游开发空间结构,实现持续发展。

4. 海岛可持续旅游和生态旅游问题

海岛可持续旅游和生态旅游是目前国内海岛旅游研究的热点之一。白洁(2002)认为在解决资金、生态体制等瓶颈的基础上,逐步实现海岛旅游由传统的海洋开发向现代的生态式海洋开发转变。岑博雄(2003)以北海涠洲岛为例,提出了旅游生态岛的概念,形成了较完整的海岛生态旅游开发思路。李金克(2004)在参考国内外可持续发展指标体系研究成果的基础上,结合海岛地区的实际情况及数据资料的可获得性,利用系统科学的理论和方法,提出了海岛可持续发展的评价指标体系。此外,无居民海岛旅游也是今后海岛旅游开发的重点之一。发展海岛生态旅游对解决当前无居民海岛旅游存在的问题,实现可持续发展具有现实意义。陈烈(2004)运用生态景观学和旅游地理学的理论,以茂名市放鸡岛为例,探讨无居民海岛的生态旅游规划及其发展战略,认为依托较为脆弱的生态环境的海岛旅游开发是无居民海岛开发的重要组成部分。

综上所述,国内外学者对海岛的研究领域已比较广泛,基本形成了多学科综合研究的局面。海岛旅游产品的开发上,我们应该综合考虑资源和生态保护、文化、开发管制方面,多学科综合进行研究和开发。

第二节　岛屿利用现状

我国海岛资源丰富,是世界上海岛最多的国家之一。据统计,面积大于 500 平方米的岛屿有 6000 多个,面积在 500 平方米以下的岛屿和岩礁数量上万个。我国不少岛屿拥有丰富的旅游资源,具有开发海洋休闲度假旅游的优势,旅游开发潜力巨大。从我国海岛资源来看,主要具有无居民海岛数量多、面积小,海岛的分布范围广,海岛分布的疏密程度相差大等特点。若以省(区、市)海岛分布的数量而论,浙江省最多,岛屿数约占全国海岛总数的 43.0%。下面以浙江省舟山为例分析我国海岛开发利用现状。

一、浙江舟山海岛开发

浙江省域面积是 10.18 万平方千米,还拥有富含资源的海洋,26 万平方千米的海域是浙江陆地面积的两倍多。不仅如此,这片海域还拥有长达 6696 千米的海岸线和海岛岸线,为全国第一;在近岸海域内,有陆地面积超过 500 平方米的海岛 2878 个,居全国第一;近海渔场 22.27 万平方千米,可捕量全国第一;可建万吨以上泊位的深水海岸线长 506 千米,占全国的三成多;这里还有 391 万亩滩涂资源;而东海石油资源主要分布在浙江海域。

浙江舟山群岛岛礁众多,星罗棋布,相当于我国海岛总数的 20%,分布海域面积 22000 平方千米,陆域面积 1371 平方千米。其中 1 平方千米以上的岛屿 58 个,占该群岛总面积的 96.9%。主要岛屿有舟山岛、岱山岛、朱家尖岛、六横岛、金塘岛等,其中舟山岛最大,面积为 502.65 平方米,为我国第四大岛。据悉,舟山是中国唯一以群岛建制的地级市,包括 1390 个岛屿,陆域面积 1440 平方千米,内海海域面积 2.08 万平方千米,人口 100 万,地处中国东部黄金海岸线与长江黄金水道的交汇处,是东部沿海和长江流域走向世界的主要海上门户。

（一）旅游资源

舟山群岛风光秀丽,气候宜人。这里秀岩嶙峋,奇石林立,异礁遍布,拥有两个国家海上一级风景区。著名岛景有海天佛国普陀山、海上雁荡朱家尖、海上蓬莱岱山等。东海观音山峰峦叠翠,山上山下美景相连,人称东海第二佛教名山,岛上奇岩异洞处处可见,山峰终年云雾笼罩。枸杞山岛巨石耸立,摩崖石刻处处可见。黄龙岛上有两块奇石,如同两块元宝落在山崖。大洋山岛溪流穿洞而过,水声潺潺,美丽的景点数不胜数。

桃花岛是舟山群岛的主要景区之一,其主要景点有塔湾金沙、安期峰、大佛岩、悬鹁鸪岛、海岛植物园以及拍摄《鸦片战争》而仿建的旧定海城等。

（二）显著的区位优势

舟山与我国台湾地区以及日本、韩国一水相隔,背靠我国最富饶、经济发展最具活力的长江三角洲,有着十分显著的区位优势。并且,舟山是这一地区唯一的群岛型城市,这使舟山成为这些客源地和客源国旅游者体验海洋休闲、感受海洋文化的首选目的地之一。

（三）良好的发展环境

这些年来,依托佛教文化、海洋和渔业优势,通过举办国际沙雕节、海鲜美食和观音文化节,以及中国海洋文化节等活动,开发休闲渔业等特色旅游,舟山旅游业已集佛教朝拜、山海观光、海鲜美食、滨海运动、环境疗养、休闲度假等多种旅游功能于一体,已逐渐成为中国著名的海洋岛屿、海洋旅游胜地。当前,舟山市政府已确定把发展旅游业作为调整经济结构、培育和发展特色经济的重要举措。良好的政策环境为舟山旅游业打造出一批特色鲜明、品质优良的旅游精品创造了条件。

(四)舟山旅游总体评价

舟山具有海岛、海洋型旅游资源,集自然资源和文化资源于一体,明显的海岛风光、海洋文化、佛教文化的特点。目前旅游资源主类覆盖率100%,亚类覆盖率83.87%,基本类型覆盖率64.52%。现有旅游单体858个,有219个优良级旅游单体,其中有地文景观类227个,水域风光类200个,生物类16个,天景气候景观12个,遗址遗迹45个,建筑与设施类416个,旅游商品类49个,人文活动类65个,其中2个国家级,2个省级景区。其丰富的旅游资源,优良的旅游产品,提供游客舒适的旅游活动,在长三角城市群中独具魅力。

二、海岛开发存在的问题

舟山岛屿资源丰富,在政府和管理部门的支持下,旅游发展较快,但是它的开发过程中还存在很多问题。舟山的岛屿开发中,我们可以总结出我国岛屿开发中存在的问题:

第一,我国海岛旅游开发始于20世纪70年代末。早期海洋旅游资源的开发缺少系统性,没能遵循明确主题、突出重点的原则,经济、环境与社会效益没能协调一致,"三化"问题(人工化、商业化、城市化)严重。一些地方在景区内大兴土木,致使建筑物的色调、风格与景区氛围极不协调,改变了原有景观的风貌,甚至有些旅游资源的开发给当地整体旅游带来长久的不利影响。所以,对于我国的海岛旅游开发不能盲目、激进,要遵从海岛旅游资源特色及客源市场等各方面现状因地因时制宜,设计适合不同海岛的旅游开发模式,推进海岛旅游的可持续发展。

第二,我国的海岛旅游产品尚处在初级开发阶段。一是海岛旅游产品类型单一。除了观光、度假等几个常规旅游项目开发得较好外,其他相关旅游产品的优势并未明显发挥,产品结构比较单一。二是专项和特种旅游项目开发滞后,可供游客参与体验的项目少。总之,目前的海岛旅游没有在旅游资源的深度开发上多下功夫,单纯追求旅游经济数量型增长而非质量型增长。如果秉承这些观念发展海岛旅游,将会对我国海岛旅游发展的未来带来一系列问题,影响海岛旅游的可持续发展。

第三,粗放开发和盲目利用。舟山市旅游资源丰富,但存在旅游资源粗放开发和盲目利用。一是部分或局部存在着小、散、重的现象,各县、区旅游景区分布形式分散和项目重复设置,而形成旅游产品单一。二是对已有的旅游资源没有很好开发与利用,像一些特色的自然、人文等景观,如马岙古文化遗址、新石器时代遗址、定海老城、渔霸遗址及渔歌、锣鼓、民间跳蚤舞、民间服饰等产品都没有很好开发和利用。

综观我国无人岛屿旅游开发现状,也存在着缺乏管理、无序开发、行为失当等现象,引发出三方面主要问题:一是生态环境破坏。无序开发造成环境污染,使得海岛沙滩泥质化、植被破坏、土地减少。二是海洋污染。"以海为田","播种"鱼苗、贝苗、螺苗,将浅海岛礁变成天然"牧场",这是无人岛开发的主要途径,也是海洋休闲渔业活动开展的基础,但缺乏科学管理和有效控制,网箱周围海域环境必定遭到严重污染,箱底海涂泥层因剩余饵料的腐化,缺氧、有机物含量过高,生物无法生存,该海区将成为生物"孤岛"。三是海岛消失。缺乏有效保护的大兴土木,大建度假村以及别墅酒店,造成水土流失、植被破坏,加剧了海岛的侵蚀,加上为建设而采石炸礁、挖滩取沙,久而久之,海岛就会消失。无人岛屿的自然环境恶劣,生物链脆弱,一旦遭遇破坏,很难自行恢复;同时,无人海岛开发又势必依靠周围海域,任何不当的开发行为都将影响周围海域的生态环境。

第三节　岛屿旅游开发模式

海岛类型多样加上各个海岛区域的旅游资源、区位条件、经济和社会文化条件之间的差异性,海岛旅游开发模式呈现出不同的类型。研究海岛开发模式,了解其开发的规律,对于今后其他海岛的发展具有重要的参考意义。高建在硕士论文《海岛旅游开发模式探讨》一文中从海岛开发驱动力、投资主体、管理体制三个角度,进行海岛旅游开发模式分类。

一、根据驱动力不同进行分类

(一)资源型

该类海岛富含发展旅游所需要的资源,同时海岛所在区域经济发展状况良好,社会稳定开放,但区位条件不理想,地理位置偏僻,远离客源市场,交通条件成了制约该类型海岛进一步发展的关键因素。如美国的夏威夷群岛,该群岛含有丰富且独特的旅游资源,如火山、历史、民俗资源以及夏威夷人传统的热情、友善、诚挚等,同时夏威夷有着良好的交通通讯等基础设施,拥有国际先进的服务和管理,在国际上享有很高的声誉。但由于夏威夷远离大陆,虽然进岛交通便利,但仍由于距离太远,对游客来讲增加了附加成本,而这也是夏威夷游成为富贵游的重要因素之一。

(二)客源型

该类型海岛特点是缺乏旅游开发所需要的资源,但是区位条件特别好,经济发达,社会开放,如新加坡。新加坡位于马来半岛南面,由新加坡岛及其附近小岛组成,地处太平洋与印度洋之间航运要道马六甲海峡的出入口,北与马来半岛隔 1.2 千米宽的柔佛海峡,有长堤相连,可通行汽车和火车,总面积为 647.5 平方千米。作为一个岛国,面积仅 600 多平方千米,拥有的旅游资源仅为阳光和海滩,却发展成为“亚洲旅游王国”,其中最主要的因素之一就是其优越的区位条件,毗邻客源地。

(三)资源客源型

该类型海岛不仅具有丰富的旅游资源,也具有得天独厚的客源市场。这些地区通常具备发展旅游业所必需的丰富的“4S”资源,气候宜人,风光秀丽,远离闹市,人文旅游资源丰富的同时,它们毗邻经济富裕的发达国家,这些国家人均消费水平高,出游愿望强烈,因此客源市场广阔。在长期的开发过程中,区域内逐渐形成了良好的服务系统,便捷的交通网络,各种类型的宾馆酒店和众多的娱乐设施。与其他性质的海岛相比,旅游接待人数多,游客停留时间长,人均旅游消费额度高,海岛旅游已逐渐形成了良好的自我循环。如地中海沿岸的西班牙、法国、意大利以及美国南部的佛罗里达等沿海岛屿。

二、根据投资主体不同进行分类

(一)政府主导型

所谓政府主导是指政府的"定向"和"导向"在旅游资源开发中的作用,即政府规划、指导、管理和调控资源,是对政府支持旅游发展模式的概括。作为投资方的政府,在跨区域旅游资源开发和区域旅游内一些基础设施的建设中起着决定性的作用。这类项目一般都是投资规模大、回收期长、风险大、涉及多方利益的大型公益性开发项目,如跨区域交通道路、能源基地、大型环保项目、机场的修建等,这些基础设施是发展旅游业的必备条件。

该模式主要适用于旅游资源待开发区以及经济欠发达地区的旅游开发,而主要集中于铁路、高速公路、旅游专用公路、环保工程等旅游发展所需要的必备基础设施建设,资金主要来自中央和地方财政。在这一模式下,政府对具体的旅游开发项目不作具体干预,但通过开发规划和行政审批来调控。

在2011年全国两会前夕,国务院正式批复浙江海洋经济发展示范区列入国家战略。这是中国第一个海洋经济示范区规划,也是浙江第一个国家战略。这在浙江发展史上具有划时代意义事件的诞生,意味着"改革开放后浙江经济社会发展将迎来第二个春天"。

国务院在批复中说,建设好浙江海洋经济发展示范区关系着中国的"两个全局":一是国家实施海洋发展战略的全局;二是国家完善区域发展总体战略的全局。浙江海洋经济发展上升为国家战略,这是浙江发展战略定位的重大提升、空间布局的重大拓展、经济结构的重大调整,标志着海洋经济将引领经济转型升级,成为未来经济发展的新增长极和区域经济的新制高点,标志着浙江发展真正迈入了陆海统筹发展的新阶段。

(二)企业主导型

该模式是指区域政府将自身所管辖的旅游资源的开发及经营转让给企业主体,吸引企业投资,政府只在宏观层面上发挥宏观调控作用,对开发主体进行监督管理。这一模式是充分利用市场竞争以及政府对投资领域的开放扩大的结果。在资源开发初期,政府以招标的方式,将资源的开发及经营权拍卖,选择具有良好信誉和较强实力的企业来开发资源,突破过去以政府为主导的垄断地位,同时节约了政府财政,使得政府可以将资金用于其他市政设施的建设及改善。特别是对于那些拥有良好的旅游资源条件,但经济落后缺乏开发资本的社区来讲,企业投资发展旅游将是一种良方。随着我国政府职能从"全能型"到"有限型"的转变、国家宏观调控以及国内企业实力的不断增强,企业主导型开发模式将逐渐成为最主要和最优先考虑的开发模式。对于政府来讲,节约了财政而同时又增加了税收;对企业来讲,获得了利润;对社区来讲,促进了社区经济的发展,提供了就业机会,一举三得。

(三)民间投资型

该模式主要集中于风险较小、短期效益高、见效快的中小型项目,一般是民营企业或私人投资,如在旅游区内开办餐饮、住宿、购物等旅游辅助小设施。这类项目投资较少,而往往收益率较高,因此吸引了众多的民间资本,他们或是以独资,或是以集资的方式,承揽、建设旅游开发项目。民间投资虽然只是单体或几个旅游项目的资金投入,但对于关联性很强的旅游业来说,却有着非常重要的意义。按照"谁投资,谁受益"的发展旅游业原则,民间资本投资旅游的积极性正在不断提高。民间投资也成了旅游融资的一条重要通道,对社区旅游投资开发可以起到添砖加瓦的作用,为旅游者提供便利的旅游消费条件,是地方旅游业发展不可缺少的部分。在社区旅游业发展较为成熟,且取得了良好的经济效益的区域,或者是旅游业刚起步的待开发区域,可以选用这一模式,一方面可以扩大融资渠道,另一方面可以充分调动社区居民参与旅游发展的积极性,但是在开发过程中必须加以监督管理,注意加强投资者的环境保护意识。

第四节　国外群岛旅游典型开发模式

一、国外群岛旅游开发模式

目前,世界上著名的海岛旅游胜地主要分布在热带、亚热带的四个区域:地中海沿岸,如西班牙巴利阿里群岛、马耳他群岛等;加勒比海沿岸,如墨西哥坎昆、巴哈马群岛等;太平洋岛屿,如美国夏威夷群岛;东南亚岛屿,如新加坡、泰国普吉岛等。

(一)马尔代夫模式分析

马尔代夫是位于印度洋上的一个岛屿国家,人口只有20多万。近几年来,其海岛旅游业开发得到了巨大的成功,该岛立足于自身的实际特点,因地制宜地开发其丰富的旅游资源,逐渐形成了"马尔代夫模式",为海岛开发提供了借鉴意义。

1. 海岛开发,规划先行

马尔代夫在海岛开发过程中特别重视海岛规划。从海岛开发之初至今,马尔代夫已经制定了三个十年海岛开发计划,目前正在实施第二个海岛十年开发计划。对每一个待开发的海岛都会委托国际著名的规划公司进行规划设计,经过其严格论证后,再报国家批准建设。在建设的过程中,对原有制定的规划进行严格的执行,不能随便脱离。

2. 整岛出让,差异发展

马尔代夫在开发海岛的过程中,始终采取"四个一"的模式,即一座海岛及周边海域只允许一个投资开发公司租赁使用;一座海岛只建设一个酒店(或度假村);一座海岛突出一种建筑风格和文化内涵;一座海岛配套一系列功能齐备的休闲娱乐及后勤服务等设施,形成一个独立、封闭、完整的度假区。由于开发所需要的资金多,据有关方面统计,从事海岛开发少则几千万美元,多则几亿美元。因此,政府对海岛开发实行国际招标,以争取那些有雄厚经济实力的集团来开发建设。各个岛屿上的建筑物均是风格各异,绝不雷同,在建筑材料上力求自然,体现地方特色。

3. 环保意识,无处不在

在马尔代夫,无论是政府官员还是普通民众都具有强烈的环保意识,与此同时马尔代夫政府对投资经营者和游客都相应地提出了环境保护方面的要求。在海岛开发、环境承载力确定上都要服从环境保护。马尔代夫海岛开发采用"三低一高"原则,即:低层建筑、低密度开发、低容量利用、高绿化率。另外,马尔代夫当局还为每一个度假岛屿制定了严格、详细的环境控制措施,严禁砍伐树木,设置废物处理系统,禁止游客采集珊瑚、贝壳甚至岩石,以及用鱼叉或枪支捕鱼等。同时为了营造静谧的气息,要求游客不能在岛上喧哗吵闹等。

4. 统一管理,加强监督

在管理方面,马尔代夫于 1982 年建立专门的海岛旅游管理机构,1988 年发展成为旅游部,1984 年又成立了旅游咨询机构,以加强海岛开发的管理。在马尔代夫,旅游部的权力极大,其在海岛的开发方面实行极为严格的审查制度。旅游部既可以制定旅游法规又可以代表政府对外出租海岛,同时还负责组织审查海岛开发规划。旅游部门每年进行两次监督检查,对不达标的度假区进行罚款或者关闭,以维护整个海岛地区的信誉和秩序。

5. 特色经营,优质服务

马尔代夫的海岛经营管理由国际著名的经营管理公司负责。度假区实施封闭式的管理,非旅游人士(包括本国公民)未经允许不得进入旅游度假村和旅游海域。岛上除旅游服务人员外,其他全部为游客,既节约了经营管理的成本,同时也使游客处于一个相对安全、宁静、宽松的环境之中。海岛开发项目种类繁多,如酒吧、舞厅、帆船、潜水等项目,此外,自助餐厅食品丰富,以满足游客不同需求。

(二)新加坡模式分析

新加坡位于东南亚,是马来半岛最南端的一个热带城市岛国,面积为 682.7 平方千米,地处太平洋与印度洋航运要道——马六甲海峡的出入口,由新加坡岛及附近 63 个小岛组成。作为一个岛国,新加坡拥有的旅游资源除了阳光与海滩外,其他的并不多,而它却发展成了"亚洲旅游王国",其开发模式上有如下几方面的经验。

1. 实施有效的宏观调控

新加坡把旅游作为国民经济的支柱产业,全国旅游促进会是政府的旅游咨询机构,由 11 个政府部门和行业团体组成,全面负责国家的旅游事业。旅游促进局是执行机构和行政管理部门,在全球各大城市都设有办事处,注重各地市场的调查和信息的收集,大力开拓国际市场。另外,新加坡政府特别重视会议旅游和商务旅游,为了吸引会议商务旅游者,政府专门设有国际会议局,使得新加坡成为"亚洲会议首府"。

2. 独具特色的旅游产品

新加坡居住人口 410 万,由华人、马来人、印度人等组成,各种背景下的文化传统在新加坡水乳交融,同时又各具特色。新加坡政府采取立法和其他措施保留了极具民族风情的建筑和设施,使之逐步形成了一个个独具特色的旅游产品。这些地方特色鲜明,具有浓郁的民族风情,成为游客必到之地。另外购物一条街、特色餐饮一条街、娱乐一条街等也风风火火,极具吸引力。

3. 创造良好的形象

良好的旅游目的地形象是旅游发展的金字招牌,政府管理部门将旅游形象提升到战略高度给予了极高的重视。结合本国实际和未来发展目标,投入巨资研究、设计、推广国家或城市的旅游形象,确定恰当的旅游形象定位和设计,并通过各种宣传手段来提升和扩大其旅游形象,如"花园城市""无限的新加坡,无限的旅游业"等,并因此而影响深远。

4. 培育地区信用

新加坡每年都开展"礼貌是我们的处世态度"为主题的全国文明礼貌活动,从政府官员到普通市民,都能做到礼貌待人。文明的社会环境,使国外游客感到宾至如归,重游率高。新加坡努力培育一个"品质服务至上"的购物之都,不管是商家或是个人都很讲诚信,政府有关机构的管理也非常严格,新加坡旅游局定期在旅游图或其他媒体上通报接获的被投诉商店的名单,游客一旦遇到商品交易上的欺诈行为可以 24 小时向旅游局投诉,也可以向小额索偿法庭直接提出申诉获得赔偿。

5. 营造和谐的人与自然关系

在新加坡,看不到一片裸露的黄土,整个城市就是一个扩大了的花园,人与自然和睦相处。原因在于新加坡政府在旅游资源的开发和建设方面首先考虑的是是否会对环境和生态造成破坏,并以此为标准进行城市发展总体规划和分区规划,对现有资源哪怕是小到一棵树都通过严格的立法加以保护,最大限度地保持旅游资源的独有特色。

(三)夏威夷模式分析

夏威夷群岛地处太平洋中心,由火山爆发形成,总面积 1665 平方千米,人口在 100 万左右。由于远离欧亚大陆,距最近的北美也要飞行 5 个小时才能到达,本身也没有现代工业的发展,故其阳光、空气和海水很少受到污染,加上一年四季的平均气温最高不超过 33℃,最低不下 19℃,故有"人间天堂"之称,平均每年要接待 800 万名游客。

1. 基础设施先行发展

为了旅游开发,夏威夷建立了庞大而先进的基础设施,高速公路四通八达,到四邻岛屿都可乘小飞机前往,但是价格却不贵,公共汽车、快艇、邮轮方便快捷,邮电通讯设施高度发达。

2. 突出优势,重点发展

夏威夷最大的优势就是气候宜人、风光秀丽、沙滩海水和火山景观,当地政府紧紧抓住这一优势,突出旅游业的龙头地位,重点发展度假旅游。从 1982 年到 1992 年的十年间,夏威夷尽管制造业只增长了 0.8%,但旅游业却增长了 164.9%,带动了建筑业 198% 的增长和零售业 85.7% 的增长,国民生产总值增长仍然高达 116.3%。

3. 开发独特文化

文化是旅游目的地的灵魂。在夏威夷处处洋溢着一种独有的文化氛围,既是东西方文化的融合,也是传统文明和现代文明的汇集。夏威夷岛多种族裔、多种文化的居民为此地创造出令人着迷的多重面貌之艺术、文化、食物、庆典及历史。当地旅游部门充分利用了当地文化特色,开发了一批知名的旅游项目。最为知名的是波里西尼亚文化中心,不仅把太平洋各个岛屿的风土人情融合在一起,而且有世界各地文化的缩影,不仅充满现代文明的气息,而且充满原始文化的芳香。

4. 旅游服务和旅游促销

夏威夷政府管理部门高度重视旅游服务和旅游促销,而夏威夷成功经验中最重要的一条就是能够提供"消费者一次又一次购买的商品"——优质服务。同时,夏威夷每年拨出巨额资金进行旅游促销,在全世界各地进行市场调查和市场推销,并及时根据游客的需求来改善和强化各项旅游设施和旅游服务。

5. 重视环境

为了旅游业的持续发展,夏威夷十分强调环境保护,提出在发展的同时保护环境并创造更好的环境,给子孙留下大片的绿地、洁净的海洋和天空。政府不仅对各种建筑物的密度和高度作了严格的规定,而且大搞森林、公园,尽可能多造绿地,保护好各种植被、海水、沙滩、空气和各种海洋生物。

（四）巴哈马模式分析

巴哈马群岛是西印度群岛的三个群岛之一,虽然它被认为是加勒比海地区的海岛群,实际上却并不在加勒比海内,而是位于佛罗里达海峡口外的北大西洋上。这个群岛由 700 多个海岛和 2400 多个岛礁组成,总面积 13939 平方千米,人口 32.5 万(2005 年)。该群岛位于西印度群岛北部,北回归线横贯,属亚热带气候,年平均气温为 21～28℃。这里既没有汗流浃背的酷暑,也没有冰天雪地的严寒,阳光和煦,四季如春,故有"六月之岛"之称。

1. 政府主导,多方合作

巴哈马群岛的整个国民收入,有 60% 以上都来自旅游业,所以对海岛旅游开发尤为重视。巴哈马的许多旅游开发项目,经过政府授权,都可以与私营部门开发商合作启动,因此,许多旅游项目开发不仅可以带动巴哈马的旅游业发展,同时也能带动巴哈马与其他国家原材料、技术以及管理方面的贸易往来。

2. 创良好环境招商引资,优惠政策合理发展

在巴哈马岛上有一个港口叫弗里波特港,这个港口是由我国香港地区的李嘉诚投资的。李嘉诚自 1997 年在巴哈马第一次投资以来,10 多年来在整个弗里波特港口的投资超过了 10 亿美元。弗里波特港是一个已得到认可的国际商业中心,是许多国际知名的投资者和公司的家园,其先进的基础设施能够支撑起各种商业和企业活动。巴哈马政府为了吸引更多的船只进入弗里波特港制定了一些优惠政策,比如免进口关

税、免转运关税等。有力的金融支持以及自由港的便利性,吸引了很多企业来巴哈马进行进出口贸易,同时也带动了旅游业的发展。

3. 准确定位旅游开发市场,快速开发相应旅游产品

巴哈马政府认识到,21世纪是属于亚洲的世界,因此开始加强对亚洲市场的开发,计划新建更多的度假村,巴哈马称之为文化村,还有一些相当于世外桃源般的高档酒店项目,将这些酒店打造成主要针对亚洲游客的酒店,积极吸引中国、日本以及东南亚地区的投资商对这些项目进行合作开发。

4. 注重海岛资源、文化特色,各海岛开发各不相同

巴哈马群岛总人口为30万人,岛屿总面积为2.178万平方千米,每个岛屿都有其独特的文化与传统。哈勃岛著称的就是"粉红色"沙滩、甜美的菠萝、国际水准的接待等,好客的居民让这座友善的小岛名扬四方。安德鲁斯岛面积930万平方千米,是巴哈马群岛上最大的宝岛。安德鲁斯岛拥有数平方千米清澈的浅水,世界第三大山珊瑚礁,神奇的蓝洞,以及数平方千米美丽的原野,被称为"世界的骨鱼之都"。

(五)坎昆模式分析

在海岛旅游业发展较早的加勒比海地区,28个国家中有16个国家的最大外汇收入来源是旅游业,其中有个最璀璨的明珠是坐落在墨西哥东南海面上的坎昆。它是一个风景秀丽的小岛,是国际著名的旅游胜地,被誉为世界七大海滩度假胜地之一。自1972年墨西哥政府在这里投资3.5亿美元建设旅游区和自由贸易中心,重点发展旅游业以来,坎昆就依托良好的自然资源和政策支持,大力发展高端会展业和旅游业,现已形成体系成熟的旅游、会展、酒店等规模产业,每年接待国际游客600多万次。坎昆海岛旅游业的成功经验,有很多我们借鉴和学习的地方。

1. 注重公众参与

坎昆政府在制定整个旅游度假区的计划时,注重了社会的广泛参与性,群策群力,共同努力,把坎昆打造成世界著名的海岛旅游胜地。这主要体现在作景区规划时,不但注重政府科学和周密的规划,而且十分尊重民意,听取公众的建议和满足绝大多数人的要求。一方面,在规划编制过程中让技术人员深入调查研究,对各个方案进行比较,组织专家讨

论,博采众长;另一方面,对重要建筑和基础设施的修建,除规划部门把关外,必要时还要进行公民表决,充分尊重民众意见。

2. 因地制宜发展

坎昆旅游业的发展,还得益于政府因地制宜,结合自身自然环境和社会因素,选择适合自己的发展定位。政府综合考虑了气候状况、环境效应、土地所有权、交通设施状况、通讯设施状况、附近的居民中心、本地的社会经济发展水平以及旅游业发展经验等因素,制定了发展综合海岛旅游度假区的目标。这种度假区一方面不能产生太多的环境和社会文化的负面效应,另一方面还给游客提供良好的旅游环境,因此,能够很好地促进当地旅游业有条不紊地发展。

3. 设计别具特色

坎昆始终坚持"天人合一"的建筑设计思想,以给游客们带来新奇和舒适的享受。在室外,各个建筑物设计均别出心裁、争奇斗艳,绿化强调立体式,使整个度假区成为了一个建筑博物馆,从总体到细节都充满艺术氛围和自然情趣的胜地。在室内设计中,酒店也注意布局的合理和巧妙。酒店大堂设计别具一格,有的中间为植物园,有许多热带树木,还有流水,使人感觉置身于森林,令人心旷神怡;酒店内的游泳池构思巧妙,泳池大小高低形状均不同,因地制宜而建,错落有致,设计新颖,造型美观;客房设计巧用心思,几乎每座酒店的每一个房间阳台都面向大海;客房卫生间也细心考虑,把厕所洗澡间与洗脸刷牙的地方分开,方便两个人同时使用。坎昆的环境建设方面,设计巧妙,考虑周到,使到此地旅游的每一位游客尽情享受海岛旅游带来的休闲与惬意。

(六)马耳他模式分析

一向有"地中海心脏"之称的马耳他,全境由 5 个岛屿组成,其中马耳他岛面积最大,海岸线长 180 千米。马耳他属于亚热带地中海式气候,每年 11 月底至第二年 3 月份为雨季,气温在 16～20℃之间;4 月份至 11 月初为旱季,几乎每天阳光明媚,温度在 20～30℃之间。作为一个自然资源比较贫瘠的国家,马耳他充分利用大自然赋予的禀赋以及前人留下的遗迹来吸引国外旅游者。由于其冬季气候温和,依旧可以让游客享受到灿烂的阳光、清澈的海水、美丽的沙滩,以及璀璨的珊瑚礁,因此可以吸引大量此时气候比较寒冷的英国和北欧国家的游客,他们在此购置房产或者游艇,准备退休或是夏天来此度假。马耳他也是运动爱好者心中的圣地,在此,他们可以尽情享受到游泳、垂钓、潜水、滑水、冲浪和航海等体育运动,也因此吸引了大量的热爱海上运动的人。根据马耳他国家统计局的数据显示,在这个人口仅 40 万的小国,每年就吸引了 200 万名游客,其成功的海岛旅游发展,有很多值得我们借鉴的经验。

1. 给予资金支持

马耳他海岛旅游业得以成功地发展,与政府有效的支持和大量的资金投入密不可分。马耳他政府和银行大力支持旅游业的发展,政府每年拨款约 2500 万美元用于发展旅游业;对企业进行与旅游有关的建设和投资也给予了贷款优惠政策支持,比如对于酒店的水、电设施建设,贷款利息仅为 2.5%。在马耳他加入欧盟后,利用欧盟的资金支持,加大对旅游业的投入力度,在欧盟 2007 年到 2013 年财政预算通过后,马耳他政府宣布将继续利用欧盟地区发展基金和欧盟社会基金资助旅游业的发展。仅 2008 年,马耳他政府就向马耳他旅游局拨款 2450 万欧元,另外 1165 万欧元用于旅游产品开发。

2. 市场针对性强

马耳他善于根据自己的旅游资源,有针对性地拓展目标市场。在旅游市场开发上,马耳他旅游与文化部负责旅游事务的旅游局在海外设有 2 个办公室和 15 个代表机构,主要集中在欧盟国家。针对初期旅游业发展过分依赖英国客源市场和季节性明显的问题,马耳他政府制定了欧洲市场客源多元化政策,尤其致力于吸引德国、意大利、法国和荷兰等国家的游客,用以稳定和增加其旅游业收入。另外,马耳他在日本、澳大利亚、中国也设立了旅游代表机构。

在旅游产品的开发上,马耳他根据自然资源优势,重视特定旅游市场的开发。除了传统的休闲度假游外,马耳他确定了奖励和会议旅游、潜水和语言学习三个细分市场作为开发重点。这些特殊的旅游项目,有效地促进了马耳他海岛旅游业的发展。

3. 注重遗产保护

马耳他旅游业得以迅速发展,得益于岛上丰富的历史遗产和政府所采取的有效的保护措施。位于欧洲南部的马耳他,有着 8000 多年的历史,是世界遗产胜地,拥有很多辉煌的考古遗址、文化古迹、传统建筑、手工艺品以及各种表现人类文明进程的历史宝藏。而政府对自然和文化遗产的良好保护,保证了到马耳他旅游的人们可以参观到完好的历史遗址。马耳他是众多国际性和地区性的遗产保护协定成员之一,其自身也有着完善的保护体制和法规,科学的保护政策和措施,明确的历史文化遗产的鉴定标准,历史建筑、遗址的分级制度。马耳他政府非常重视自然和文化遗产的保护,包括投资对各种自然和文化遗产进行维护、保养,提高人们对保护自然和文化遗产的认识。为了减少人为活动对自然和文化遗产的破坏,政府还对各种工程都进行科学、严格的规划和论证,防止一些工程对自然和文化遗产造成损害。

表 7-1　马耳他主要细分市场

旅游产品开发项目	所占游客比重
阳光休闲	50％
了解马耳他文化、古迹	16％
从事商业活动	7.5％
潜水和其他运动项目	7.5％
英语学习	7％
短期停留	3％
探亲访友	2％
其他原因	7％

4.配套设施完善

现代旅游产品开发上重要的是给游客带来轻松感和愉悦的心情,基础设施建设环境和服务质量正逐渐成为衡量一个地区旅游业竞争力的重要因素。这就需要除了加大旅游业本身的开发研究,更要注重配套基础设施的建设和软环境的发展。作为岛国的马耳他,出入必须乘坐飞机或者船舶,因此,交通设施的发达与否对旅游业的发展有着重要影响。马耳他政府有效地建立了四通八达的交通运输网络,在海边兴建邮轮码头,方便游客从海路抵达;在航空方面,与欧洲和北非各主要城市有直达航班,从马耳他搭乘飞机到达欧洲大多数主要城市仅需两三个小时,大大减少了游客的时间成本,方便了游客旅游。另外,马耳他政府非常重视旅游产业的软环境建设,在提高服务质量上下功夫,从娱乐设施完善、对相关行业的规范、从业人员的培训、旅游投诉的管理、社会安全方面着手,力争给游客创造一个温馨舒适的环境。

5. 注重市场营销

一个国家或地区旅游品牌的创造,营销必不可少。马耳他政府注重旅游产品的市场营销,利用广告、网络、国际旅游博览会、电视采访等营销手段,有效推动了旅游业的发展。例如,马耳他政府积极接受国内外电台记者的采访,通过这些采访,给马耳他作了宣传;马耳他还利用媒体广告、车身广告以弥补电视广告的不足;同时又组织参加了伦敦、柏林、米兰等地举行的有影响的国际旅游博览会,为马耳他的参展商提供了优惠费率和良好的参展条件。此外,马耳他在一些重要国家设立相关驻外机构,在各地有影响力的媒体上进行旅游方面的营销,密切了与客源地国家、地区的往来;其政府也不断推出了如"民俗风情游""饮食文化游""乡村生态游"等特色旅游项目,邀请不少外国文化团体共同参与,既加强了马耳他对外文化交流,也促进了旅游业的发展。

二、国外经验对我国海洋旅游发展启示

通过对上面 6 个国际典型海岛发展旅游业的基本做法和成功经验的分析,归纳出上述海岛开发中存在的共同点和发展方向。

(一)共同点

1. 严格制定完善的发展规划

旅游发展是一个动态的过程,在这个过程当中,随着时间的推移,新的旅游产品会随着新的旅游需求的改变而变化,这就需要规划要有一定的超前性。一方面作预测性研究,另一方面在规划用地时留出一些空地或多功能用地,以作机动之用,安排新的旅游项目。这不仅可以避免旅游项目的重复建设,而且可以使旅游区始终保持一种动态的开发结构。规划的制定,特别重视可操作性、科学性和合理性,并且能够始终如一地贯彻执行。

海岛旅游的开发,首要的任务是规划,拥有完善周密的规划,将有利于海岛旅游业的快速、高效发展。例如,坐落在印度洋上的群岛国

家——马尔代夫,在海岛开发过程中特别重视海岛规划。对每一个待开发的海岛都会委托国际著名的规划公司进行规划设计,经过其严格论证后,再报国家批准建设。马尔代夫在开发海岛的过程中,始终采取"四个一"的模式,即一座海岛及周边海域只允许一个投资开发公司租赁使用;一座海岛只建设一个酒店(或度假村);一座海岛突出一种建筑风格和文化内涵;一座海岛配备一系列功能齐全的休闲娱乐及后勤服务等设施,形成一个独立、封闭、完整的度假区。在建设的过程中,政府对原有制定的规划进行严格的执行,不能随便脱离。

2. 重视市场需求,强化发展各自的特色

这些海岛能够在激烈的市场竞争中,长时间地生存下来,重要的一点是能够抓住旅游市场的发展变化,按照顾客需要有针对性地开发旅游产品。在强化区位特色方面,这些海岛特别提倡差异化发展,提倡旅游开发应具有民族性、地方性、独创性。这些海岛旅游区在规划建设时都强调了对当地文化、民俗的保护,建设格调上也尽可能与地方传统相吻合。

夏威夷阳光明媚、海水湛蓝、沙滩柔软、椰树婆娑,但夏威夷人没有把旅游特色完全寄托在自然风光上,而是把旅游特色寄托在了波利尼西亚文化上。代表着南美七大岛国的波利尼西亚文化,以浓烈的岛国风情、热情四射的好客精神、炙热滚烫的民俗礼节,不知感染了多少游客。南美七大岛国的文化盛宴让游客如痴如醉、如梦如幻、流连忘返。韩国济州岛以世界上寄生火山最多和"瀛洲十景"而闻名;马尔代夫以《麦兜故事》中小猪麦兜总是念叨的椰林树影、水清沙细、蓝天白云而让大家印象深刻;而巴厘岛又以丰富多彩的食物、木雕、蜡染、油画、纺织、舞蹈和音乐让游客沉醉其中。

3. 有积极的宣传意识和成熟的营销战略

夏威夷州旅游署每年都要投入2000万美元的促销费用,派出自己的促销员在伦敦、东京、法兰克福、香港等国际大都市全方位出击,把夏威夷的旅游小册子摆满了那里的主要公共场所。夏威夷的市场调查机构每年都要向旅游署递交本年度来本地的游客满意程度调查报告,详细分析对于游客最有吸引力的地方和活动方式,游客最喜欢购买的农产品和最喜欢阅读的公开出版物,甚至游客来夏威夷旅游的计划和形式也是调查的内容。

4. 服务周到,管理严格

周到齐全的社会服务和人性化管理是国外海岛旅游开发取得成功的又一个关键因素。他们不仅在管理上井然有序,而且在服务上细致周到。如墨西哥坎昆旅游度假区的海滩上,时时变换着不同颜色的风球,黑球表示禁止入海,红球表示不宜下海或需多加小心,黄球表示可以下海,这样就避免了游客由于不知道海潮的规律,盲目下海而出现的危险;在海滩上每隔一段距离还设有瞭望塔和救生员,备有救生艇,马路上停有救护车,随时准备救护;同时,度假区内各项社会服务也非常周到齐全,旅游者可以非常方便地兑换各种钱币,得到各种送货服务等。此外,度假区内还设有旅游的监督、咨询服务处,向旅游者提供各种宣传资料,接受旅游者咨询和投诉。

5. 保护环境,坚持旅游业的可持续发展

这些海岛在开发过程中,特别重视对环境的保护和监督。在建设过程中因地制宜,不轻易破坏原有地形、地貌、植被等,建筑风格尽可能与周围环境相协调,对建筑物高度和密度严格限定。另外,海岛所产生的各类污水经过处理后可用灌溉于高尔大球场和草坡等,实现循环利用。同时,许多海岛旅游区,并不一味地全方位开发,而是划出大面积区域作为自然保护区,使生态环境处于原始状态。旅游环境管理部门对岛上的各经营区实行切实的监督,对污染环境、违反法规的经营单位将会重罚。

马尔代夫政府在决定具体海岛是否开发时,就已充分考虑生态环境保护的要求,对海鸟生活的海岛、鱼类等生物物种丰富的海域的开发都十分慎重,宁可不开发,也不危及海岛生态环境。海岛上食物的储藏、卫生设施建设、垃圾处理等也都要符合环境保护的要求。游客不可擅自收集沙滩或海中的贝壳,私自在岛上钓鱼、采摘或践踏珊瑚,都会招致高额罚款。在普吉岛,无论在建筑还是绿化过程中,都注重风格的统一与原生植被的保留;岛上的车辆也不许上山,而是采用有轨缆车来运送客人上山,建筑之间的交通也采用步行,从而避免了在山上建车行道而破坏山体的情况发生。

6. 重视政府的引导作用

这些海岛旅游业的发展之所以取得巨大成功,离不开政府强有力的支持。在开发初期,一般是由政府出面,作海岛的整体规划,并由政府组织提供启动资金完成基础设施建设;待投资环境初步形成后,再将土地转让给投资者,并规定投资者要严格按照规划进行建设;政府再将出让土地的收入投入发展,从宏观层面掌控,使海岛旅游开发步入良性循环。

在海洋旅游产品的开发中,我们借鉴世界一些知名旅游海岛旅游开发管理的经验,得出启示,来推动我国海洋旅游产品建设。

我国拥有丰富的海岛资源,但是海岛产品的开发过程中没有像马尔代夫那样采用以整岛招标出让的开发方式;没有济州岛那么多的优惠政策,济州岛在开发时政府给了 1000 多项优惠政策;不像西班牙邻近那么多经济基础良好的客源国;没有巴厘岛的早期开发优势。但是我国拥有独特的海岛气候,有中央政府以国家战略高度建设海岛旅游岛的决心,这些都是我们的优势和条件。有了比较,我们前进的方向更加明确,前进的步伐将会更稳健。

（二）发展方向

1. 整体规划海岛旅游,各地优势特色互补

建设旅游岛,应该根据资源环境特点,形成特色互补。以优越自然环境为基础,以大旅游产业为支撑,以建设生态型城市为特色,以品牌建设为平台,打造知名度、美誉度高的沿海城市带。

2. 发挥政府职能作用,做好规划协调工作

建设特色旅游岛,"国际化"这个要素更需要用大手笔来书写。各地政府要按照旅游岛建设的总体要求,加快推动行政管理体制改革创新和局部行政区划调整,把海岛范围内的资源统一整合、统一规划、统一土地开发、统一基础设施建设,尤其把陆地资源、海洋资源、生态资源与旅游资源进行整合交配,发挥整体优势,形成国际旅游岛建设框架下的城乡一体化格局。这就要求我们要练好内功,从基础、机制、保障等方面发力。不但硬件建设要具备,软件建设也要同步跟进,特别对于旅游业相关的服务行业要提出更新更高的要求。如加快推进金融、保险业的对外开放,鼓励教育、医疗等领域的对外开放。

3. 加强宣传促销力度,提高知名度

目前我国各岛屿在国际旅游市场的知名度不高,制约了入境旅游的

发展,旅游促销亟待加强。要想做好国际市场营销,首先要邀请主要客源国的媒体来拍摄旅游风光宣传片,因为他们最知道他们的游客想了解什么;其次是力争开通定期直飞航班;然后是用客源国语言印制宣传资料、旅游地图和VCD;再者是邀请主要客源国的大旅行商多来岛屿考察,与当地旅行社建立业务联系;最后是组织旅游行业协会与客源国的行业协会联手,共同开发市场。

4. 挖掘文化元素,建立特色海岛旅游

海岛不仅有优良的原生态环境、优美的景观环境,还有独特的人文环境。首先,挖掘文化内涵,把文化与自然资源二者结合起来,可以成为海岛国际旅游的名片。比如贬官文化、居住文化、织锦文化、歌舞文化、移民文化、州府文化都是特色,应该好好利用。民族风情游、探险游、人文古迹游、温泉度假游、热带特色农业观光游、高尔夫游、新型工业园区游、城郊假日游、康体娱乐游等,建设一批面向国际市场的旅游精品项目。其次,积极培育具有国际影响力的旅游节庆会展赛事。要全面整合我国海岛的旅游资源,按国际一流标准,高规格、高品位建设一批精品生态旅游景区,打造国际化、高端化、品牌化的旅游产品。

5. 改善旅游环境,提高服务水平

通过对比旅游业较成熟的旅游地区,我们更加应该提高旅游服务及管理水平。首先,我国海岛旅游必须尽快改善旅游服务环境。服务水平低、旅游市场紊乱、欺客宰客、兜售假冒伪劣商品,以及黑团黑车甩客的现象等都是游客常有的投诉。其次,我国现有的旅游服务管理体系侧重境内游客,难以适应境外游客的需要。建议尽快建设一个国际化、专业化的旅游综合服务中心,为国内外游客提供真正"一站式"的服务,并与国内外主要旅游城市的旅游集散中心联网运行。完善旅游城市和景区(点)的服务设施和环境,实现中、英文等多语标识全岛覆盖。

6. 保护生态旅游环境,走可持续发展之路

世界各知名旅游海岛都无一例外非常注意保护环境。地理位置和气候条件,造就了岛屿独特的自然风光;孤岛悬外,形成了岛屿独有的人文环境。清新的空气、灿烂的阳光、清澈的海水、美丽的沙滩、靓丽的田园、广袤的绿地、独特的民俗、养人的温泉都是岛屿的宝贝。独特的生态环境是岛屿发展旅游业最大的资本和特色。所以我们既要利用好,更要

保护好。在发展旅游时,要坚持"三不"原则。"三不"指不破坏资源、不污染环境、不搞低水平重复建设。我国海洋发展旅游业与保护环境的目标定位应该是:构建可持续发展产业基础和体制机制系统,重视旅游业与生态环境的和谐发展,实施"有限开发",坚持长跑战略。

第五节　岛屿开发方向

我国大部分海洋岛屿开发以市场为主导,易导致对狭小客源市场的过分依赖,造成海洋岛屿旅游经济的脆弱。游客旅游目的地结构单一,观光度假旅游是中远途游客的需求主体。下面具体以浙江省舟山和宁波市为例分析和总结岛屿开发方向。

一、海岛旅游开发

旅游开发即为提高和改善旅游资源对游客的吸引力,使得潜在的旅游资源优势转化为现实的经济优势,并使旅游活动得以实现的技术经济活动。据此,海岛旅游开发即在海岛旅游资源调查和评价的基础上,以发展海岛旅游业为目的,以市场需求为导向,有组织有计划地对海岛旅游资源加以利用,发挥、改善和提高海岛旅游资源对旅游者吸引力的综合性技术经济工程。

根据这个定义,海岛旅游开发主要包括以下四层基本含义:

(1)海岛旅游开发要以资源调查和评价为基础。发展海岛旅游业,就要了解作为海岛旅游业供给基础的海岛旅游资源的类型、结构、数量和质量特征、资源等级、地理赋存状况及保护、利用和发展现状等,从而确定海岛旅游总体开发的方向。

(2)海岛旅游开发的目的就是发展海岛旅游业。发展海岛旅游业可以扩大海岛就业、调整海岛产业结构、促进海岛经济发展甚至可以保护海岛的生态环境。因此,科学合理地开发利用海岛旅游资源,挖掘和提高海岛旅游吸引力,主要目的就是为旅游业服务,从而增进海岛其他效益的提高。

(3)海岛旅游开发要以市场需求为导向。在开发海岛旅游之前,需要认真研究海岛旅游市场,根据市场需求状况,开发利用市场需求大、能够畅销的海岛旅游产品,科学处理好海岛旅游资源与海岛旅游产品以及海岛旅游市场的关系,提高市场竞争力。

(4)海岛旅游开发是一项综合性工程。海岛旅游开发不仅涉及对海岛旅游资源的开发,而且还要对海岛交通、海岛基础设施和服务接待设施进行规划建设,甚至还会涉及管理机构的建立、经营机制、人力资源开发等内容。就开发效益而言,不能只考虑海岛旅游经济效益的大小,而应同时分析论证开发所带来的海岛社会效益和海岛环境效益,三大效益要综合考虑,同时兼顾。

二、浙江省舟山旅游资源的布局与开发思路

浙江舟山规划中的旅游产业空间布局是"一圈、一带、十区"。一圈:"沪杭甬舟"环杭州湾东海海洋休闲度假旅游圈。一带:(一心、两翼)以舟山半岛(新城区、沈家门、定海城区)为中心,以普陀山为中心的普陀金三角综合旅游区为南翼,以嵊泗列岛蓝色海岸休闲旅游区、蓬莱仙岛岱山海洋生态旅游区为北翼,由 1390 个岛屿组成的舟山海洋休闲旅游黄金海岸带。十大旅游区:海天佛国普陀山旅游区、碧海金沙(沙雕故乡)朱家尖旅游区、渔港海鲜沈家门旅游区、桃花传奇(金庸笔下)桃花岛旅游区、列岛风光嵊泗旅游区、蓬莱仙岛、岱山旅游区、古城要塞定海旅游区、群岛之都新城旅游区、东极之光东极旅游区和东方大港港桥旅游区。

(一)舟山群岛旅游开发模式创新的总体思路

要把舟山群岛建成特色鲜明、在海内外具有较强吸引力的国际性亚热带群岛型海洋休闲旅游目的地,必须以"大旅游、大市场、大产业"观念为基础,以经济效益、社会效应和环境效益相结合的旅游业发展的根本目标为方针,探寻有利于可持续发展的海洋岛屿开发模式。

以旅游资源空间结构为节点,通道和域面要素集合。就海洋岛屿型的旅游资源而言,节点要素可以认为是岛内的各景区和旅游集散地,通道要素指的是旅游交通路线,域面是节点和通道赖以存在的空间基础,主要是海岛所在的海域。王跃伟(2008)在《海洋信息》中发表的《区域海岛旅游开发模式研究》一文中对舟山群岛的空间发展战略模式进行了讨

论,在国内海岛旅游空间布局模式方面的研究比较系统。

表 7-2　舟山群岛十大旅游区的旅游形象与主要旅游功能定位

旅游区	旅游形象	主要旅游功能	主要旅游产品
普陀山岛	海天佛国	国际佛教圣地	观光、休闲、礼佛、度假
朱家尖岛	动感金沙、沙雕故乡	海滨休闲度假基地	观光、休闲、度假
桃花岛	桃花传奇	海岛影视拍摄基地海岛度假旅游区	观光、休闲、度假、探险、武侠文化
定海旅游区	古城要塞	休闲旅游、古城文化	休闲、度假、商务、考古、文化
嵊泗列岛	列岛风光、金沙渔火	海岛休闲旅游区	观光、休闲、度假、海钓、海鲜美食、海上运动、渔家风情、海景房产
岱山岛	蓬莱仙境	海洋文化博物馆基地、海岛度假基地	休闲、度假、海钓、商务、探险
东极岛	东极之光	国际海钓基地	观光、休闲、度假、海钓
沈家门海港	东方渔都、渔港海鲜	世界第一渔港、中国海鲜城	海鲜美食、游艇、海上观光游览、购物
新城旅游区	群岛之都	国际旅游城、新城旅游区	商务会展、海洋博览
港桥旅游区	东方大港	港桥经济综合旅游区、豪华邮轮停泊基地	观光、港口旅游、豪华邮轮

表 7-3　舟山群岛空间发展战略模式

期限	战略模式	战略开发思路	战略开发重点
近期	增长极战略	点状开发(增强节点的集聚能力和扩散效应)	树立普陀山在全国乃至世界的旅游整体形象,重点开发朱家尖、岱山、蚂蚁岛、刘横岛、桃花岛、定海、嵊泗列岛等风景区
中期	点—轴战略	线状开发(形成舟山区域旅游开发的增长轴线)	重点开发临城港口旅游新城的旅游资源,结合环境、文脉、形象、动态性、服务设施吸引旅游者
远期	区域一体化战略	网状开发(形成全方位、开放型旅游网络结构)	精品旅游路线进行长线组合,使舟山旅游业融入中国乃至世界旅游体系

(二)舟山群岛旅游产品的开发思路

1. 坚持区域旅游合作理念

既要注意利用各岛屿自身的资源优势来打造各自的特色品牌,又要全面认识全市的资源整体特色,把握特色互补、风味兼顾、项目搭配合理等原则。依托上海和宁波等大城市,实现旅游开发陆海联动,构筑与上海、宁波等地合理互补的海洋旅游产品体系,使舟山旅游逐步融入长江三角洲大旅游圈之中,以联合来构筑舟山旅游的整体优势和竞争力。

2. 海洋休闲主题

在舟山以往的海洋岛屿旅游开发中,基本上都注重对"岛屿"的开发,普遍忽略了对"海"的开发,而对"岛屿"的开发又基本停留在观光的层次。游客的休闲娱乐活动较少,海洋休闲度假产品的开发还在初级阶段。海上富有挑战性、刺激性的运动,游艇等参与性活动,才是最具海洋岛屿特色和最有吸引力的旅游项目。因此,大力开发休闲度假旅游产品,有利于改变传统单一观光旅游产品的缺陷,有利于满足人们旅游多样性的需求,带动全市名气不大的旅游产品,提高旅游产品的吸引力。

3. 坚持"一岛一特色"旅游开发理念

按照"一岛一特色"模式,在各景区、各旅游县区利用自身优势自我宣传促销的同时,使用合力进行共同促销,使全市的对外宣传树立同一意识,发出同一声音,以便在较大范围内形成轰动效应,并且充分发挥舟山各海洋岛屿的特色旅游资源优势,深挖海洋文化内涵,一座岛屿突出海洋文化和休闲主题,一座岛屿配套一系列功能齐备的休闲娱乐和后勤服务等设施,逐步推出一批海洋休闲旅游度假精品。

一是观音文化旅游产品。海洋佛教文化是舟山海洋文化最大的特色。普陀山供奉观音菩萨道场历史悠久,观音文化积淀丰厚,朝拜信徒众多。要充分利用观音文化的平台,通过举办观音文化节等活动,整合普陀山与周边岛屿观音文化的资源,综合开发普陀山"观音道场所在地"、佛度——"观音第一脚印"、桃花岛白雀寺——"观音出家得道地"等旅游产品,以"佛国"带动"海天",以"海天"拓展"佛国",打造规模更为浩大、内容更为丰富的国际级"海天佛国"旅游品牌与形象。

二是武侠文化旅游产品。桃花岛是现代武侠小说《射雕英雄传》中浓墨渲染的东海奇岛,《射雕英雄传》电视剧又以桃花岛为实地拍摄基地,修筑了射雕影视城,该岛成为武侠爱好者寻踪的目的地。要充分利用这一优势,做好武侠文化,增加与武侠文化结合的参与性和娱乐性的内容,使桃花岛的武侠文化品牌形象得到进一步的提升,使之成为具有世界知名度的以武侠文化为主题的旅游景区。

三是海景休闲房产。旅游房产是从大型主题公园演变而来的一种复合房地产模式,发挥海陆联动优势,高标准推进城市建设,是旅游与房地产相互渗透与融合后产生的新兴业态。舟山开发旅游海景和休闲房产的条件优越,潜力巨大。舟山未来的发展定位之一就是建成最适宜人类居住的海上花园城市。而舟山大陆连岛工程等一系列大桥的建造,则为这类房产提供了更为便利的开发条件。区位、气候、发展空间、空气质量有独特的优势,特别是长三角地区经济的高速发展,居民生活的大幅度提高和水陆交通网络的快速形成,给岛屿的海景房产开发提供良好的机遇,打造特色鲜明、设施先进、生态优美、生活舒适的现代化"生态宜居岛"。

三、浙江省宁波市的海岛旅游开发思路

"十二五"期间,浙江省宁波市将以港航服务业、临港先进制造业、海洋新兴产业和海岛资源开发为重点,统筹"两个一万平方千米",着力构建现代海洋产业体系,实现"海洋经济大市"向"海洋经济强市"的战略性转变。如:海岛资源是宁波培育海洋经济发展增长点的重要载体,宁波海岛资源良好,编制了《宁波市无居民海岛功能区划和保护与利用规划》,不断探索海岛科学开发新模式,下一步宁波要继续加强对海岛资源的有效保护、科学开发、分类管理。

（一）宁波海岛开发综合思路

"十二五"期间,浙江宁波将重点推进南田岛、高塘岛、檀头山岛等海岛资源科学开发,形成综合利用岛、港口物流岛、临港工业岛、海洋旅游岛、海洋科技岛、现代渔业岛、清洁能源岛、海洋生态岛等主体功能岛。

一是科学编制海岛综合开发规划。根据海岛的地理分布资源的特点和开发利用现状,明确海岛分类及发展定位,统筹功能布局,选样发展海洋渔业、海岛旅游等产业,努力把宁波海岛群建设成为富饶的生态海

洋渔业示范区、国际性的滨海旅游区和先进的港口经济区。

二是推进海岛资源科学利用。按照高标准规划、分阶段开发、市场化运作的思路,开发利用和有效保护南田岛、高塘岛、檀头山岛等一批重要海岛,根据各岛现有自然资源、建设基础等条件,分成综合利用岛、旅游名岛、现代渔业岛等分别开发利用。

综合利用岛的开发主要依靠陆域面积较大、城镇依托较好、主导功能较为综合的海岛,包括象山的南田和高塘等岛屿,使其发展成为城镇化与工业化融合发展的区域。

港口物流岛的开发主要利用具有优越地理区位条件、深水岸线和合适的陆域空间,以港口物流功能为主导的海岛,主要包括梅山岛,发展成为国际物流和对外贸易示范区。

宁波具有较好建港条件和较大腹地空间,资源环境承载力较好,适宜发展临港大工业的海岛,主要包括大榭、打鼓峙岛、中界山岛等岛屿。

海洋旅游岛开发主要依靠具有优美自然风光、生态环境等旅游资源的海岛,包括象山港内的强蛟群岛,奉化的阳光海湾群岛,象山的花岙岛、檀头山岛,三门湾满山岛,鄞州的盘池山岛等岛屿。

现代渔业岛开发主要依靠具有良好的海域生态环境,渔业资源丰富,以现代渔业为主体功能的岛屿,包括象山对面山岛、东门岛、铜钱礁等岛屿。

海洋生态岛的开发,要建设具有较高海洋生态环境和生态保护价值的海岛,主要包括渔山列岛、韭山列岛以及象山港湾底部的部分岛屿。

三是加强海岛资源的有效保护。研究出台《海岛保护条例》及相关配套制度,制定系列技术标准,提高全民岛屿保护意识。根据现实基础和发展前景,宁波无居民海岛保护区分为海洋保护区、植被保护区、一般保护区。

植被保护区是指以植物和森林植被及其生境所形成的自然生态系统作为主要保护对象的海岛,主要有:奉化南沙岛植被与候鸟保护区、奉化缸爿山植被保护区、象山屏风山周围诸岛植被保护区等。要严格保护海岛植物和森林植被,严禁开山取石,适度发展海洋海岛旅游业。

一般保护区是指资源环境状况不清,或者功能不明确,或者生态环境脆弱需进行保护但无明确保护对象的海岛或区域,主要有穿山半岛两侧诸岛一般保护区、象山港诸岛一般保护区、象山东部诸岛一般保护区、象山南田岛周围诸岛一般保护区、岳井洋一般保护区和宁海三门湾一般保护区。要做好海岛植被及其周围海洋生态环境的保护,维持海岛及其周围海洋生态现状。

(二)象山海洋综合开发试验区的建设思路

《宁波海洋经济发展规划》,令人耳目一新的是象山海洋(海岛)综合开发试验区这个新概念。打造象山海洋综合开发试验区,对于宁波探索海洋海岛综合开发新模式、推进浙江海洋经济发展示范区建设具有重要意义。

具体战略部署为推进南田(高塘)新区、石浦对台经贸综合试验区、海洋文化建设示范区、现代化滨海休闲城市建设和岛屿开发开放。

对于南田(高塘)新区建设,包括南田岛、高塘岛和花岙岛。规划承接台湾产业转移,促进两岸产业深度对接,承接台湾新一代技术密集型产业和现代服务业转移,争创对台加工贸易基地,重点引进海洋工程装备、光电信息技术类台资企业。积极发展现代生态农业,引进台商从事精品农业、设施农业、现代渔业,建设省级现代化、渔业标准化养殖示范区。

提升象山影视文化产业区建设水平,争创国家级影视产业基地,延伸影视产业链,扩大文化旅游休闲功能,打造以影视文化产业为龙头、现代休闲旅游业为支撑、海洋生态涵养为特色的重要功能区块。

规划建设中华渔文化主题公园、塔山遗址博物馆等。开辟一条海洋文化走廊,兴建一个海洋文化教育基地,建造一批海洋文化城雕,演绎一台海洋文化主题剧。全面建设环石浦港渔文化旅游带。创新举办中国开渔节、石浦"三月三·踏沙滩"民俗节、渔山国际海钓节、象山海鲜美食节等节庆活动,建设长三角新兴海洋会展中心。

"当'舟山群岛新区'建设列入国家'十二五'规划后,对于创新海岛开发模式具有特殊意义。而象山的区位、资源、产业等综合优势明显,是浙江海洋经济发展的先导区和长江三角洲地区海洋经济发展的重要增长极。提出'象山海洋(海岛)综合开发试验区'这个新概念,对于建设具有海岛特色、城乡一体、山海秀美、生态和谐的宜居城市,也透着清晰的

战略意义。"(宁波市发展和政策委员会,2011)

第六节　　无人岛屿的开发

一、我国无人岛屿开发类型

2011年4月国家海洋局集中公布的第一批开发利用无居民海岛名录,涉及辽宁、山东、江苏、浙江、福建、广东、广西、海南8个省区,共176个无居民海岛。

根据我国无居民海岛的资源状况及地理格局,充分考虑到旅游市场的需求因素,我国无人岛屿可开发旅游项目有以下几种类型。

(一)海洋休闲渔业项目

休闲渔业是集渔业、休闲、观光为一体的新兴旅游产业。我国的各大海域由于江河携带大量有机物入海使海区营养盐明显增高,为浮游生物的繁殖提供了雄厚的物质基础,使各种海洋生物的生长有了丰富的饵料,因此成为海洋初级生产力高值区域。丰富的海洋生物资源、鱼类资源以及浓厚的海洋风情和渔家文化为开发休闲渔业创造了优势条件。在生态旅游不断升温的当今,无人海岛可充分利用其海洋生态资源,开发出融自然人文观光、参与体验、休闲度假等多种娱乐方式于一体的休闲渔业项目。

休闲渔业项目可涵盖休闲度假渔业、渔家乐观光、渔家民俗风情体验、渔家文化展示等多样内容,让游客下海当一回渔民,过一下渔民生活,亲身体验海岛观光、海上垂钓、滨海拾贝、品尝海鲜等乐趣,这种产品满足了部分短线度假休闲旅游消费者的需求,也迎合了现代人回归自然、返璞归真的旅游新观念。

(二)水上及滩涂休闲运动项目

一些无人海岛周围海域的环境良好,可开发建设成为航海俱乐部,或建设高档次的休闲度假区,专门开展滨海游泳、帆板、滑水、冲浪、海洋竞技等海上休闲体育项目,满足游客追求新奇和刺激的心理。滑泥运动和海水泥疗项目是近几年新兴的一种参与性旅游项目,在欧美等国极受欢迎。海泥中掺和着大量盐碱、有机物质、微量元素、胶体物质、微量放射性元素,具有很高的药用价值。滑泥不同于滑雪和滑草,需要行、滑、蹬、转向等技能,掌握平衡、速度和节奏。与此同时,滑泥又是在赶海。在一望无际的大海边,在细腻的滩涂上,在弹涂鱼蹦跳起伏的节奏中,滑泥运动的乐趣越来越展现出来。滩涂中贝类繁多,当你抓着活蹦乱跳的鱼虾、横行霸道的海蟹或者捡到海瓜子、蛤蜊、蛏子、香螺、马蹄螺等贝类时,一种童趣油然而生,游客从中体验到极大的乐趣。在一些滩涂面积较大、结构比较完整的岛屿上也可发展贝类、藻类及弹涂鱼的养殖,以利于开展滑泥运动和海泥疗养活动。

(三)海洋文化园和海洋水族馆

海洋文化是一种悠久的文化,久远的历史发展和得天独厚的资源造就了内涵丰富、层面深广、形式多元的海洋文化。利用基础设施较完备的居民迁移岛屿建造海洋文化园,向游客展示悠久的海洋历史文化、独具民俗风情的渔文化、神秘的宗教文化和富有魅力的节庆文化,让游客充分感知、认识和体验海洋文化魅力。在条件许可的无人岛屿建造海洋水族馆,展示特色海洋生物,使用特殊音箱装置、模拟装置、全息图片和激光照明而创造出特殊效果,使得水族馆不只是单纯的水生生物展示馆,而是集旅游、观光、科普、教育、研究为一体的综合性展示馆,寓教于游,寓游于乐,让游客近距离地观赏和了解一些平时罕见的水生生物的特性及相关知识,满足游客的猎奇心理,并获得相关海洋知识。

(四)农业观光和狩猎特种项目

农业观光旅游是充分利用农业资源,以旅游内涵为题而开发的主要包括农村独特的田园风光、农事劳作以及农村特有风土人情为内容、具有极高参与性的旅游活动。该产品主要以古朴醇厚的田园之美,满足都市人返璞归真、回归自然的愿望,因而具有不可抗拒的独特魅力。将一些面积较大、农业基础设施较完备的居民迁移海岛开辟为生态农业观赏基地。种植适宜海岛生长的果木,营造一年四季有花香、有瓜果的生态农业旅游基地等农业资源开展游客体验性活动,让游客得到"当农民"的体验,在新奇和趣味十足地与大自然亲密接触中达到休闲康体目的。

在一些植被丰茂的无人岛上,饲料资源十分丰富,可利用当地渔民群众畜牧放养传统,结合高新技术改造传统畜牧养殖产业,实现无人岛放牧养殖的规模化、集约化、健康化,既为渔民转产转业提供新路子,又可建设成无人岛狩猎园。可在规划围栏后将獐、梅花鹿、孔雀、鸵鸟、野鸡、野猪、野兔、角鹿、狐狸、珍珠鸡等珍禽异兽放养其间供游客猎取。

(五)荒岛科考探险特色项目

我国不少无人岛屿的海蚀地貌景观丰富、岛礁散布、怪石峥嵘、造型奇特,引人遐思,可利用游客的探奇心理,开发探险旅游项目。可在只提供帐篷和睡袋的荒岛上,让游客依靠自己的能力度过规定时间并经历种种生存考验;而一些资源禀赋特殊的岛屿则可建成鸟类和野生动物保护区,成为科学考察和科普旅游的理想场所。

(六)旅游景观房产项目

休闲度假时代已走进人们的生活,海岛以其宜人的气候、幽雅的环境、温和湿润的空气、和煦的阳光、习习的海风,成为现代人疗养度假的理想场所。依托无人小岛优美风光而开发的海岛别墅、休闲度假村等旅游景观房产,让现代都市人在辽阔的海洋中释放自己,缓解工作生活的紧张和压力,满足精神需求。挖掘无人岛休闲度假市场的旅游潜力,要在项目设计和相应管理上同时努力,项目设计要体现出差异性和互补性,营造出共同的"向心力";当然房产的建设必然要慎重,要在不破坏岛屿生境及生态资源的前提下建设,不得变相"圈地",滥建泛建,建设项目要符合区域海洋功能区划的总体安排。

总之,无人岛开发不能以牺牲资源、破坏生态为代价,在坚持社会、生态、经济效益三结合的原则下,正确处理好眼前利益与长远利益、开发利用与保护增殖的关系,科学合理有序地进行旅游项目建设,实现生态、社会、经济效益的有机统一和完美结合。

我国无人岛屿旅游开发应遵循下列原则与保护对策。根据资源特征,因岛制宜地建设旅游开发区、港口及临港工业区、农牧渔养殖基地、货物中转储存基地以及进行科学实验基地。实现无人岛屿的多层次、立体化综合开发,这是我国无人海岛开发的总体策略,尤其是那些拥有特色旅游资源的无人岛屿,是建设集休闲度假、特色娱乐、观光游览和野趣活动为一体的综合性海洋旅游目的地的最佳场所,因岛制宜开发出多样化的、适宜市场需求的旅游产品,促进海岛的可持续发展。

二、我国无人岛屿旅游开发原则

(一)科学规划原则

无人岛屿旅游开发规划要做好预测性研究,首先要注意规划的超前性。一个项目从规划到建成规模、享有知名度,需要漫长的时间历程,如果规划无超前性,项目也就会落后,并被市场无情淘汰。其次要重视可操作性和创意性。规划是一项颇具艺术性和创造性的事业,有新意才会有卖点,才会吸引客源市场。

(二)开发与保护并举原则

无人岛屿大都远离大陆,且被海水分隔,每个海岛都是一个独立而完整的地域生态系统,因此,无人岛屿的旅游开发必须按生态环境和生态经济的原则,坚持开发与保护并举,因岛制宜,适度发展。既要开发优势资源、利用主导功能,也要禁止破坏性开发活动,必要时应对优势资源进行增殖、繁殖,引进有经济价值或能改善生态环境的生物资源,促进经济、社会、生态的平衡发展。

(三)整体协调发展原则

海洋产业与海岛经济发展联系紧密,往往同一空间几种产业并存,产业之间既具有兼容性、互补性和依赖性,又具有排他性、破坏性。因此在开发利用无人岛屿时,要树立整体观念和全局观点,使各种产业协调发展;要按海岛的自然属性并适当考虑社会属性,划定无人岛的主导功能和功能顺序,理顺先后、主次关系,做到协调发展。

(四)先近后远原则

要进入我国各区域的任何一个无人岛屿,按目前的社会经济发展水平仍需依托大岛相配套的基础设施服务,因此在制定无人岛屿的功能区划时,必须充分考虑到这层关系,在行政管辖权属不变,坚持互惠互利的原则下,可优先批租,让更近的大陆区域或毗邻的城市来开发。

三、我国无人岛屿开发案例

我国无人岛屿的公开拍卖,可以说是海岛开发模式的新的尝试。2011年11月7日,宁波龙港实业有限公司用344万元获得宁波旦门山岛50年的使用权。这是2010年《中华人民共和国海岛保护法》正式实施后,我国首个有明确使用权的无居民海岛。在此之前,旦门山岛已经被旅游开发,此次,宁波龙港实业有限公司通过补办手续让旦门山岛从此名正言顺。实际上,浙江人在十年前就涉足海岛开发,但想要赚钱并不容易。如大名鼎鼎的舟山桃花岛,到目前为止,总计5000万元的投资尚未收回成本。海岛旅游是朝阳产业,也是一些有眼光的商人投资的潜力行业,但海岛开发看上去很美,绝非是容易赚钱的生意,还是要理性对待,目前它只是企业和个人身份的象征。

2011年11月12日,象山大羊屿岛作为中国国内首个公开拍卖的无人岛以2000万的价格由宁波高宝投资有限公司竞拍成功,大羊屿出让年限为50年,用途为"旅游开发用岛"。根据2011年4月公布的中国首批开发利用无居民海岛名录,浙江(31个)、广东等8个省区共计176个无居民海岛已经纳入开放范围。大羊屿"名岛有主"后,很多人都在关心其他"待嫁"的175个无人岛。

大羊屿地处象山百里黄金海岸带,位于全国唯一低碳生态城市大目湾新城外侧,紧依国家AAAA级风景区松兰山,距大陆最近处300多米。全岛面积0.258平方千米,相当于36个足球场大小,有"天然空调"和"天然氧吧"的美称。岛上环境非常好,而且出海只要半小时,就能看到蓝色的海水。作为中国国内首个公开拍卖的无人岛,大羊屿对竞拍者有着诸多限制。因周边海域是滨海旅游区和渔业资源区,投资者还被要求落实生活废水、固体废弃物等污染物处置措施,周边海域水环境质量要保持Ⅱ类海水水质控制目标等。

宁波大羊屿无人岛拟开发以游艇业为主的高端休闲旅游。

从2000年起,宁波南方野生动物养殖有限公司曾在大羊屿岛上开办过宁波南方狩猎中心,后由于经营不佳,数年前被闲置。但这次竞拍成功的宁波高宝投资有限公司却对后期经营显得信心十足。宁波高宝投资有限公司计划投入 5 亿元人民币,对大羊屿进行开发利用和保护。他们目前的计划是打造以游艇业为主的高端旅游休闲岛,具体的开发方案还在酝酿中。公司负责人相信"在国外,游艇就和汽车一样,并不奢侈,我相信用不了多少年,以游艇为旅游项目就会被大众接受"。

第八章　海洋渔村旅游开发

第一节　渔村旅游概况

　　"十一五"期间,我国渔业产业结构进一步优化,发展水平和产业竞争力显著提升。"十一五"末,水产品总产量中养捕比例由"十五"末的67：33发展为71：29;渔业二、三产业产值比重达到48%,水产品加工业稳步发展,企业规模不断壮大,加工能力提高了30%;渔业发展方式转变步伐加快,以"两带一区"为代表的优势水产品养殖区域布局基本形成;水产健康养殖全面推进,累计改造标准化养殖池塘1000多万亩,创建标准化健康养殖示范场(区)1700多个,工厂化循环水养殖、深水抗风浪网箱养殖等集约化养殖方式迅速发展;国内捕捞业发展平稳有序,作业渔船结构有所改善;远洋渔业结构继续优化,大洋性公海渔业比重由46%提高到58%,成功启动实施南极海洋生物资源开发项目;休闲渔业蓬勃发展,成为带动渔民增收的新亮点(见表8-1)。

　　我国渔业迅速发展,不少渔民特别是沿海渔民率先富裕起来。但近几年来,渔民收入却呈现出增长潜力不足、低水平徘徊不前的态势,渔民与城镇居民收入差距不断扩大,不少渔民陷入贫困。

表 8-1　我国渔业"十一五"规划主要指标

指标	2005 年	"十一五"规划目标	2010 年	完成比例（％）
渔业产值（亿元）	4181	5700	6751.8	118.5
渔业增加值（亿元）	2215.3	3200	3790.09	118.4
水产品总产量（万吨）	4420	5200	5373	103.3
其中:养殖产量（万吨）	2944	3950	3828.84	96.9
水产品出口量（万吨）	257	400	333.88	83.5
水产品出口额（亿美元）	78.8	120	138.28	115.2
水产品加工量（万吨）	1195	1700	1633.25	96.1
水产品加工业产值（亿元）	1321	2200	2358.60	107.2
渔民年均纯收入（元／人）	5869	7200	8963	124.5
纳入"双控"管理的海洋捕捞机动渔船数（万艘）	23.1	20.8	20.1	130.4
纳入"双控"管理的海洋捕捞机动渔船功率数（万千瓦）	1390	1296	1237	162.8

资料来源:中国渔业政务网,http://www.cnfm.gov.cn。

　　渔业高度依赖自然资源,是典型的资源约束型行业,渔业生产场所和生产对象都具有不可替代性。首先,对渔业资源的依赖性使渔业生产无法回避渔业资源变动带来的影响,这种影响有时来自渔业资源自身的客观变动,但更主要的是人为因素产生的不利影响,如水域污染、生态破坏及过度捕捞等,这在生产物质基础的层面上构成对渔民的外在风险。其次,渔业对水域（滩涂）的依赖性,一方面由于水域的多功能性和有限性使渔民被动地与航运、水利、排污、采沙等社会部门进行水域利用的竞争,并承受其他社会部门利用水域产生的渔业损害;另一方面,水上生产使渔民必须承受恶劣天气等带来的渔业安全事故风险。此外,水上渔业生产具有艰苦性,在社会中被认为是低层的职业,那些自身竞争力较强的个体或者不愿意流入渔业,或者流向渔业外部,久而久之在整体上降低了渔民群体的社会竞争力。

　　因生产性渔业资源的有限,渔业的发展需要新的收入来源。为了渔业发展我们应一方面努力提高海产品的深加工、储藏、流通等环节的附加值,另一方面促进各种渔村资源的旅游商品化。特别是随着"十二五"

规划提出的我国海洋经济发展战略规划的实施,渔村旅游的发展显得越来越重要。

渔村旅游已经成为我国滨海旅游的一个亮点,为我国沿海渔民转产转业提供了一条新的途径。渔村旅游是以沿海渔村和海岛渔村风光及活动为吸引物、以城市居民为目标市场、以满足旅游者娱乐求知和回归自然等为目的的一种旅游方式。海洋渔村旅游在我国还处于起步阶段,但其特色和吸引力已经开始显现。渔村旅游大发展不仅可以有效实现部分渔民转产转业,稳定甚至是提高渔民的收入,促进沿海海洋经济结构的调整和沿海地区经济社会发展,而且还会大大缓解海洋渔业资源与环境的压力,有效保护和恢复海洋渔业资源,为我国海洋渔业的可持续发展创造条件。

第二节　渔村旅游资源

一、渔村的定义

渔村,顾名思义,就是渔庄,渔民聚居之地。滨海渔村旅游是指滨海地区以渔村风貌、渔业生产和渔俗风情等为吸引物,以城市居民为目标市场,以满足旅游者观光、休闲、度假、娱乐、求知等需求为目的的一种旅游活动。

渔村是乡村的一种形式。乡村包括农、牧、渔、山村。从产业结构的角度考察,渔业属于大农业(农、林、牧、副、渔)中的一部分。因此,渔村旅游属于乡村旅游的范畴,是发生在水体(江、河、湖、海,本书指海)边缘这样的特殊空间区域的旅游。目前,乡村旅游的概念无论在国外还是国内均因其复杂性而未完全一致,虽然有农业旅游、休闲农业、农家乐等颇多提法,但均认可其乡村性这一本质特性,渔村旅游既然是乡村旅游的一种,自然遵循这一规律。

二、渔村旅游资源分类

渔村旅游资源的分类方法跟一般的旅游资源分类方法一样,可以分为自然资源和人文资源,人文资源又可分为社会文化资源和产业资源(见表 8-2)。首先,自然资源包括海水浴场、候鸟区、沙滩、海洋体育场所、海岸景观地、海钓地点和海水分离处等资源。其次,人文资源中社会文化资源包括资料展览馆(渔村民俗馆等)、地区庆典活动、海上饮食文化、渔村传统文化、渔村历史遗址和渔村村落、渔具与渔法等;产业资源包括多用于水产业的渔港、养殖场、渔船等。

表 8-2　渔村旅游资源分类

分类	资源类型
自然资源	海水浴场 候鸟区 沙滩 海洋体育场所 海岸景观地 海钓地点
人文资源	社会文化:展览馆(渔村民俗馆等) 　　　　　地区庆典活动 　　　　　海上饮食文化 　　　　　渔村传统文化 　　　　　渔村历史遗址 　　　　　渔具与渔法 产业资源:渔港 　　　　　养殖场 　　　　　钓鱼船 　　　　　渔船

随着人们生活水平的提高和收入的提高,旅游等服务行业的重要性越来越突出。越来越多的国家把渔村旅游作为重点,发展渔业旅游。下面介绍全球著名的五大渔村旅游及它们的旅游产品。

(一)全球著名的五大渔村

1. 意大利五渔村

在意大利享有"世界文化遗产"桂冠的五渔村(Cinque Terre)位于地中海的利古里亚海边,五个与世隔绝的小村庄——里奥马乔列(Riomaggiore)、马纳罗拉(Manarola)、克里日亚(Corniglia)、韦尔纳扎(Vernazza)、蒙特罗索(Monterosso)被勤劳勇敢的渔村人民用悬崖上架起的小路连接起来,其中最著名的当数适合情侣漫步的"爱之路"。

2. 中国香港地区大澳

有"香港威尼斯"之称的大澳是香港最著名的渔村,位于香港新界大屿山西部,纵横的水道和水上棚屋构成了这里的独有水乡情怀。由于大澳远离喧嚣的市区,较少受到都市化的影响,所以仍旧保留早期香港的渔村风貌。棚屋无疑是大澳最具特色的建筑之一,大都从以往的竹枝、树皮、葵叶和铁皮改为木材及麻石建造,架在水道中林立的木桩之上,狭小的露台还没忘开出艳丽的九重葛。

3. 卡塔尔多哈

多哈,卡塔尔的首都,因将承办 2022 年世界杯足球赛而一举成名,这个受世界杯眷顾的城市如今俨然以国际大都市的面孔出现在世人面前,但多年前它仅仅是一个以采珠和捕鱼为主的渔村。如果现在还想要了解渔村多哈,最好的地方无疑是当地的鱼市。

4. 越南小渔村美奈

越南美奈很小,一条环海公路就将它围裹其中,在 10 年前还是一个默默无闻的小渔村,而如今却因为有世界上绝无仅有的风大浪高而名声大噪。凭此得天独守的气候条件,小小的美奈成为世界最棒的风筝冲浪中心之一。此外,与世界上众多海滩相比,美奈称得上是"小资的慵懒天堂",它有马尔代夫那样蔚蓝的海水和私密的个人空间,却没有马尔代夫那高昂的价格;它有海南蜈支洲岛那样椰影银滩的海景,却不像蜈支洲岛珊瑚海沙磕脚,这里的海沙细如粉末。

5. 荷兰北海渔村

宁静而美丽的荷兰北海渔村(Volendam,即沃伦丹)是艾瑟湖边一个传统小渔村,这里以传统服装、水上运动、音乐还有鱼而著称,处处建造着红砖小屋,穿梭着身着传统服装的农夫,保有着传统的荷兰渔村风貌。

(二)我国的渔村旅游现状

我国的渔村旅游资源丰富,但是,与国外的渔村相比,我国的渔村旅游在开发和服务等环节还存在一定的差距。在我国休闲渔业是近几年发展起来的一项独具特色的海洋旅游项目,具有广阔的发展空间,不仅可以创造巨大的经济效益,而且会吸引大量的劳动力就业,特别适合于沿海渔民转产转业。据资料显示,美国每年约有 3520 万成年钓客,在休闲渔业上的花费达 378 亿美元。近几年,我国部分沿海省市大力发展休闲渔业,不仅创造了可观的经济效益,而且成功地实现了部分渔民的转产转业。

近年来我国深圳、广州等城市,休闲渔业亦走在前列。由于受到渔业资源衰退的影响,渔民面临着转产、转业、再就业的问题。发展休闲渔业旅游不仅对养护渔业资源,保护生态有好处,而且还可以创造就业机会,为海岛地区渔民的生产、生活带来极大好处。

受传统生产方式的影响,我国的渔村形成了独具特色的风俗习惯。目前,沿海渔村,特别是海岛渔村风俗习惯保存完好,一些渔村还有许多历史文化遗迹。无论是独特的风俗习惯,还是历史文化遗迹,对游客都有一定的吸引力。以自然景观欣赏、休闲渔业和民俗文化三大特色旅游项目为主体的我国渔村旅游产品的开发,具有广阔的发展前景,必将成为实现我国沿海渔民转产转业的有效途径之一。

(三)浙江宁波著名的渔村

下面介绍独具特色的我国浙江宁波著名渔村旅游及旅游项目。

1. 石浦渔港古城

石浦渔港古城沿山而筑,依山临海,"城在港上,山在城中",老屋梯级而建,街巷拾级而上,蜿蜒曲折。景区以 1356 米长的古城游览线为核心,"大皆春"药铺、乾大当铺、"侍郎府"、亚洲飞人馆等反映渔文化、海防文化、渔商文化的主题场馆分列两侧,记载着古渔村的变化历程,见证着老城的沧桑岁月。

2. 中国渔村

作为中国最大的综合性海洋文化休闲度假胜地,它具备了一流的软硬件设施,有地中海式的别墅建筑、加勒比海风格的娱乐区、优质的海滨沙滩、地道美味的渔村海鲜小吃、青翠的岛屿和森林资源。无论是主题公园配套主楼、渔村主题别墅、三桅式古船、渔家排档、帐篷村,还是高挂的渔村风向标、渔家小船、桅灯等,都全方位展示了渔区的生活氛围。

3. 东门渔村

东门渔村位于象山县石浦镇,是首批浙江省旅游特色村、浙江省农家乐特色村。这里是浙江渔业第一村,又是新兴的自驾旅游胜地。

在这里,如长虹贯海的铜瓦门大桥连接着渔村和小城,村内有长600米、宽20米的网场,占地30余亩的渔家休闲广场公园,充满海味的渔文化村,唐前所的东门庙,宋、元、明三朝所筑卫寨城墙和烽火台,高10余米的海上女神妈祖玉雕像,浙东第一烽堠遗址,等等,无不引人入胜。

三、渔村旅游基础设施

(一)生产性基础设施

渔村旅游基础设施是发展现代渔业旅游和建设新渔村的重要物质基础,渔村基础设施的公共产品属性决定了它的建设投资离不开财政资金的支持。财政专项资金的继续增加有力地保证了各项渔业管理工作的开展,为更好地保障渔民生命财产安全、带动渔村生产和经济发展发挥了重要作用,渔业可持续发展的基础设施支撑体系逐步建立。

(二)生活性基础设施

伴随着统筹城乡发展的步伐,基础设施建设进一步向农村延伸。渔村作为农村的一部分,也在优越的政策环境中得到了许多实惠,生产生活条件正在得到明显改善。一是加大对渔村饮水安全工程的支持力度,许多渔村通上了自来水;二是加快渔村公路建设,多数渔村已经通上水泥路和沥青路;三是能源建设工作取得显著进展,沼气、天然气使用规模逐渐扩大;四是电网建设和改造工程不断推进,渔村特别是偏远的海岛渔村电网薄弱和供电能力不足的状况得到了缓解;五是加快渔村通信事业发展,目前渔村几乎已经普及电话,条件好的甚至接入互联网;六是环境建设进一步加强,许多渔村已经统一解决了垃圾、污水处理问题,卫生状况明显好转。

四、渔村旅游与海洋旅游的联系

所谓海洋旅游,是指在一定的社会经济条件下,以海洋为依托,为满足人们精神和物质需求为目的而进行的海洋游览、娱乐和度假等活动所产生的现象和关系的总和。其形式多样,按活动范围可分为海岸带、海上、海底、海岛等游类型;按其活动内容划分,主要有海洋风光游、海洋生态游、海洋文化游、海洋度假休闲游、海洋健康疗养游等。

渔村旅游,从其项目考察,既有不同海洋空间的旅游,亦可兼具不同内容的旅游,是一种综合型的海洋旅游类型,其内容将随着渔村旅游开发深度和广度上的延伸而不断丰富。渔村旅游强调旅游地是在"渔村",旅游者到渔村旅游是对回归自然并与之和谐共存的人文环境的追求。

相对于陆上旅游而言,海洋旅游有许多自身的特点,作为一种综合型的海洋旅游类型,几乎所有的渔村旅游产品均与海有着千丝万缕的联系。渔村旅游的海洋性特征要求在开发过程中遵循突出海文化特色原则、海域环境开发和保护相结合原则、渔村旅游产品社会营销导向原则和海岸带旅游总体规划原则。而海滨渔村旅游是综合了渔村旅游和海洋旅游的新型旅游方式,具有渔村旅游和海洋旅游的特性。

第三节 渔村旅游产品类型

渔村旅游产品可以从体育型、休养型、文化型、生态型、渔业旅游、渔家乐、休闲渔业等方面进行开发和分析。

一、体育型渔村旅游

体育型渔村旅游是指体育产业与旅游渔村融合发展的产物。随着世界旅游的发展和休闲时代的到来,体育旅游已逐渐成为一种时尚。而作为体育旅游重要组成部分的海洋体育旅游则更为受人瞩目。世界知名海洋渔村丰富多彩的体育专项活动使渔村充满了活力,增强了旅游吸引力。观光、沙滩浴、海水浴、潜水、帆船帆板、游艇、冲浪、沙滩排球、空中悬挂滑翔机等都属于体育型渔村旅游活动。

二、休养型渔村旅游

休养型渔村旅游包括海水浴场、海上垂钓。海水浴场是指在沿岸海滩上建成的,可进行游泳、日光浴和各种海上运动的场所。而海上垂钓,是世界上钓鱼爱好者的主要垂钓方式,方法很多,但尤以海岸线长的一些工业发达国家最为盛行。

三、文化型渔村旅游

文化型渔村旅游是指依托海洋文化发展而来的渔村旅游。而海洋民俗、海洋考古、海洋信仰、与海洋有关的人文景观等都属于海洋文化的范畴,因此文化型渔村旅游已发展成为人们了解海洋文化的重要途径之一。

四、生态型渔村旅游

生态型渔村旅游以海洋渔村生态环境可持续发展为核心,让海洋渔村旅游开发与环境保护协调发展,在保护渔村资源的基础上进行开发旅游,不可盲目发展。

五、渔业旅游

渔业旅游以渔业活动为基础,除了渔村渔业景观,还可以包含现代化城市中的城市渔业景观。渔村旅游的内涵比渔业旅游更丰富,其内容除包括渔业产业活动外,还包含渔村风貌和渔俗风情。

六、"渔家乐"

"渔家乐"是以渔家庭院或渔船为单位,利用自家自然条件和民俗,吸引城市游客前来休闲和娱乐的经营活动。并非所有的渔家乐都是严格意义上的"渔村",它们在形式上可以是"城市"的。

七、休闲渔业

休闲渔业的含义相对狭窄,在美国和西方国家被称为娱乐渔业或运动渔业,以区别于商业捕鱼行为,它不包括渔村风情旅游的内容。国内学者大多认为渔村旅游和休闲渔业是同一事物的不同提法,同时指出,渔村旅游趋向于从旅游的角度开发渔村地域,休闲渔业则更注重将休闲活动引入传统的渔业生产中,而"渔家乐"既是渔村旅游的一种形式,也是休闲渔业开展的项目之一。

根据上面的渔村旅游类型,渔村旅游产品的具体内容如表 8-3 所示,根据具体内容旅游产品开发的方向和所构成的设施也应该不同。

表 8-3　渔村旅游内容

渔村类型	旅游类型	滞留时间	旺季	住宿设施	备注
海产品买卖/美食型	美食型	当天	四季		渔港
海上垂钓型	游玩型	当天～1天1夜	四季	运距离时需要住宿	渔港
海水浴型	游玩型	2天以上	夏季	需要住宿	优质海滩
生态体验型	观览型	半天～1天1夜	四季		沙滩、候鸟区、养殖场
海洋体育型	游乐型游玩型	1～2天	春季、夏季、秋季	需要住宿	海洋体育适合地
渔村景观/休养型	观览型	特定时期或四季		需要住宿	日出/日落、海水分离
渔村历史文化型	观览型	当天～1天1夜	四季或特定时期	需要住宿	历史遗址、庆典

第四节　渔村旅游开发方案

一、渔村旅游开发的意义

(一)顺应社会主义新农(渔)村建设的要求

渔村是广大农村的重要组成部分。"十一五"规划提出的建设社会主义新农村方针,既是渔村旅游发展的理论指导,又是其发展目标。从经济角度看,渔村旅游的产业联动功能所产生的综合效益,远远大于其所创造的直接经济效益。在渔村,建渔业观光项目比建生产渔场项目收益高 2～3 倍,若渔村旅游休闲内容丰富且设计合理,一般每公顷水面可收入 3715 万元,比常规鱼类养殖要高出 10 倍以上。从环境和生态方面而言,渔村旅游开发能完善渔村基础设施建设,规范渔村聚落发展。渔村旅游还能加强城乡交流,有利于引导渔业的良性发展,避免出现"竭泽而渔"的局面,从而产生积极的社会文化效应。例如,山东长岛县以"公司＋农户"形式注册"渔家乐"品牌,浙江舟山白沙岛建设全国首个国家级海钓培训基地,广东惠州东升渔村建成以"渔"为龙头的旅游基地,广东徐闻县包宅村形成"渔村乐"系列旅游项目等,均为我国沿海发展渔村旅游的典范,使当地昔日落后的渔村、渔岛得以跻身全国"小康村""生态文明村"或"最美丽乡村"之列,充分体现了渔村旅游的新渔村建设功能。

（二）培育渔业和旅游业综合效益新增长点的有效途径

随着《联合国海洋法公约》以及中日、中韩海洋渔业协定和北部湾划分协定的生效,我国沿海地区将有 219 万艘渔船、36 万渔业劳动力、193 万渔业人口以及与此相关的 216 万劳动力面临转产、转业,笔者所在的雷州半岛地区有纯渔业乡镇 13 个、渔业村 538 个、渔业人口 80 多万人,北部湾作业渔场的大幅度缩小,使该区域 6000 艘渔船、63 万渔业人口、15 万渔业劳力的生产和生活陷入困境。发展渔村旅游是培育渔业和旅游业综合效益新增长点的有效途径。

二、渔村旅游存在的问题

（一）资源利用与环境保护问题日益突出

海洋渔业资源的流动性,使得渔业资源的供给具有不可分性,加之其共有品属性和由此导致的渔民捕捞作业的负外部性,渔业资源往往被过度利用。从产权制度来看,水域资源的产权不明确也会造成所有人无节制地争取有限的资源,"公共物品"的悲剧不可避免地上演。同时,在工业化和城市化发展进程中,优良的渔业水域、滩涂被大量占用,水域生态环境受到严重污染和侵害。过去,我国渔村长期以从事近海捕捞生产为主,随着近海渔业资源的不断减少,竞争压力增大,捕捞效益急剧下降,外海捕捞与远洋捕捞规模逐渐扩大,捕捞成本与风险也相应增大。近海资源的约束在一定程度上促进了养殖业的迅速发展,但也带来了一系列的环境问题,如沿岸、港湾等水域的富营养化及赤潮等问题。资源与环境的刚性约束已经成为制约我国渔村经济可持续发展的重要因素。

（二）基础设施建设落后,服务和管理有待完善

现有的渔村旅游点管理上十分原始和传统,渔村可进入性差,旅游

指示路牌不完善，接待设施"小、弱、散"特点比较明显，旅游促销经费严重短缺，致使我国渔村旅游在国内外知名度不高。

（三）同质旅游资源突出，产品单一且替代性明显

以浙江宁波为例，根据周边旅游地相关性、替代性分析，宁波渔村虽然有海洋特色，但不具备垄断性。作为国家级旅游目的地，市场覆盖面较大，导致多为过境游客，不像真正的海滨渔村有较强的吸引力。

（四）渔民开发旅游的意识薄弱，服务技能有待提高

从生产性的捕捞业转入滨海渔村旅游业，从从事渔农业工作转成服务业工作，有一定难度。一般来说，渔民对渔村旅游都有一个从不了解到了解、从不支持到支持、从观望等待到积极行动的过程，这符合旅游接待地居民对旅游者态度的改变规律，需要通过开展转产转业教育培训来改变观念。

此外，行业管理体制落后，发展和研究基础薄弱，台风、雷暴雨等天气等，对旅游也存在一定的负面影响。

三、渔村旅游产品开发方案

低碳经济、绿色经济、蓝色农业等新经济理念的倡导实践，将深刻影响国家产业结构调整和发展方式转变，渔业的生物碳汇功能和净化环境功能将得到进一步的体现。同时，发展海洋经济在"十二五"期间将被摆上更加重要的位置，加快现代渔业建设，已成为国家发展现代产业体系的重要内容之一。为鼓励发展文化多元的休闲渔业，"十二五"规划提出：

第一，丰富休闲渔业发展模式。围绕城乡一体化进程和新农村建设，结合养殖基地、渔港、海洋牧场等渔业设施及增殖放流等渔业活动，积极发展文化娱乐型、都市观赏型、竞技体育型、观光体验型、展示教育型等多元化、精品化现代休闲渔业。通过观赏鱼大赛、垂钓比赛、渔业饮食文化节、放鱼节、开渔节以及渔业科普、美术摄影等活动形式，不断挖掘、传承、弘扬、创新与渔业相关的观赏文化、餐饮文化、民俗文化。

第二，扩大休闲渔业产业规模。按照因地制宜、合理规划、形成特

色、示范带动的要求，以市场为导向，加大休闲渔业资源整合力度，加强知名休闲渔业品牌创建，打造生产标准化、服务集约化、功能多样化的现代休闲渔业产业集群。扩大观赏鱼产业规模，加快观赏展示和交易市场建设，加大休闲渔业中公益性设施的投入扶持力度，强化对休闲渔业合作组织和行业协会的管理与支持，健全休闲渔业技术服务体系。

在海洋经济背景下，按照"十二五"规划提出的要求，为发展渔村旅游我们应该做好以下几点：

第一，建设和完善渔村旅游基础设施。渔村旅游以渔村区域为环境基础，以新农村建设为动力基础，在进行渔民培训，完善旅游服务设施的前提下，通过开发具有休闲价值的渔业资源和渔业产品，开展与此相关的各种活动，能够充分发挥渔民的技术专长，利用现有的渔港、渔船、渔具等渔业设施，以及滨海度假村、渔货直销市场等商业设施，启动资金较少，能够节省基建投资。

通过新渔村建设完善渔村基础设施，为发展渔村旅游创造条件。目前，我国渔村旅游开展比较好的地方多集中在大中城市周围，一些沿海渔村，特别是海岛渔村，由于地处偏远，基础设施极不完善，严重阻碍了渔村旅游业的发展。党中央提出"建设社会主义新农村"的战略任务，各地应该大力开展新渔村建设，重点完善渔村基础设施，为发展渔村旅游，进而为实现渔民转产转业创造良好条件。

从发展渔村旅游，实现渔民转产转业的角度，新渔村建设的重点应该集中在以下几个方面：一是完善渔村基础设施。新渔村建设首先应重点解决渔村的基础设施不完善的问题，建设基础设施，解决渔村的用水用电和医疗问题，解决渔村的环境问题，实现村容整洁，环境优美。二是合理规划，培育特色旅游项目。各地要因地制宜地搞开发建设，进行合理规划，有效利用旅游资源，全面保护生态环境；要充分利用当地的资源优势，努力培育特色旅游项目。三是加强技能培训，提高渔民素质。要对转产转业的渔民进行渔业知识、法律常识、卫生知识、旅游知识、安全防范意识等的宣传教育和培训，使他们具有良好的素质。四是加强监督管理，维护旅游市场秩序。各相关管理部门要落实管理职责，制定出切实可行的措施，加强监督管理，以保障游客的权益，维护旅游市场秩序，为渔村旅游的发展创造一个良好的社会环境。

第二,整合区域旅游资源,突出渔村旅游产品核心吸引力。目前,旅游者越来越关注旅游愉悦和经历的获得,渔村旅游的魅力在于高度的参与性和体验性,故能够适应旅游需求这一变化。2006 年,我国曾以"中国乡村游"为旅游主题,2009 年则被定为"中国生态旅游年"。在滨海地区,今后可考虑引入"渔村生态游"主题,将观赏渔乡风光,参与驾船出海捕鱼,体验祭海渔俗风情等最具吸引力的特色资源进行整合,形成联动开发局面,提高渔村旅游资源的价值和使用率,以顺应 21 世纪旅游产品层次提升的趋势。

第三,定位渔村旅游客源市场。渔村旅游市场具有定势性。都市居民以恢复身心为出发点,利用双休日等短暂闲暇时间出行,不注重旅游点的等级、意义和知名度,更强调富有特色的资源和原汁原味的生活方式,且季节波动不明显,渔村旅游的发展恰好符合市民这种游憩需求,因此,在渔村旅游产品营销宣传时应注重区位因素,根据距离衰减定律,由近及远逐级定位客源市场。例如,雷州半岛地区渔村旅游应将湛江及周边市县的旅游者定为一级客源市场,将珠三角和大西南的旅游者定为二级客源市场,国内其他地区的游客则是机会客源市场,其各级市场规模的大小取决于渔村旅游开发的程度。

第四,实施多元开发策略。规划策略是发展旅游业的重要基础,品牌策略是优化产品的有效途径,营销策略则是新时期市场开拓的必要手段。对于尚处于起步阶段的我国渔村旅游而言,其吸引物均存在"小、弱、散"等特点,故区域渔村旅游开发的首要任务是整合产品,可通过丰富产品类型、优化空间布局和培育精品线路等具体措施实现。

第五,兼顾社会、经济和生态效益。渔村旅游能拓宽渔业空间,建立集渔业、游钓休闲、餐饮与旅游观光度假为一体的新型经营形式,突破以"渔"为本的传统生产经营模式,既是第一产业(渔业)的延伸和发展,又是第三产业(特别是旅游业)向第一产业的转移、渗透、扩展。在渔村旅游未来的发展中,一方面要继续强化其经济功能,另一方面要注意发挥其社会功能、环境功能和文化功能,以实现渔村旅游的可持续发展。

第九章　海洋生态旅游开发

第一节　海洋生态旅游概念

一、海洋生态旅游概念与特征

伴随着海洋世纪的到来，考虑到海洋旅游的可持续发展，海洋生态旅游越来越受到学界和旅游界的关注。海洋旅游作为现代旅游增长最快的领域，从 20 世纪 70 年代起受到了广泛关注。热带海滨特有的温暖的阳光、碧蓝的大海、舒适的沙滩，作为最具吸引力的旅游目的地成为西方人所向往的地方。

随着生态旅游的开展，游客环境意识的增强，游客的旅游热点已从"3S"转向"3N"。从"3S"到"3N"，标志着人类从以身体享乐为主的旅游追求转变为以精神追求为主的生态旅游。因此，滨海旅游也要适应这种形势，进行我国滨海旅游项目的设计。

（一）海洋生态旅游

海洋旅游是指依托海岸、海岛、远海和深海等海洋环境，凭借海洋区域独特而丰富的旅游资源，为旅游者提供海洋观光、海洋休闲、娱乐和度假活动、科普考察等旅游体验的旅游形式。

　　海洋生态旅游是海洋旅游的一种特殊形式,强调海洋生态系统平衡和海洋生物多样性保护等环境保护准则,兼顾地方经济与渔民利益。海洋生态旅游同时具备自然景区旅游和生态旅游的特性,因此旅游开发应充分尊重海洋自然环境,强调回归大自然和原生态旅游,通过旅游过程让游客身心得以解脱,提高生态意识,并应通过增加游客与地方居民的交流和互动,提高游客对于海洋旅游地地方文化、民俗等方面的了解。

　　(二)海洋生态旅游产品

　　海洋生态旅游产品是以海洋环境为依托,以海洋生态旅游资源与景观为基础,在保护海洋生态环境的前提下,对海洋自然、人文资源进行开发和组合而形成的旅游景观和环境及依附于这些景观和环境展开的一系列活动的总和。

　　海洋生态旅游景区是作为海洋生态旅游得以开展、游客体验和经济效益得以实现的媒介,是海洋生态旅游产品的一部分。它是以海洋环境为依托,由一系列海洋生态旅游资源、景点、旅游基础设施组合而成的,具有突出海洋美学特征的一个旅游地域系统。

二、海洋生态旅游的特征

　　(一)以海洋为舞台,资源丰富,景观独特,旅游活动富有特色

　　海洋生态旅游依托海洋、海岛、海岸带等海洋环境展开,拥有辽阔的海洋、神秘的岛屿、多样的海洋生物、海岸沙滩、海岸与海上建筑、渔乡风情等丰富的资源,环境优美,景观壮阔,适于开展独具海洋特色的观光游览、度假疗养、健身康体和探险等旅游活动。

　　(二)海洋生态旅游是"绿色旅游"和"可持续旅游",专业性强

　　海洋的自然资源系统是经过大自然几十亿年演化,和当地的地理、气候、水文及生物系统相互共生而形成的,一旦外界干扰超过其环境承载力,就会引起系统的失衡,严重时甚至会使系统崩溃。因此,海洋生态旅游必须首先以生态保护、可持续原则作为开发依据,营造绿色旅游项

目,才能达到经济、社会和环境效益的共赢。同时,海洋生态旅游产品的开发和资源利用需要基于一定的海洋学、生态学、生物学等学科基础,部分旅游活动如海洋科普考察旅游,也需要游客有一定的学科知识基础。

(三)海洋生态旅游是增强人类环境意识的高品质旅游

海洋生态旅游在旅游过程中,寓教于游,向游客倡导环境教育,推广海洋科普知识,使生态旅游者在旅游的同时,增强爱护大自然、保护环境的情感,也增强了海洋科普知识,从而提高自身环境保护的道德责任感、规范行为,形成负责任的旅游形式。

三、海洋生态旅游国内外研究现状

(一)国外海洋生态旅游研究

国外学者对海洋生态旅游的研究大都从海洋生态旅游的重要地位出发,研究其发展现状、存在的问题、产生的影响以及开发对策与机制。研究学者对海洋生态旅游的环境影响、社区参与政策、海滨生态旅游规划、开发与管理等方面进行了研究。海洋生态旅游的研究是伴随着生态旅游概念的产生而兴起的。游乐场在土地利用上对水体、鱼类、植被及土壤损害的研究(Saunder,1985),在海岛问题上进行的有关热带群岛和珊瑚礁的研究(Farrell,1982),以及生态问题(Romeril,1985)等研究,为国外生态旅游的发展作了重要铺垫,但是海洋生态旅游理论方面的研究并不多。在海洋旅游的环境影响方面,Clement Darnley(1982)以巴巴多斯岛为例,评估了旅游业发展带来的环境影响对小岛生态系统承载力的影响。Lussetell(2004)分析了新西兰地区的海洋生态旅游发展及旅游活动给这个地区的鲸和海豚带来的影响。

(二)国内海洋生态旅游研究

国内对沿海生态旅游的研究多集中于东南沿海地带,尤其是江苏和浙江两省,对湿地生态旅游的研究较多。多为实例研究,理论研究较少。研究多集中在海洋旅游资源评价方面,其次还有区域旅游规划、海洋生态旅游产品设计开发模式方面。海洋生态旅游资源评价方面,刘德利等

(2005)运用层次分析法对江苏沿海生态旅游资源进行定性和定量评价,并探讨了发展策略。海洋生态旅游规划与开发方面,邓伟(1996)分析并研究了辽宁海岛生态旅游业的发展和规划问题。海洋生态旅游产品开发方面,王志成(2007)提出了江苏沿海体育旅游产品生态化开发的构想。海洋生态旅游开发模式方面,何书金等(2002)指出环渤海地区滩涂资源开发要遵循综合、立体、高效和持续利用的原则,采用保护性农业综合开发、生态旅游开发利用等模式进行。邵学珍(2008)以舟山群岛为例,初步探索海岛生态旅游的开发模式、产品体系和可持续发展的保障体系。国内学者对海洋生态旅游的决策规划模式、经营管理模式、产品开发模式以及利益分配模式及保障机制方面进行了研究。

国内外的生态旅游的研究,大多数为实证的研究,进入海洋经济时代,海洋生态旅游的研究和开发具有较大潜力和市场。

第二节　海洋生态旅游类型

海洋生态旅游产品可以分为海滩旅游、海水钓鱼体验、鲸鱼观赏旅游等多种。

一、泥滩海滩旅游

随着社会经济发展和旅游消费需求的升级,人们的旅游观念已从过去的"观看观光"逐渐转化成为"体验观光",而且以天然的自然环境为背景的生态旅游越来越受欢迎,特别是海滩旅游中的泥滩作为重要的旅游资源广受注目。一周繁忙的工作结束后,游客希望远离城市中心感受大自然的风情。海岸线、岛屿的生态旅游作为沿岸地区的生态观光旅游可以提供海洋生物体验、海边泥滩体验、拾贝壳、泥滩按摩、自然生态界的教育等机会,逐渐成为海洋旅游的特色产品。目前,发达国家的生态旅游比重占全部旅游的 8% 左右,而且这个数据还在持续地增长。泥滩海滩由淤泥或杂以粉沙的淤泥(主要是指粒径为 0.05～0.01 毫米的泥沙)组成,多分布在输入细颗粒泥沙的大河入海口沿岸。西欧的荷兰和中国的渤海湾沿岸是世界上最著名的淤泥质海岸。这里地势平坦开阔,海滩宽达几千米,甚至十几千米。潮水退出之际,潮沟里小鱼、小虾成群结队,淤泥里各种蚶类、蛤类、海蚯蚓等也不停地蠕动觅食,恰似潮滩动物的乐园。

由于大多数淤泥滩土质肥沃,常被开发成为滩涂养殖的良好场所。渤海湾沿岸便以盛产肉嫩味美的毛蚶、西施舌等贝类驰名中外。同时,淤泥质海滩又是晒盐的宝地,中国著名的塘沽盐场、苏北盐场等均位于淤泥质海岸地段。淤泥质海岸由于潮流作用常发育成潮沟,大型潮沟可开发成中、小型渔港。

淤泥质海岸地势平坦,海滨有大片低地泥滩,既便于引进海水,又不易使卤水下渗,是开辟盐场极为有利的场所;我国华北地区雨水少,日照时间长,利用风车扬卤、太阳照晒或者煎熬,使水分蒸发,就能得到大量雪白的海盐。我国的淤泥质海岸很多地区被开辟成盐场,盐场大多建筑在高潮线后方的海滨低地泥滩上。盐场后方大平原多为洼地、盐水荒地,如果附近有河流经过,可以引进淡水灌溉,使荒凉的盐碱滩涂变成良田。著名的天津"小站稻"就出产于经过人工改造的盐土地上。

二、渔场体验旅游

海洋渔场体验也是生态旅游之一,其形式为钓鱼场和体验渔场。渔场内设置的收费钓鱼场和体验渔场主要跟渔村的养殖业相关联,以靠近海岸线的人为的资源为对象,强调体验性的旅游。

海洋渔业资源是海洋生态旅游的重要资源。海洋渔业资源主要集中在沿海大陆架海域,也就是从海岸延伸到水下大约 200 米深的大陆海底部分。这里阳光集中,生物光合作用强,入海河流带来丰富的营养盐类,因而浮游生物繁盛。它们是鱼类的饵料,一般温带海区较多。温带海区季节变化显著,冬季表层海水和底部海水发生交换,上泛的海水含有丰富的营养盐类,有利于浮游生物繁殖。另外寒暖流交汇和冷海水上泛处,饵料也很丰富。

亚洲的北海道渔场、欧洲的北海渔场、北美洲的纽芬兰渔场都是寒暖流交汇形成的。只有南美洲的秘鲁渔场,是由于秘鲁沿海盛行上升补偿流,将深海的营养盐类带到表层,促使浮游生物大量繁殖生长,为鱼类提供了充足的饵料,因而形成世界级的大渔场。

秘鲁沿岸盛行离岸风(风从陆地吹向海洋),海水由岸边流向大洋深处,出发海区海水减少,海洋底部冷海水上泛补充,也就是上升补偿流,将大量磷酸盐、硅酸盐带到海水表层,成为浮游生物的饵料,浮游生物大量繁殖,而浮游生物又是鱼类的饵料,因此秘鲁沿岸盛行的上升补偿流形成了世界四大渔场之一的秘鲁渔场。

在海里的渔场体验有鲍鱼等贝类采集等很多形式。

在韩国济州岛的东福里观光体验渔场,可以亲身捕捞海味并品尝。路边上有海鲜排档,不过和中国的排档不大一样。这里卖的都是生海鲜,因为韩国人喜欢吃生鱼片、生螺肉。韩国济州岛的终达里贝壳捕捞体验渔场、终达里等渔场,是体验海上捕捞等渔民生活的场所。

三、鲸鱼体验旅游

海洋不仅拥有丰富的植物资源,还有很多动物资源。在国外,鲸鱼观光是重要旅游产品之一。特别是在主要海岸城市的沿岸,以鲸鱼资源为中心,开展鲸鱼生态旅游,又叫赏鲸。赏鲸是生态观光旅游的开发对象,现在很多国家在积极开发此旅游项目。

目前,全世界80多个国家已开展赏鲸体验旅游项目,年收入达到10亿美元以上。与此相关,国际捕鲸委员会(IWC)的科学委员会,也规定和提出了作为观赏时所需的船舶条件、接近范围、防止危害措施、防止观鲸引起的恐惧等方案。

到加拿大大不列颠哥伦比亚省,体验一次综合性的户外轻冒险,也许那里就是你下一个目的地。每隔30分钟由维多利亚内港出发,每艘艇可坐12人,黄道观鲸团时长3小时,提供保暖救生衣和手套。运气好的话,你会体验鲸鱼浮出水面,喷射出一道造型非常经典的喷泉后又沉入水面。通常鲸鱼会在水下潜伏几分钟,然后浮出水面。

新西兰位于基督城区的凯库拉是美丽的沿海小镇,拥有丰富的野生海洋生物资源。因该地区位于寒流和暖流交汇处,适合海洋生物的生长和居住。凯库拉在毛利语中意味着食物,库拉意思是龙虾,表示这个地区也是吃龙虾的好地方。因为容易捕食,该地区有大量的鲸鱼。在这里赏鲸也需要3个小时。特制的观鲸船约每天4班从位于小镇南端的港口出发,都经过降噪等处理。在发现鲸鱼后,在离它50米处停下来。开船大约一个小时,鲸鱼出现后导游给游客一定的赏鲸时间,然后再移动到别的地方赏其他鲸鱼。

第三节　海洋生态旅游开发方案

一、国外海洋生态旅游环境的保护

世界各国重视海洋生态旅游开发中的生态环境保护问题。现阶段,全球最大海洋保护区位于印度洋海域的查戈斯群岛附近,面积达 54.5 万平方千米,由英国创建。澳大利亚欲建立世界上面积最大的海洋保护区网络,以保护海洋生物多样性。这一保护区的面积将达 310 万平方千米,几乎是澳大利亚陆地面积 769 万平方千米的一半。这将是澳大利亚从未有过的、最大的一次海洋保护行动。保护区网络建成后,澳大利亚海洋保护区的数量将从现有的 27 个增至 60 个,它们将分别围绕澳大利亚 6 个州的沿岸地区。其中,珊瑚海海洋保护区将成为最大的受保护海域。珊瑚海被誉为"皇冠上的宝石",位于澳大利亚东北方。这里海水洁净,著名的大堡礁就在此处。这里不仅有珊瑚礁、深海平原和海底谷底,还是蓝鲸、绿海龟、虎鲨等珍稀海洋物种的家园。

大堡礁位于澳大利亚昆士兰州的珊瑚海海域,是世界上最大的珊瑚礁生态系统。1981 年大堡礁就以自然生态的多样性和完整性列入世界遗产名录。澳大利亚大堡礁有大小 2900 个珊瑚礁岛,是世界闻名的海洋旅游胜地,每年吸引超过 200 万的游客。对于澳大利亚人来说,大堡礁就像万里长城对于中国人那样重要。这一切都要归功于澳大利亚政府对海洋保护的重视以及大堡礁海洋保护区的管理模式。

为了海洋生态旅游环境的保护,1975 年,澳大利亚政府通过大堡礁海洋公园法案,建立大堡礁海洋公园管理局。管理局对大堡礁海域实行严格的区域管理。目前整个海洋公园划分为 8 个不同类型的区域,每个区域的保护力度取决于该区域的环境敏感性和生态价值的重要性,例如,最为严格的地区称为保存区,虽然占总面积的 1% 不到,但是个人在没有书面许可的情况下不能进入该区域。而其他一些区域,也有不同程度的限渔措施。

对于船只排污也有严格的规定,商业用途的船只航行通常情况下需要管理局和环境资源管理部门的许可,许可中包括对船只污水处理的要求。没有经过处理的污水必须在离海洋公园界限 12 海里(约为 22 千米)之外才能排放。没有遵守排污规定的个人和企业可能受到最多 5500 澳元(约合 3 万元人民币)的罚款。

但是,大堡礁因为船只事故导致的船体漏油,引发环境污染,还因为厄尔尼诺现象和海面高温等原因遭遇自然威胁。为了保护这些海洋生物,澳大利亚将建立世界上面积最大的海洋保护区网络。

本章节借鉴文献资料以浙江省普陀山海洋生态旅游开发为例提出我国海洋生态旅游开发方案。

二、浙江普陀山海洋生态旅游产品开发现状

(一)普陀山海洋生态旅游生态环境

普陀山属亚热带海洋性气候,夏无酷暑,冬无严寒,气候条件优越。岛上植物类型丰富,森林覆盖率高,空气质量较好。普陀山四面环海,海水资源丰富,并且据舟山地区环境保护监测部门曾经测定,普陀山海水水质要素均优于国家二级标准,符合海水浴场水质条件。它拥有一流的海滨沙滩,神秘凌空的无人岛,岛上岩石林立,古洞点缀,碧海蓝天,构成了极好的康娱度假海洋旅游胜地。

如此类型多样的旅游资源构成普陀山丰富的自然景观和优美的海洋旅游环境:岛景、海景、沙滩、洞景、石景、林景、海滨气候等。普陀山还拥有独特的龙、鱼崇拜及婚葬习俗等海洋文化,这些都为满足旅游者的多样化旅游需求,开发功能多样的海洋生态旅游产品,提供了有利的资源条件。

(二)普陀山海洋生态旅游资源特色

普陀山是中国四大佛教名山中唯一坐落海上的佛教圣地。作为佛门圣地,普陀山环境优美清静,生活节奏舒缓,"景景皆禅"。作为海滨之地,普陀山又不缺乏现代度假气息,是游客前来净化心灵,放松身心,寻

求暂时的精神解脱的理想旅游目的地。作为"海岛植物园",普陀山原始的自然生态,"处处皆景"的林木,也成为旅游者流连于此的吸引力资源。秀丽的自然景观、幽幻独特的海岛风景与悠久的佛教文化融汇一起,构成了名扬中外的充满着自然灵性的"震旦第一佛"。

(三)普陀山海洋生态旅游开发现状

相比稳步发展的佛教旅游而言,普陀山海洋旅游开发力度小,海洋旅游资源零散利用,对海洋景观、海洋休闲娱乐项目、海洋文化等挖掘不够。普陀山海洋生态旅游开发只集中在海滨地带的千步沙、百步沙等景观,休闲娱乐设施缺乏,娱乐项目较少。

据调查,普陀山的海洋生态旅游还存在海洋旅游资源利用和开发不够,基础和海洋生态旅游配套设施欠缺,旅游服务人员专业技能素质有待提高等问题。总体来说,普陀山的海洋生态旅游开发中生态旅游资源没有广泛地利用起来。普陀山的生态旅游开发,给我国海洋生态旅游开发提供了一些思路。

三、海洋生态旅游开发方案

(一)海洋生态旅游开发原则

海洋生态环境是大自然中重要的一环,因此任何形式的开发都应秉承自然保护的原则。作为海洋生态旅游的经营者、管理者和旅游者,都应把握生态旅游的"回归自然性"和"绿色性",杜绝短期行为,遵循自然生态规律,谋求人与自然的和谐统一。

旅游开发的最终目的是提升旅游目的地的竞争力,带动地方旅游经济。而多数旅游开发者为达到经济利益,往往将开发和保护本末倒置,生态保护的意义在于让它保持更好的状态应对可能发生的冲击。为了达到提升竞争力的目标,海洋生态旅游开发应以保护为主。

生态旅游本身具有很强烈的专业性,因此,海洋生态旅游的开发须在旅游设施、旅游项目、旅游路线、旅游服务的设计和管理等方面均体现出景区的独特和专业性。应注意突出与陆上旅游及内陆文化的差异,突出海洋文化和海洋旅游活动的特色。此外,还必须突出生态特色,突出海洋旅游资源的原始风貌,自然、文化、经济平衡发展。如浙江普陀山生态旅游的特色在于"海天佛国",在佛教名山的大环境下,开发海洋生态旅游,这就是普陀山海洋生态旅游的特色。

(二)海洋生态旅游产品的开发

第一,体验旅游项目。随着旅游消费需求的升级,体验旅游越来越受旅游者的青睐。体验旅游是为游客提供参与性和亲历性活动,使游客从中感悟快乐,强调的是游客对文化、生活和历史的体验。如浙江普陀山凭借优质和丰富的海洋生态旅游资源,每年吸引着众多爱好休闲娱乐、探新求奇的游客。普陀山可以把海天佛国体验之旅作为开发的理念,通过增加参与性、亲历性项目,丰富游客的体验,激发游客对大自然环境的热爱,深化游客对海天佛国普陀山生态旅游的印象。

第二,海洋生态静心之旅。现代人的生活越来越被紧张的工作压力、激烈的职场竞争和繁杂的生活琐事所占据。长期处于这样一种环境的人不免精神紧张,迫切地寻求摆脱困扰的方法。海洋生态旅游依托其海水、沙滩、海岸、海岛、植物等海洋和自然环境及其他当地特色,可以为游客提供静心和心灵疗养的场所。通过静心旅游活动,培养旅游者宽广的胸怀和宽容的心态,增加对人生的思考,陶冶热爱大自然的情怀。

第三,海洋生态休闲度假之旅。同时具备素雅清幽的旅游环境和广阔无垠的大海风光的旅游目的地往往备受青睐。素净让人脱离日常喧嚣和人情世故,舒畅心情,广阔的大海会让人联想到休闲和度假,让人身心放松。海洋生态旅游开发应充分挖掘和利用其休闲度假价值。同时,通过休闲度假旅游的开展,提升人们对海洋自然环境的热爱。

第四,海洋生态疗养之旅。海岸、滨海带通常是人们首选的疗养地。在海滨地区,气候温和,日照充足,空气清新,少杂质而氯、镁、钠离子含量较高。这样的环境对于疗养极其有利。同时,资源具备"水"和"土"的自然环境和气候条件,不仅是旅游的好去处,而且对疾病患者或者身体虚弱者进行疗养恢复健康也十分有益。在疗养期间可以进行适当的海水浴、沙滩浴、森林浴、日光浴、海边度假、丛林漫步等也是疗养的好方法。海洋生态旅游应增加疗养设施,建造海边生态度假小屋,促进海洋生态旅游产品的构建。

　　第五,海洋生态科普之旅。海洋环境与人类的生存和发展紧密相关。海洋研究对人类未来的重要性比对人们目前重要得多。海岸地貌形成和海洋科学知识均可作为海洋生态科普之旅的环境教育和科普教育内容。加强与学校合作,对青少年学生进行海洋生态科普知识和环境保护知识的教育,对高校学生进行海洋科学课题研究的教育等。海洋生态旅游需要融合相应的旅游活动,比如调研、海上观察、游戏、知识竞赛等,能够让人们在欣赏大海美的同时,动态地了解海洋环境的特征、海洋现象的科学解密等,了解大海对于人类的重要性,萌生爱护大自然、爱护大海的情愫。

　　第六,海洋生态文化之旅。生态文化是一种体现人与自然和谐的文化,对于生态旅游资源的开发、生态旅游的开展、生态环境的保护及生态文明的普及有着深刻的意义。由于旅游需求与旅游供给之间复杂的相互关系是建立在人们的感知、期望、态度和价值观念动态变化的基础上的,因而随着人们文化程度与生活水平的提高,人们的旅游需求也向更丰富的高层次发展。海洋生态旅游应路演文化之旅呈现艺术的沙龙和不同文化的交汇,展现海洋文化崇尚自由的天性、开放性、兼容性、开拓性和原创性。

第十章　海滨旅游产品开发

第一节　我国滨海旅游概况

我国旅游进入新阶段,滨海旅游迅猛发展。然而由于我国海洋旅游业起步较晚,受旅游开发政策、资金、区域经济发展水平和消费需求等多方面因素的制约,与世界上一些滨海旅游开发较早、水平较高的国家和地区相比,滨海旅游开发尚处于较低水平,丰富的旅游资源未能得到充分合理的开发。

根据国际经验,人均 GDP 超过 3000 美元,大众观光游将向休闲游转化,超过 5000 美元,旅游发展态势将表现为观光、休闲度假和体验旅游的复合。中国人均 GDP 已超越 1000 美元,正在向 3000 美元发展,沿海发达地区人均 GDP 超过 5000 美元,部分地区甚至已经超过 1 万美元,我国进入了休闲时代。作为休闲度假游的重要载体,我国的滨海旅游近年来发展十分迅猛,特别是像海南"国际旅游岛"的开发,掀起了新一轮的滨海旅游开发热潮,出现了一大批各具特色的产品。滨海旅游正从简单的观光游向度假休闲等高端旅游逐步推进,满足了我国游客的多层次需求。

目前滨海度假旅游发展迅猛,我国环渤海经济圈、长三角经济圈和珠三角经济圈客源基础雄厚,同时也是滨海资源丰富的地区。因此我国滨海度假的客源和旅游目的地的距离较近,与欧洲、美洲的热带滨海度假模式有着很大的不同。因此在开发思路和模式上要立足我国的资源和市场状况进行设计,切不可盲目地生搬硬套。

我国滨海旅游具有较强的竞争力,在我国整个旅游业中处于重要地位,各地滨海旅游产品的开发具有不同的特点。本章首先根据国内外文献资料,以大连市滨海旅游产品开发为例了解我国滨海旅游产品开发概况。

一、大连市滨海旅游产品开发的现状

大连地处北半球暖温带,亚欧大陆的东岸,气候属于大陆性季风气候,兼有海洋性气候的特点。由于地理位置独特,同时具有丰富的滨海旅游资源,大连近年来已成功建成了许多著名的旅游产品。目前,大连建成的比较成功的滨海旅游产品如下。

(一)金石滩海滨休闲度假区

度假区分为8个区域,即植物林风景区、水库景观区、田园风光区、森林狩猎区、滨海娱乐区、高尔夫球场区、海上活动区、地质景观游览区,景区内配备了功能齐全的接待服务设施。

(二)山海胜景与军港胜景旅游景区

该旅游区内拥有黄渤海交界线、旅顺军港、世界和平公园、旅顺日俄监狱旧址等著名旅游景点,这些景点工程在全国具有广泛影响,是国家级风景名胜区。

(三)大连南部滨海风景名胜区

该旅游产品主要沿着海岸线,由棒棰岛、老虎滩乐园、鸟语林、付家庄公园、森林动物园、星海公园、圣亚海洋世界、黑石滩、自然博物馆等几十个景区和景点构成,为国家重点风景名胜区。

(四)渤海滨海旅游度假区

因为沙软浪轻,该区的旅游产品主要是由许多优质的滨海浴场所构成,是夏季滨海避暑的最佳岸段。

(五)长山群岛海岛旅游度假区

长山群岛位于大连东南黄海海域,它由石城列岛、里长山列岛、外长山列岛共 400 多个岛礁组成,陆域面积 191 平方千米,海域约 4000 平方千米,是我国北方第一群岛。正在开发蜜月度假、海上游钓、海岛观光、海鲜品尝等海岛旅游度假区。

二、大连市滨海旅游产品开发存在的问题

大连滨海旅游产品开发处于处于初级阶段,开发深度不够,大多数产品没有按照新时代的特点进行转型升级。旅游活动仍以游览滨海风光、海水浴和品尝海鲜为主,即基本上处于观光游览的层次上。

大连的旅游产品中海洋文化内涵不够丰富,必须深入发掘旅游资源独具特色的文化内涵,提高旅游产品的文化品位。大连的旅游资源有鲜明的滨海特征,但并没有将海洋文化充分渗透到各处滨海景观中,游客对海洋文化知识的获取和思考等教育功能比较薄弱。

大连是最早开放的沿海城市之一,但近年来随着诸多沿海城市不断发展,面临激烈的市场竞争。由于沿海地区滨海旅游据以生存和发展的滨海风景旅游资源共性大、差异小,大连的滨海旅游产品和青岛、烟台的相似性影响其在全国范围内的独特性和竞争力。

从大连的旅游纪念品来看,不注重地方特色,常常出现旅游者来大连旅游吃、住、行、玩样样都顺心满意,唯一的缺憾就是离开大连的时候,买不到能够代表大连地方特色的旅游纪念品。

第二节　海滨旅游产品概念

一、海滨旅游的定义

一般海滨概念是人们在海边、岸边、湖边等规模庞大的水域间利用有机结合陆地和水域的空间所进行的活动空间。类似地我们也使用沿

岸、海滨、水边等概念,但是,它们之间在计划、行为、功能等方面有一定的区分(见表 10-1)。

表 10-1　海滨位置区分定义

区分	计划角度	地点角度	行为角度	功能角度	近似语
沿岸	国土规划	国土、地方	国土政策规划	宏观规划功能	海湾
海滨	城市规划	地方、城市地区	城市改造地域	居住、业务、商业、交通	海岸
水边	地区规划	地区海岸线	设计、创造亲水空间	娱乐、休闲	海岸空间、临海区域

随着人们旅游需求的不断扩大以及对海洋认识的不断深化,全球范围内出现了前所未有的海滨旅游热潮。伴随海滨旅游的蓬勃发展,各地海滨旅游的开发之势也是如火如荼,因此海滨旅游产品便面临着更具深度性的开发。

海滨旅游产品是以海滨的水域和陆域实体景物为依托,以海洋文化为主线进行的开发。海滨旅游产品开发的初期工作是对区域内海滨旅游资源特点进行考察,分析区位条件及区域优势。在对基础条件有一宏观了解的前提下,对区域海滨旅游资源进行主题形象设计构思,探索产品项目的表现手法,进而进行产品项目创意空间布局,中后期的深度开发便是对海滨旅游产品进行深度和广度上的双向发展,而其中一条重要的脉络便是对其文化品位的把握与提高。

二、海滨旅游资源

海滨旅游资源一般多集中于滨海带地区。海滨带是海洋和陆地的接触带,包括海岸、海滩、浅海海底三部分。具体来看,主要包括以下类型。

(一)水体景观

百川归海,海滨水景是海滨旅游资源的主要构成。由于地质、地貌、水系及海洋作用等因素的不同,海滨带发育了多种水体景观,主要有海、江河、湖泊、沼泽、泉、瀑布等。

（二）岸滩景观

高潮线以上的狭窄陆域部分称为"海岸"，高潮线与低潮线之间的水陆交替部分称为"海滩"，又称"潮间带"。岸、滩地带是海、陆作用最强烈地带，充分体现海滨的景观特色，也是游人活动的主要场所。我国海滨岸、滩景观从风景旅游角度归类，基本可分为岩岸、砂岸、泥岸三种。

（三）岛屿景观

四面环水的陆地，一般把较大的称岛，较小的称屿。我国沿海有5000多个岛屿，但大小悬殊，岛屿往往表现出多种海滨景观资源要素，是一个景观综合体，如浙江普陀岛，一个岛就是一个国家级风景区，包括了众多自然、人文景观。从岛屿成因和形态对岛屿景观进行分类，可以分为基岩岛、火山岛、陆连岛、冲积岛、珊瑚岛。

（四）礁石景观

礁石景观是指高出海蚀平台的侵蚀残留由于波浪强度及海岸基岩岩性等差异，造成海蚀作用差异，产生礁石。礁石可由生物体组成，也可由岩礁或大陆岩石水下的延伸部分组成，对丰富海岸风景起重要作用。礁石可以分为岩礁、珊瑚礁。

（五）气候、气象景观

在风景旅游中，气候、气象是不可忽视的因素。海滨地区由于处在海洋和陆地两大系统的交汇处，因而产生与内陆不同的景观特点。我国海滨带南、北纬度跨距大，地形复杂，造成海滨带气候南北差异悬殊，气候类型多样。海上气象景观变化万千，共有以下几类影响较大，为游人所关注：蜃景、日景、月景、雾景、云景、风。

（六）山岳景观

我国是多山国家，沿海辽东半岛、山东半岛及杭州湾以南地区多为山地丘陵，山岳景观十分丰富，不少还是历史名山。海滨带在一个不太宽的范围内，由山、海两种对比悬殊的景观构成，更增添了风景资源无穷的魅力。海滨山岳景观,参照有关标准,以其高度分为:高山、中山、低山、丘陵。

(七)生物景观

海滨带适宜的自然条件是动、植物生息繁衍的理想之所,有着丰富的生物景观资源,包括植物景观、动物景观。

(八)文化景观

海陆文化的沟通,中外文化的交流以及5000年的悠久历史,使得海滨带隐藏着大量的文化景观资源宝藏,并在相当程度上形成了与内陆文化不同的特征。海滨文化景观包括史迹、宗教、建筑、雕刻、风俗、科技工程、军事工程。

(九)城乡景观

人类的建设活动及旅游业的深入发展,已将传统的景观资源概念扩大了。城乡景观也从过去的环境背景地位变成直接的旅游对象。具有典型特征的城乡景观将成为颇具潜值的风景资源。包括城镇社区、乡村社区、海岸工程。

(十)特殊景观

海滨带还有一些特殊类型的景观,具有很高的科学研究与风景旅游价值。这类景观主要有地质景观、震迹景观、火山景观。

三、海滨旅游产品的结构

利用海滨旅游资源的海滨旅游产品由娱乐项目、海滨美食、海滨住宿和海滨购物组成。

(一)海滨旅游娱乐项目

海滨旅游产品的娱乐项目有温泉游乐宫、儿童嬉水乐园;有青年人喜欢的惊险刺激的空中跳伞、自驾摩托艇、多功能复合水滑梯、海上花瓣等水上竞技运动;有游客参与性的娱乐活动、俄罗斯风情歌舞表演、海上网球、沙滩排球、足球,还可以为垂钓爱好者提供海上垂钓园。看日出、浴温泉、观海听涛、休闲度假,可尽享海滨独特魅力,这些为海滨旅游提供无限的乐趣。

具体开发的海滨旅游娱乐项目有人工海滨浴场、水上运动场、温泉游乐宫、宾馆、饭店、水上客房、沙滩帐篷、海滨别墅、会议接待培训中心等。还有渔家风情赶海拾贝活动、民族歌舞表演、温泉按摩园、海上网球场、海上快艇俱乐部、沙滩排球、保龄球馆、水上飞机、空中跳伞、健身理疗、多功能海上滑梯等。

(二)海滨美食

"食"是旅游的主要内容之一。品尝风味餐饮是旅游不可缺少的内容。"食"作为文化的一部分,其目的不仅为大饱口福,更重要的是体会异域风情与文化。沿海地区盛产鱼虾、蟹类和海珍品,形成了具有一定知名度的风味海鲜佳肴。沿海地区对海鲜的加工和烹饪颇具地方特色。在海洋饮食深度开发中可根据不同消费层次的游客开设高中低档海味餐馆。席间辅以适当表演、解说等,介绍当地海滨特色及传统趣闻。同时在传统的基础上融入现代理念,在传承发扬的过程中开创新的地方特色,不断为传统饮食文化注入新的活力。旅游的时候吃也是一种享受!

(三)海滨住宿

依靠海滨的独特环境而设置的旅馆,在旅游的同时也享受到别样的住宿环境。

(四)海滨购物

利用海洋生物、化学、矿物原料制作各种海洋土特产和工艺美术品,如珍珠、贝画、贝雕、海洋奇石、海洋生物标本、海洋舰船模型等,吸引人们参观制作过程,并可亲自参与操作、购置带走。

第三节　海滨旅游产品特性

海滨旅游产品是由多种要素组合起来的特殊产品,它是旅游者花费金钱、时间和精力向旅行社购买的从游客居住地到旅游目的地来回运动的一次完整的旅游活动或经历。旅游产品的特点是无形性、不可分离性、不可贮存性和不可转移性。但是这些是服务产品的特性,而不是旅游产品的特点。海滨旅游产品的特性如下。

一、文化性

海滨旅游产品的文化性是指旅游产品与文化紧密结合在一起。在所有的服务性产品中,文化与旅游产品的结合是最密切的。在海滨旅游的同时,也带上具有当地文化特色的旅游产品,这会让人心情愉悦。

二、专业性

随着市场竞争的加剧,旅社业的非价格因素竞争也日益突出,这体现在旅游产品逐渐表现出专业性特点上。

三、导向性

导向性是指旅游产品或某一事物对其他事物的引导作用。旅游产品的导向性主要有两个方面:一是旅行社旅游产品以景点为导向;二是旅行社旅游产品以游客为导向。

四、畸形性

旅游产品的畸形性是指某些旅游产品会出现一些不正常的负面特征。在旅游产品的价格上,一些旅行社的产品出现了"零团费"和"负团费",即接待方旅行社提供零利润或负利润产品,组团社交团给地接社的价格,可以低于地接的采购成本,甚至有的组团社还可以不支付任何费用,反而能收到地接社返还的一定数额的"人头费"。

五、风险性

风险性指旅游产品可能会给旅行社带来较大的风险。

第四节　海滨产品开发类型

海滨的产品开发类型很多，根据其城市环境的不同，开发的类型也不尽相同。虽然海滨的开发类型很多，但是最终目的都是通过有效的开发提高其利用率。这里海滨的开发类型分为海滨文化空间、海滨商业空间、海滨居住空间、海滨娱乐空间和海滨交通空间，下面来具体看一下它们的特点。

一、海滨娱乐空间

海滨娱乐空间（recreational waterfront）是指在针对与海水有关的娱乐及其设施进行开发的空间。海滨娱乐空间的开发，主要考虑建立步行者为主的体系，让更多的游客利用海滨娱乐设施和空间。同时，可通过海滨空间的体验性设施等开发集教育功能和住宿为一体的休闲空间。

二、海滨商业空间

海滨商业空间（commercial waterfront）的含义是在利用滨海丰富的资源吸引游客的基础上，从百货店到小规模的小卖店等售卖点为主开发滨海空间。滨海商业空间的特征是比起高品质的产品或者大型购物中心，小规模的、创新的可以使旅游者在闲暇时间回忆起自己在旅游目的地的旅游过程的各种类型的商店构成。

三、海滨居住空间

海滨居住空间（residential waterfront）是为方便海边城市居民的各种居住方式的需求而开发的滨海居住空间。在这里强调有效利用滨海空间的环境和各种滨海设施是关键，其设计上在保护生态环境的同时，要求综合利用滨海资源给居住民带来海边城市的愉悦感是重要的。

四、海滨文化空间

海滨文化空间(cultural waterfront)是以代表城市历史和传统的设施为中心开发的空间。为开发海滨文化空间,首先应具备固有的历史和传统,以历史和传统为基础开发滨海文化空间,空间就会转换成城市历史性和商业性共有的空间。

举个例子,韩国济州岛自然史博物馆被评价为有效利用滨海空间的成功案例。调查、研究并搜集济州岛内传统民俗遗物和相关自然资料的济州岛民俗自然史博物馆开放于 1984 年,大致分为自然史展厅和第一、第二民俗展厅及露天展场。自然史展厅以济州人的一生为主题,对过渡礼(passage rites)及生产产业的相关资料等从生态学角度进行了展示。第一展厅陈列着各种民居、住宅模型和济州传统食物模型。第二展厅则陈列着海女门使用的器具和过去济州农业生活中使用过的农具。最后,露天展场里陈列着加工谷物的生活用具和宗教信仰器具等 100 多件物品。

济州民俗村博物馆再现了 19 世纪 90 年代末至今,济州岛的传统文化和民俗风貌。这些传统房屋内陈列着当时的生活用具、农具、渔具、家具、石物等 8000 多件民俗资料。

博物馆内还保存了完整的巫师村、济州衙门、集市、无形文化遗产之家和农具陈列馆等 117 座建筑。这里还是《大长今》在济州最主要的拍摄基地。在《大长今》的第 27—32 集中,长今被流放、自学医术等场面皆取景于此。

景点内有水产品店、便利店、土产品店、照相馆、餐厅、传统婚礼馆、小骑马场等餐饮娱乐设施。《大长今》各外景点都陈设着当初电视剧拍摄时的照片及相关说明。

五、海滨交通空间

海滨交通空间(transportation waterfront)是陆域和水域自然相接处的交通节点的海滨空间。海滨交通空间的开发一般以进行国际贸易的港湾设施、各种资源设施和高速公路、桥梁、新交通系统为基础进行扩充和建设。

五种海滨空间的海外开发案例如表 10-2 所示。

表 10-2 国外主要海滨开发项目类型

国家	城市	项目	规模（千平方米）	类型	城市人口（万名）
美国	纽约	Battery Park City	370	商业＋居住	1632
		South Street Seaport	100	商业	
		Roosevelt Island	600	居住	
	旧金山	Harbor Bay Business	3700	商业	386
		Pier'39	182	商业	
	芝加哥	Illinois Center	340	居住	684
		McComic Place	500	商业	
	洛杉矶	Marina Del Ray	500	居住＋商业	1241
英国	伦敦	Dockland	22000	商业＋居住	733
法国	巴黎	Secteurt Seine Sud-Es	—	商业	947
加拿大	多伦多	Harbor Front	370	商业＋娱乐	448
		Railway Land Partil	800	复合	
澳大利亚	悉尼	Darling Harbor	540	商业＋娱乐	359
	布里斯班	Brisbane88	400	娱乐＋文化	—

第五节 海滨装备开发案例

海滨旅游自从受到关注后，一直处于高速率的增长中，尤其是度假市场，十分钟情海滨和海岛旅游。据世界旅游组织统计，海滨旅游业收入已占全球旅游业总收入的二分之一，比 10 年前增加了 3 倍；世界主要旅游强国如法国、西班牙、美国，海滨旅游都是其旅游业的重要组成部分。一般说来海滨旅游强国同时也是世界旅游发展的大国。下面看一下国内外海滨开发的主要装备。

一、迪拜

阿拉伯塔酒店，又称迪拜帆船酒店。它是世界上第一家七星级酒店。它建在离海岸线 280 米处的人工岛 Jumeirah Beach Resort 上，是一个帆船形的塔状建筑，一共有 56 层，315.9 米高，它正对着 Jumeirah Beach 酒店（被认为是世界上最棒的酒店）。阿拉伯塔酒店糅合了最新的建筑及工程科技，迷人的景致及造型，使它看上去仿佛和天空融为一体。酒店采用双层膜结构建筑形式，造型轻盈、飘逸，具有很强的膜结构特点及现代风格。

它拥有 202 套复式客房、200 米高的可以俯瞰迪拜全城的餐厅。客房面积从 170 平方米到 780 平方米不等。它的中庭是金灿灿的。它的最豪华的 780 平方米的总统套房更是华丽非凡。在第 25 层，家具是镀金的，设有一个电影院、两间卧室、两间起居室、一个餐厅，出入有专用电梯。七星级酒店房价肯定不菲，最低也要 900 美元，总统套房则要 1.8 万美元。这家酒店拥有八辆宝马和两辆劳斯莱斯，专供住店旅客直接往返机场，也可从旅馆第 28 层专设的停机坪坐直升机，花 15 分钟空中俯瞰迪拜美景。客人如果想在海鲜餐厅就餐的话，他们将被潜水艇送到餐厅，这样他们就餐前可以欣赏到海底奇观。

棕榈岛是由三个"棕榈岛"工程（即朱美拉棕榈岛（The Palm Jumeirah）、阿里山棕榈岛、代拉棕榈岛）和世界岛等 4 个岛屿群组成的。棕榈岛是世界最具标志性住宅及旅游项目。每个岛上都有大量的别墅、公寓发售，为整个迪拜酋长国增添了诸多供不应求的海滩。耗资 140 亿美元打造而成的迪拜棕榈岛被誉为"世界第八大奇迹"。规划 2012 年整个岛屿建成后，将是世界上最大的人工岛。棕榈岛，从高空俯瞰阿联酋的迪拜，依稀可见两棵巨大的棕榈树漂浮在蔚蓝色的海面上。仔细辨认，棕榈树竟是由一些错落有致、大大小小的岛屿组成。除棕榈树外，还能看到由 300 个岛屿勾勒的一幅世界地图。缩小的法国及美国佛罗里达州、俄亥俄州都包括在内，甚至原本冰雪覆盖的南极洲也处在当地的炎炎烈日之下。此外，一个水下酒店、一栋世界上最高的摩天大楼、一处室内滑雪场、一个与迪拜城市大小相当的主题公园，也在计划之内。

二、日本

日本关西国际机场建在大阪东南，离海岸大约 5 千米的大沙滩上。这个大沙滩长 4 千米、宽 1 千米。1989 年日本政府决定在大阪建成年客流量高达 3000 万人的世界级机场，并配有现代化的商场、旅馆以及其他配套设施。机场建有一条 3500 米长的跑道,主候机楼长达 1.5 千米,采用玻璃和金属的高技派风格,蔚为壮观。机场高速铁路可以把乘客直接从机场送到大阪市内,有跨海大桥与大阪相连。

关西国际机场的国际航线到达厅在机场大楼 1 层,出发厅在 4 层,国内航线到达出发厅均在 2 层。机场巴士、出租车设置在机场大楼 1 层,机场列车设置在大楼 2 层,餐饮和购物区设置在 2~3 层。独特之处在于关西的人造岛长 2.5 英里(约合 4 千米)、宽 1.6 英里(约合 2.6 千米),由于面积巨大,我们足以在太空中看到它的身影。

三、澳大利亚

悉尼歌剧院坐落在悉尼港湾,三面临水,环境开阔,以特色的建筑设计闻名于世,它的外形像三个三角形翘首于河边,屋顶是白色的,形状犹如贝壳,因而有"翘首遐观的恬静修女"之美称。歌剧院整个分为三个部分:歌剧厅、音乐厅和贝尼朗餐厅。歌剧厅、音乐厅及休息厅并排而立,建在巨型花岗岩基座上,各由四块巍峨的大壳顶组成。这些"贝壳"依次排列,前三个一个盖着一个,面向海湾依抱,最后一个则背向海湾侍立,看上去很像是两组打开盖倒放着的蚌。高低不一的尖顶壳,外表用白格子釉瓷铺盖,在阳光照映下,远远望去,既像竖立着的贝壳,又像两艘巨型白色帆船,飘扬在蔚蓝色的海面上,故有"船帆屋顶剧院"之称。

四、中国舟山

舟山群岛新区建设,是国家一项海洋经济战略决策。作为中国首个群岛新区,2011 年 3 月 14 日,舟山群岛新区正式写入全国"十二五"规划,规划瞄准新加坡、我国香港等世界一流港口城市,力图拉动整个长江流域经济。目前,舟山市正在抓紧编制《浙江舟山群岛新区发展规划》,初步规划将形成"一体三区诸岛"的总体发展格局。"一体"是指由跨海大桥连接的舟山本岛,这是舟山群岛新区发展的核心区域和主体,打造成为整个舟山群岛地区经济的中心、城市的中心。"三区"是指按舟山群岛产业布局提出的三个核心区,分别形成中部临港制造业核心区、北部深水港核心区和东部海洋旅游核心区,还有一些功能性岛屿。中部临港制造业核心区将重点发展船舶修造、海洋工程装备大宗物资加工、海洋生物等产业。北部深水港核心区着力建设中国大宗商品储运中转加工交易中心,适应大宗商品国际贸易快速发展的需要,逐步实施港口全面开放和更为自由的贸易政策,探索建设中国大宗商品自由贸易园区。东部海洋旅游核心区,包括普陀山,将重点发展海洋海岛旅游产业。

我国海滨旅游产品的开发中,应借鉴国内外先进经验,依托海洋资源,整合区域内各种滨海旅游资源。3S滨海旅游资源是当今世界上主要的旅游资源,具有广阔的市场。在我国热带滨海资源稀缺的情况下,我们在更多的时候要跳出滨海旅游项目,在更大的视角上整合资源。重视水面、水下、水岸等项目的设置,特别是要重视滨海二线旅游项目的开发,更要高度重视滨海二线腹地的开发。

目前海南岛在滨海二线开发方面走在了前列,"山海经"发展模式为我国的滨海产品规划提供了有益的探索。比如在《国际旅游岛规划》中重视对中部热带雨林旅游项目、高尔夫项目、游艇项目等和滨海资源的互动,极大地丰富了产品的谱系。

第十一章　海洋旅游度假区产品开发

第一节　海洋旅游度假区的特征与分类

一、旅游度假区的特征

关于"旅游度假区"目前尚缺乏一个被广泛接受的标准定义,现有的定义都是根据旅游度假区的区位、形态、功能等概括出来的。1973年,日本一家咨询公司在"印度尼西亚巴黎省杜阿岛度假区详尽规划草案"中提出:旅游度假区是一个综合体的、高质量的海湾综合体。其拥有完备的娱乐和商业设施,其服务对象是那些高消费游客,他们希望找到提供多种设施和广泛服务的高质量的饭店和度假环境。

WTO对旅游度假区的定义为:旅游度假区是一个相对自给自足并提供广泛的设施和服务,尤其是娱乐、休闲、学习体验和健身等旅游项目的地区。

国务院国发〔1992〕46号文件明确指出:"国家旅游度假区是符合国际度假旅游要求,以接待海外游客为主的综合性旅游区。"在国家旅游局制定的《国家旅游度假区评定标准》中对"国家旅游度假区"的定义作了规定:国家旅游度假区是指"由国家旅游局根据《国家旅游度假区评定标准》和《国家旅游度假区评定细则》评定，具有明确地域和功能分区的，为旅游者提供度假休闲等项服务的综合性旅游服务场所"。以上定义作为"国家旅游度假区"尚嫌"笼统和偏颇"，若用于"旅游度假区"的定义则更显模糊。国内外学者则从各个角度对旅游度假区的定义进行了探讨。有学者指出，旅游度假区意指人们可以大批量地去度假的旅游中心。"旅游度假区即指旅游度假开发区，是我国现存七种城市开发区的一种，它是在旅游资源非常丰富的城市（地区）划出一定范围，以旅游、娱乐、度假、休养为主要目的的开发区。"我国学者毛建华、蔡湛等人经过对前人所作旅游度假区的定义进行分析后提出："旅游度假区是在环境质量较好，区位条件优越的风景区，以满足身体休闲需要为主要功能，并为游客提供高质量服务的综合性旅游区。"这些旅游度假区所作的定义在明确性方面有所突破。国家旅游局制定的《国家旅游度假区评定标准》中对"度假旅游"的定义为"以调整身心、放松自我、娱乐生活为目的，以体验和享受为主要形式，以舒适环境、趣味活动、特色服务为吸引物的旅游方式"。反映了旅游度假区应当具有以下特征：

第一，以康体娱乐为主要功能。度假旅游既然"以调整身心、放松自我、娱乐生活为目的"，就要求度假旅游区具备"调整身心、放松自我、娱乐生活"的基本条件。即应当以康体娱乐为主要功能，"能够为游客提供一种恬静宜人的精神与物质享受，是度假产品不同于一般观光产品的特色所在"。

第二，拥有舒适的环境。"度假旅游"的定义中明确指出"以舒适环境、趣味活动、特色服务为吸引物"，则以"度假旅游"为主要市场的旅游度假区，应该拥有满足其需求的吸引物，即拥有舒适的环境。这里的"环境"既包括自然风景、生态环境，也包括社会环境，如经济、文化环境等。只有在舒适的环境里，才能充分"调整身心、放松自我"。

第三，旅游服务功能较齐全，服务水平高。随着全球性大众旅游市场的不断成熟，旅游者文化素养的不断提高和旅游阅历的不断丰富，旅游者更加注重旅游的多样化、个性化和参与性，而旅游经验对于文化的独特体验建立在旅游者个人的文化背景、个性特征、观察视角上，极为契合个性化趋势；度假区只有旅游服务功能齐全，才能符合不同旅游者的个性化的旅游需求；同样，只有比较高的旅游服务水平，才能为旅游者提供令其满意的全方位的服务,才能使度假旅游者得到充分的"体验和享受"。

第四,拥有完善的旅游设施。旅游服务的提供很大程度上依赖于旅游设施的条件,功能齐全的旅游服务要求有完善的旅游设施作为保证。同时旅游设施完善程度也直接影响了度假旅游者对旅游活动"体验和享受"的满意程度。除了要求旅游基础设施能够满足旅游企业的经营需要外,旅游度假区在旅游服务设施上还有着更高的要求,不但数量上要能满足旅游者的基本需求,在档次和类型方面也比其他类型旅游地有更高的要求。

根据上述对旅游度假区特点的分析,旅游度假区可以理解为,以满足旅游者康体娱乐为主要功能,拥有舒适的环境、完善的旅游设施,能提供全方位、高质量旅游服务的综合性旅游区。

旅游度假区具备以下几个条件:一是资源条件优越;二是拥有足够的度假设施;三是为游客创造一定的氛围;四是有足够的活动项目。总的来说,旅游度假区是旅游目的地的一种类型,是以一个依托良好资源禀赋,通过向旅游者提供一系列配套设施、服务以及开展各种活动,以满足旅游者休闲度假目的的区域。从设施布局来看,旅游度假区一般由三大部分组成:主体功能部分——包括度假别墅区与综合服务区;旅游功能部分——根据各地的自然特色、历史文化背景而配置的旅游活动区,如水上游乐园、钓鱼场、民俗风情园、手工艺品制作室等;休闲娱乐功能部分——如高尔夫球场、网球场、游泳池、棋牌室等。

二、海洋旅游度假区市场分析

欧美国家度假旅游兴起早,度假旅游市场发展比较成熟。20世纪70年代后期,大多数欧共体国家有一半或一半以上的人口每年离家休假至少1次。到20世纪末,欧美一些国家的度假旅游甚至成为各类旅游产品中居主导地位的产品。欧美国家虽然度假旅游市场空间巨大,但是大部分旅游者多选择周边国家或国内进行度假旅游。以美国为例,美国最大的假期旅游销售网Vacation完成的一项"度假旅游趋势"的调查,对1万个美国和加拿大的旅行零售代理商的调查结果显示,多数度假者选择在美国国内和周边地区附近旅游,美国国内目的地最受欢迎,占33.4%,加勒比地区居第二位,占29.1%,第三位是墨西哥11.8%。此外,欧美国家度假旅游发展早,度假旅游者经验丰富,我国目前的度假旅游区的建设情况难以吸引这部分度假旅游者。因此,目前我国度假区的目标市场若以欧美国家为主是不实际的。

20世纪后半期,随着亚太地区经济的快速发展,休闲度假旅游也成为该区域的新时尚。亚洲地区的旅游者中休闲度假的比例至少占外出旅游的三分之二。到泰国旅游的外国人中80%以上是为了度假观光,而新加坡的入境旅游者中以度假旅游为主要目的的人数占旅游总人数的60%左右。亚太地区主要客源国离我国近,文化背景相似,因此来华旅游的人数多。因此亚太地区,尤其东南亚周边国家,是我国国际度假旅游市场的重点。

根据2000年国家旅游局对城镇居民国内旅游抽样调查的结果,在全国39个城市中,以度假休闲为目的者占16.8%,仅次于观光39.9%和探亲访友26.3%,位于第三位。虽然目前我国国内旅游仍以观光为主,但由于我国人口基数大以及旅游大众化程度不断提高,度假旅游人数也不断增加。从休闲度假的核心市场区——京津环渤海地区、长江三角洲地区和珠江三角洲地区来分析,其度假旅游的发育程度与速度惊人。我国国内度假旅游市场仍以经济发达的港澳台及京津环渤海地区、长江三角洲地区和珠江三角洲地区为主,但与此同时,这部分地区的度假旅游区建设也相对成熟,因此国内度假旅游市场的竞争仍然激烈。

在海洋度假旅游的开发中,根据对这些旅游客源市场的分析,应针对性地进行营销和推广。海洋度假旅游的关键是海洋度假旅游产品的开发。在海洋度假旅游区的建设方面,首先选址应与游客的观光娱乐需求相适应,选择交通便利和有较好的市场性,而且具备适合快艇等娱乐休闲器具的水域和沙滩。在气象和海洋水温、波浪等自然条件也良好的地区,方能投入资金进行有计划的开发和建设。

随着旅游度假项目的逐渐推进,旅游度假项目的开发逐渐克服了传统的观光旅游顾客逗留时间短,消费环节少,旅游收入对景点门票依赖性强的弱点,各种类型的设施和服务也更加多元化,逐步将观光、娱乐、运动、会议、商务、康体、考察、学习、交流等各种旅游活动有机结合起来,形成观光度假、旅游度假、疗养度假、休闲度假等综合产品系列。

旅游度假区的建设越来越重视文化品位的提升,全力打造度假区的文化品位,如青岛石老人旅游度假区开发了海上公园、海上游乐园、啤酒文化城主题公园和主题乐园。

三、海洋旅游度假区的类型与功能

（一）旅游度假区的分类

旅游度假区按背景和主要设施分类，实际上是按照旅游度假区的位置和娱乐性分类，主要分为滨水旅游度假区、温泉旅游度假区、山地旅游度假区三大类。

其中海滨旅游度假区（海洋度假村）是依托海滨自然景观建成的度假区。海滨是指陆地与海洋的分界，即平均高潮时海水达到的岸线区域。度假区的自然景观因其面海的位置特点和所提供的娱乐内容呈现出非常多样化的特征，如海滩的范围、海水的质量、视野的好坏、气候状况以及所开展多种类型的游憩活动，如海水浴、日光浴及帆船等水上运动。世界公认的六大完美海滩分别位于西班牙太阳海岸、美国加勒比海海岸、澳大利亚黄金海岸、马尔代夫、巴厘岛、夏威夷，这些地方气候适宜，景色迷人，建立的旅游度假区规模大且发展成熟，一年四季均吸引大批的游客。我国目前的 12 个国家级旅游度假区有 5 个是海滨旅游度假区：大连金石滩、青岛石老人、北海银滩、福建湄洲岛、三亚亚龙湾。

（二）按功能分类

旅游度假区按功能来划分，可分为休闲型旅游度假区、温泉型旅游度假区、疗养型旅游度假区、体育型旅游度假区和娱乐型旅游度假区。

表 11-1　旅游度假区的类型

类型	内容	在海洋中的案例
休闲型旅游度假区	依靠自然资源为基础开发的度假区	海边周围的度假区
温泉型旅游度假区	依靠温泉的特征开发的度假区	具备海水温泉等
疗养型旅游度假区	以治疗特殊疾病为目的开发的度假区	有海水桑拿、沙子桑拿、海水温泉等治疗设置
体育型旅游度假区	开发的设施中必须包括体育设施（如高尔夫、滑雪）的度假区	海洋体育运动度假区
娱乐型旅游度假区	以逛街、艺术、休闲、观光活动为中心开发的度假区	城市近郊的综合海洋旅游度假区

（三）按消费水平划分

旅游度假区根据消费水平又可分为高档、中档、低档旅游度假区。

四、海洋旅游度假区产品的设施

海洋旅游度假区产品的设施主要包括：

（1）住宿设施；

（2）餐饮设施；

（3）购物设施；

（4）游憩设施：观光游览设施、娱乐体育设施、康复疗养设施、商业服务设施、后续教育设施；

（5）会议设施；

（6）基础设施。

其中住宿设施和游憩设施是旅游度假区的两大核心设施。

第二节　海洋旅游度假区开发的国内外研究

一、国外海洋旅游度假区研究现状

国外度假旅游兴起较早，旅游度假区建设相对成熟，因此，国外学者对旅游度假区的关注也比较早。综观国外近 20 年来旅游度假区的理论研究，可以发现，对于海洋旅游度假区的研究与度假区研究几乎是同时开始的，这是因为当时的度假区相当一部分是海洋旅游度假区。早期有关海洋旅游度假区的理论主要集中在旅游度假区发展的生命周期问题及其影响旅游度假区生命周期中各阶段的主要因素上，以 Klaus(1985)、James(1988)、Keith(1990)、Phyllis(1983)等人为代表，其中 Phyllis 研究了不同国家文化对旅游者在度假区行为的影响。进入 20 世纪 90 年代，对于海洋旅游度假区的研究更趋多元化和具体化了，Keith(1991)等人对游客的空间行为进行分析，Hana(1991)等则对海洋旅游度假区的景观设计予以关注。另外，Dnny(1991)、James(1993)、David(1994)等分别从度假区市场细分、旅游业发展与度假区其他行业的影响以及劳动力对度假区发展的作用等方面对旅游度假区发展中涉及的具体问题进行了论述。90年代后期,旅游度假区的研究论著更是呈现百家争鸣的趋势。大量学者从各个方面探讨了度假区发展策略问题,同时人本思想被引入度假区的研究当中。Geoffrey(1996),Sigfredo、Judy(1996),Sevgin(1996),Renata、Bill(2000)等人对度假区居民对旅游业的态度表示关注,而Howard(1997)、Gerda(1998)、Neil(1999)、Paul(2000)等人则从犯罪、安全、毒品、同性恋等具体的问题角度进行研究,体现了人文的关怀。21世纪以来,对旅游度假区的研究主要体现在度假区内度假旅游与其他旅游方式上,如生态旅游、文化旅游、探险旅游等的综合开发,其中文化在海洋旅游度假区开发中越来越受到人们的关注。其中Rodrigo(2002)发表了"Tourism and cultural revival"一文,从人类学的角度,指出了度假区文化的调适问题。

二、国内海洋旅游度假区的研究现状

我国学者对海洋旅游度假区的研究与对度假区的研究也几乎是同时开始的,而对文化在旅游业发展中的重要作用比较早就开始关注。保继刚等人(2005)早在我国度假区开发兴起前就开始关注海洋旅游度假区的开发问题。此后,随着我国旅游度假区开发高潮的到来,更多的学者对度假区的开发和建设进行了研究。其中相当一部分是对海洋旅游度假区的研究。如吴宇华(2000)撰写了《北海市银滩国家旅游度假区西区的环境问题》一文,分析了北海市银滩国家旅游度假区存在的资源破坏、视觉污染、水污染、沙质退化、旅游超载等环境问题,并提出了解决问题的对策。刘家明等人(2005)则探讨了国内外各种类型旅游度假区的发展规律,指出海洋旅游度假区和环城游憩带是当今最主要的度假旅游产品,总结了现代旅游度假区的发展走势以及开发建设应注意的问题和值得借鉴的经验。20世纪90年代后期,文化越来越多地被应用于对旅游度假区的研究当中,张晓萍、薛群慧等人(2005)以昆明滇池国家旅游度假区为例,论述了旅游度假区旅游文化的建设和文化产品开发的策略。盛红(1999)在《我国滨海旅游度假区开发的文化问题思考》一文中,论述了文化在海洋旅游度假区建设中的重要地位,并提出了海洋旅游度

假区文化可持续发展的原则,即整体性、审美性、时代性、赢利性等原则。

三、我国海洋旅游度假区的发展瓶颈

旅游淡旺季反差大,浪费、破坏严重众所周知,旅游业具有明显的季节性。旅游供给的长年性与旅游需求的季节性,是造成旅游业季节性的主要原因。首先,旅游者可自由支配时间(以带薪假期和法定节日为主),具有相对的集中性。在假日期间,人们纷纷外出度假形成了旅游旺季,尤其1997年我国开始实行"五一""国庆"长假制度,旅游业的"黄金周"应运而生。"黄金周"期间,国内旅游活动异常活跃。在2002年春节、五一、十一黄金周中,国内旅游者接待总人数为2.19亿人次,旅游收入合计为865亿元,占全年国内旅游业总收入的22.3%。2004年全省春节、"五一"和国庆三个"黄金周"共接待游客总量1037.72万人次,旅游收入50.90亿元,分别占全年国内旅游人次和旅游收入的22.4%和11%。工作期间,除了因商务、会议等原因,一般人较少外出旅游,这段时间形成明显的旅游淡季。其次,旅游景观质量随自然节气转换而发生显著改变。大部分旅游地在季节上都有着最佳的旅游时间,旅游者因此集中该时间段前往旅游,从而形成旅游旺季。如每年的农历八月是钱塘江观潮的最佳时间,尤其农历八月十八,钱塘江潮差最大,潮水气势最宏伟,因此,大多数人选择这个时间前往观赏。夏季天气炎热,是海洋旅游的最佳时期,故而是海洋旅游度假区的旅游旺季;秋、冬季天气转冷,海洋旅游活动对旅游者的吸引力大大降低,因此形成海洋旅游度假区的旅游淡季。度假区由于以度假旅游为主要产品,其旅游淡旺季反差就更为明显了。由于各度假区景点旅游容量有限,旅游接待能力基本上相对稳定,对旅游旺季期间急剧增加的旅游服务需求往往难以满足,因此导致旅游旺季度假区景区景点的过于拥挤,旅游环境破坏加剧,旅游设施严重不足,旅游服务质量降低,使旅游投诉大大增加,影响了度假区在旅游者心目中的形象,重游率降低。而在旅游淡季,旅游设施和劳动力大量闲置,造成严重的资源浪费。旅游度假区要求有完善的旅游服务设施,齐全的旅游服务功能,因此,与其他旅游区相比,旅游度假区的旅游设施更为全面,旅游服务人员相对较多,这就导致旅游淡季资源的浪费就更为严重。

地方经济难以支撑巨额投资需求。如前所述,旅游度假区的特点使

其拥有的旅游设施在数量和档次上与其他景区相比有更高的要求；同时，大部分度假区开发规模较大，因此投资需求巨大，特别是启动阶段需要大量基础设施的投入，被称为"加勒比海旅游首都"的坎昆度假区，启动资金就达 12 亿多美元。而度假区可投入使用晚，投资回收期长，投资风险大，经济效益不容乐观。以我国批准建设的国家旅游度假区为例，1992 至 2002 年，度假区的建设投资累计为 326 亿元人民币，其中外资 20 亿美元，营业额累计 101 亿元人民币。目前我国已拥有 12 个国家旅游度假区，120 多个省级旅游度假区，1000 多个度假村。大规模的开发需要大量的资金投入，但由于投资回收期长，一般的投资者难以或不愿意承担风险，因此需要国家和地方政府给予资金上的支持。我国目前还处于社会主义初级阶段，大部分地区经济水平还不够发达，难以承受如此巨大的财政支出。因此，大部分地区政府只能承担与项目配套的基础设施投资。度假区项目建设主要还是靠外资、国有企业及民营企业注入资金。而在国外，一些著名的度假区管理机构自身往往有较大的投资、集资能力，如印尼巴厘旅游度假区的开发管理机构是一家政府所有制的有限公司——巴厘旅游开发公司。墨西哥坎昆旅游度假区的开发管理机构是墨西哥中央银行及其半附属机构"全国旅游开发公司"，它们一方面享受政府给予的支持、优惠政策，另一方面承担着一般投资者不愿投资的基础设施项目与一些初期启动项目的开发任务，为其他投资者创造一种良好的投资环境。

第三节　海洋旅游度假区开发案例

一、国外海洋旅游度假区开发案例

（一）日本

日本的豪斯登堡是以中世纪欧洲为背景而建造的，它再现了 17 世纪荷兰的街道风情，是一座适合旅居的大型综合度假城。经过特别批准，它成功再现了当今荷兰女王陛下居住的宫殿豪斯登堡，因此也被授予了这个高贵的名字——豪斯登堡。"HUIS TEN BOSCH"在荷兰语中是"森林之家"的意思。城堡内的剧场、商店、餐厅、酒店、公开出售的住宅等每一处建筑物都充满了个性,在绿色森林与古老运河的环绕中,争相辉映,使豪斯登堡成为名副其实的"森林之家"。

总面积为152公顷的豪斯登堡,几乎与摩纳哥一般大小。这座世界最美的花园度假城,不论春夏秋冬,各色的时令花卉,将街道装点得五颜六色、格外妖娆。

这座拥有四季脸庞的欧风度假城,随着季节的更替,变幻无穷。

美丽的街道,四季的鲜花,舒适的饭店,丰富多彩的娱乐设施,超感的艺术空间,精彩的表演,特色餐厅……在豪斯登堡的假日,总可以让人随心所欲地度过。

无论是在饭店房间的阳台上享受温暖的时光,还是在娱乐设施,艺术天堂里领略异国文化,或是漫步于这浪漫的欧风街道,让心情随着四季的鲜花一同绽放,豪斯登堡都将成为您度过最佳假日的地方。

春夏秋冬,不论季节如何变化,豪斯登堡永远都是一座被鲜花环绕的欧风度假。小鸟歌唱的清晨,热闹喧哗的白天,安静祥和的夜晚,在豪斯登堡,时间如同这个街道中的运河缓缓流动。

四座各具特色的饭店,将为您提供一流的服务和优雅的空间。无论是习惯早起沐浴清晨第一束阳光的您,还是想偶尔轻松一下睡个懒觉的您,都可以享受到豪斯登堡最安心、放心、舒心的服务。

娱乐设施方面,引进了全球最新映像技术的娱乐剧场,"洪水来袭冒险馆"等主要景点,不仅采用了震撼心灵的立体影像和特殊效果,而且引进了多重语音系统,无论是大人还是小孩,都可以尽情体验那份惊心动魄的逼真感。

豪斯登堡的代表建筑物"豪斯登堡宫殿"经过特别批准,忠实地再现了荷兰女王陛下居住的宫殿,而其后院则是根据一张传说中的古老设计图修建而成的巴洛克式庭园。宫殿里的美术馆定期展出世界各地画家们的艺术珍品。

漫步于40多家商店,用心去挑选这儿的每一件艺术品,有来自荷兰的进口商品、民间工艺品、食品以及各种豪斯登堡的独有精品。在豪斯登堡,有30多家特色不同的餐厅供游客选择,让美味伴游客度过难忘的豪斯登堡之旅。

（二）美国夏威夷

夏威夷州在 1959 年 8 月 21 日成为美国的第 50 个州，由夏威夷群岛所组成，位于北太平洋中，距离美国本土 3700 千米，总面积 16650 平方千米，属于太平洋沿岸地区。首府为檀香山。在 1778 至 1898 年间，夏威夷也被称为"三明治群岛"（Sandwich Islands）。它除了是美国最南方的州外，也是美国唯一一个全部位于热带的州；它与阿拉斯加州是美国各州中仅有的两个不与其他各州相连的州份，也是美国唯一一个没有任何土地位于美洲大陆的州。它位于太平洋中央的夏威夷群岛，于地底火山脉之海面上共延伸了 2451 千米之长。由火山所形成之 8 个主要岛屿、124 个小岛，与环绕在各岛附近的礁岩、尖塔所组合而成。

威基基是美国夏威夷州欧胡岛南海岸上檀香山旅游区，是檀香山的东南部分，位于阿拉怀运河。威基基海滩（waikiki beach）大概是世界上最出名的海滩，也是多数游人心目中最典型的夏威夷海滩。海滩区东起钻石山下的卡皮欧尼拉公园，西至阿拉威游艇码头，长达一英里，每日到这里的游客多达 25000 人，其酒店旅游业非常发达。

如 Courtyard Waikiki Beach 酒店位于夏威夷檀香山，距离 Diamond Head Crater 公园和威基基海滩（Waikiki Beach）的白色沙滩仅有几分钟的路程。酒店设有 Spa Pure、豪华日间 SPA 和 Spada Restaurant 餐厅。Courtyard Waikiki Beach 酒店的客房提供免费高速网络连接和 iPod 音乐基座。每间客房均配有附带 Kimobean 夏威夷咖啡的咖啡机。Waikiki Beach Courtyard 酒店设有一个健身中心和一个室外游泳池，提供外币兑换服务并在大堂设有咖啡店。

（三）墨西哥坎昆旅游度假区

40 多年前，坎昆只是一个寂寞渔村，静静地坐落在加勒比海被遗忘的角落。海岸边有郁郁葱葱的红树林。20 世纪 60 年代，坎昆开始如火如荼的造城行动，大片的红树林被挖掘、拖走，狭长的半岛上划出了专门的酒店区，整个城市快速膨胀。坎昆现在的写法是 Cancun，而以前为玛雅文 Kankun 之时意为"蛇穴"，因为坎昆所在的尤卡坦半岛沿海湿地生活着50多种蛇。玛雅文明消失几百年后,大片红树林也不见了,坎昆被成功打造成为一个热力四射的度假天堂。

墨西哥坎昆旅游度假区的选址标准是:(1)迷人的热带气候和海滩;(2)加勒比海地区的客源市场构成墨西哥坎昆度假区的重要标准;(3)促进旅游资源丰富的边远地区和无其他就业出路地区的旅游业发展;(4)作为综合性旅游中心地的旅游度假区能刺激地区经济的发展,不仅要促进旅游业的发展,还要带动农业、工业、工艺品行业的发展;(5)土地获取的难易度,水资源、交通以及其他限制性因素存在与否。

从选址过程来看,经过墨西哥中央银行调查,金塔纳罗奥州有五个地点可作为度假区的选址,但其中科苏梅尔岛和穆杰莱斯岛由于土地所有权问题无法得到解决而被排除,另外两个地点由于缺乏淡水资源、交通困难、自然景观少或其他原因被放弃,经过一番对比才选中坎昆。

在坎昆的大街、酒店的院子和旅游景点,与一米长的大蜥蜴、五彩斑斓的孔雀等野生动物不期而遇,是平常事,不必惊讶。它们并不是迷路的精灵,不小心闯进人类世界,实际上,你脚下踩着的地方,可是它们的家。它们带着毫不闪躲、直勾勾看人的眼神,摆出一副主人的姿态,谁才是误闯他人地盘的客人,不言而喻。

墨西哥人小心翼翼地爱护着这些邻居。从酒店坐穿梭巴士前往气候大会会场之一 Cancunmesse 的路上,不时见到道路两边有警示牌,立牌的地点是野生动物时常出没之处,提醒司机驾驶时多个心眼,别让车轮不小心碾杀无辜生命。隔开双向车道的绿化带上还有手臂长的蜥蜴在草地上尽情享受日光浴,市政部门特意在绿化带上放置一些石块让蜥蜴栖息,细微之处尽显爱护野生动物的用心。

(四)新加坡圣淘沙岛旅游度假区

圣淘沙岛是新加坡南部岛屿,位于新加坡本岛以南500米处,东西长4000米,南北宽1600米,面积为3.47平方千米,是新加坡本岛以外的第三大岛。圣淘沙岛在殖民统治时期为英国海军基地,旧名"绝后岛",1972年改现名,现已开发成设备齐全的海上乐园。岛西端的英国碉堡西洛索炮台建于1880年,5世纪的古炮保存于此,内有复杂的地下建筑物城墙和炮座、大炮、臼炮。海洋博物馆陈列有新加坡港历史、航海术的发展过程等资料;新加坡居民早期使用过的独舟、原始的捕鱼方法、渔具等都用木板。圣淘沙被视为新加坡旅游与娱乐业的璀璨明珠,是集主题乐园、热带度假村、自然公园和文化中心于一体的休闲旅游区。

这个占地390公顷的海岛是度假、旅游和休闲的万花筒。从市区搭乘缆车、轮渡或汽车只需几分钟便可到达。圣淘沙意为和平与安宁,昔日的小渔村改造成英军基地后,在1972年被建成一座田园诗般的海岛度假区。

一踏上这座岛屿,您便能在众多的景点中找到属于自己的一片天空——历史和文化的重现、昼夜不眠的娱乐、郁郁青葱的环境、修剪齐整的花园、音乐喷泉,还有两个风景优美极富挑战性的18洞高尔夫球场。圣淘沙长达3.2千米的海滩包括了西罗索海滩(Siloso Beach)和丹戎海滩(Tanjong Beach),提供各样的水上与地面活动,让您尽情玩乐,或到附近的小酒店轻松惬意地度过一个下午。

周末的海边小酒店热闹无比。沙滩排球的热爱者都会涌到西罗索海滩过一过沙滩排球瘾。近年来,圣淘沙也逐渐成为举行国际性主题活动的首选地点。

从豪华大旅馆(圣淘沙美福度假酒店、香格里拉圣淘沙大酒店和新世纪度假村)到廉价住宿(圣淘沙度假屋、职总圣淘沙度假村)和露营营地,圣淘沙样样具备。

同时岛上也有许多餐饮店供您选择。岛上的道路四通八达,有单轨列车、公共汽车等交通工具,进出圣淘沙非常便捷。岛内有循环行驶的岛车,分为红线、黄线、蓝线。颜色不是指车身的颜色,而是在每辆车的前档处都有电子显示屏,根据显示屏上的指示来判断是什么线路,比如显示"yellow line"就表示这是黄线班车。颜色用以标示不同的线路,但所有线路的起点和终点都是进出岛的游客中心,非常方便。游客可以根据自己想要的旅游线路来选择搭乘岛车。

（五）国外海洋旅游度假区开发特征

总结国外海洋旅游度假区开发特征,主要可以归纳以下几个方面:

第一,海洋休闲和自然的融合。一是海水要素和休闲要素结合构成的海洋休闲产业是在确切利用两个要素的时候,才有成功的可能性。二是开发时,最主要的是自然环境的保护,结合空间的利用、设施的配置强调景观的美化。

第二,社区形式的休闲形态。一是配置海洋休闲活动设施,配备灵活运用这些设施的辅助设施,从顾客的角度构成便利的综合休闲社区。二是利用海岸城市的已有良好自然条件或者选择新开发海岸地域,开发成新的城市构成形态。

第三,海洋休闲活动和内陆休闲活动的联系。新开发的海洋休闲应重视交通的便利性,计划能连接海洋休闲活动和内陆休闲活动的基础设施,节约时间和社会间接资本。

第四,长期规划。一是与海洋休闲运动相联系的旅游开发投入巨大的项目。二是为了提高其成功率,先计划整合资源的整体规划,应准备利用充分的时间长期进行开发。

二、国内海洋旅游度假区开发案例

(一)海南亚龙湾国家级旅游度假区

亚龙湾是1992年10月4日经国务院批准建立的我国唯一具有热带风情的国家级旅游度假区。度假区位于中国最南端、热带滨海旅游城市——三亚市东南面25千米处,其规划面积为18.6平方千米,是一个拥有滨海浴场、豪华别墅、会议中心、高星级宾馆、度假村、海底观光世界、海上运动中心、高尔夫球场、游艇俱乐部等国际一流水准的旅游度假区(梁明珠,2008)。

1992年三亚市政府为了解决亚龙湾前期开发的资金问题,招股成立了国有亚龙湾股份公司,由三亚市政府授权该公司对亚龙湾度假区进行统一开发、统一规划、统一征地、统一招商、统一建设,亚龙湾度假区从此走上了企业化开发的道路。1995年由于公司决策层投资失误不得不增资扩股,中国粮油进出口集团在香港注册的下属公司鹏利国际注资控股,亚龙湾公司遂成为港商投资股份有限公司。近年来,国际一流的酒店管理集团纷纷抢滩登陆亚龙湾,喜来登、丽兹卡尔顿、万豪、希尔顿等一批国际顶尖的度假酒店陆续建成开业,亚龙湾已成为国内消费档次最高、设施环境最好、高星级酒店数量最密集、国际著名酒店品牌最多的综合型海洋旅游度假区。

(二)广西北海银滩度假区

银滩度假区位于广西北海半岛东南部,分为西区、中区和东区。其中,中区规划面积为7.7万平方千米,与旅游相关的项目建设和更新改造都集中在此,是银滩旅游发展的缩影和代表性区域。银滩度假区自始至终由北海市政府主导开发管理,开发历程颇具戏剧性。20世纪90年代初,在北海地产热的推动下,银滩呈现出欣欣向荣的开发景象。然而北海地产神话的迅速破灭使得银滩开发骤然降温,留下大片已转让但未开发的土地和一栋栋破败的烂尾楼。银滩也由于不合理的过度开发而陷入了深重的生态灾难,旅游发展长期处于停滞状态。

为了彻底拯救和振兴银滩,广西壮族自治区和北海市政府从2002年始全面实施银滩中区改造工程,大规模拆除当年不合理规划开发的建筑。仅10年时间,银滩就经历了从大规模开发建设到拆除的过程,教训极为惨痛深刻。无论是亚龙湾还是银滩,地方政府都是度假区开发过程中最重要的利益相关者之一,其行为选择对度假区发展都产生了直接的重要影响。

具体来看,三亚市和北海市政府介入度假区开发管理的程度和方式存在显著不同。首先,亚龙湾度假区开发之初,三亚市政府通过设立地方政府控股的国有股份公司,以地区行政管理主体和公司控股股东的双重身份全面介入度假区经营管理事宜。原因是政府直接介入度假区开发不可避免地会遇到巨额启动资金难以筹集的困境,而采用股份公司形式则比较容易筹集所需资金。北海市政府则以行政管理者的身份直接介入银滩度假区开发管理。尽管在银滩度假区设立之初北海市政府也设立了相应的派出机构,即银滩度假区管理委员会具体负责度假区开发管理事务,但事实上银滩管委会既无钱,也无地,更无权,实际的度假区控制权仍掌握在北海市政府手中。其次,由于国有亚龙湾公司投资失误,无力继续开发,三亚市政府不得不转让控股权,引入中粮集团增资扩股。三亚市政府也因而丧失了直接介入度假区经营性开发管理的权力,仅作为非控股股东参与公司日常经营管理。而亚龙湾公司作为度假区的主开发商,在规划许可的范围内对度假区用地享有充分的开发自主权。同时,三亚市政府则强化了作为行政管理主体对度假区进行规划控制及利益相关者之间利益协调的职能。与之不同,北海市政府在整个银滩度假区开发过程中均保持了高强度的全面介入,政府意志和行政行为渗透到了度假区从开发经营到行政管理的方方面面。银滩度假区经历的每一次重大事件都留下了地方政府行为的烙印,北海市政府是银滩发展中最重要的控制者和利益相关者。迥异的度假区治理结构和发展模式使两处案例地在度假区土地管理、招商引资及项目开发等方面表现出显著不同。

(三)三亚亚龙湾和北海银滩度假区发展模式比较

三亚亚龙湾和北海银滩是我国海洋旅游度假区发展的典型案例。在大量田野调查和对关键信息提供者深度访谈基础上,从度假区地方政府介入程度及方式、土地管理、招商引资、开发水平和绩效等方面进行了比较研究。研究发现,亚龙湾度假区是企业主导下的市场化发展模式,而银滩度假区则是地方政府主导发展模式。以后者为代表的过度行政化治理结构是我国现阶段海洋旅游度假区发展的制度特征。新时期海洋旅游度假区需要探索政府和市场分工明确、责权清晰、优势互补、科学合理的治理结构,使得度假区在市场机制的引导下良性健康稳步发展。

回顾发展过程,20 世纪 80 年代以来,海洋旅游度假区建设快速蔓延。三亚亚龙湾和北海银滩同是国内首批设立的 12 个国家级海洋旅游度假区,但发展历程迥异。三亚亚龙湾的海洋旅游度假接待设施和功能日益成熟完善,已成长为国内旗舰式的海洋旅游度假区。而北海银滩则经历了大规模开发建设到拆除的兴衰巨变,两者形成了极为鲜明的反差。已有研究表明,我国海洋度假旅游开发受到气候条件的制约,三亚和北海的气候特征以及旅游客流的季节性分布曲线存在差异,三亚得天独厚的热带避寒气候条件是亚龙湾度假区成功开发的重要支撑。随着对度假区治理结构研究的逐步深入,亚龙湾和银滩不同的度假区治理结构和发展模式也可能成为影响国内海洋旅游度假区发展的重要因素。

世界范围来看,无论是发达国家还是发展中国家都在积极推动旅游治理由中央集权向地方分权治理的转变,地方政府、当地社区、私营企业、NGO组织等正成为包括度假区在内的各类旅游区治理主体,新治理的组织模式也愈益多元化和复杂化。地方政府参与下的分权治理模式有助于促进旅游决策机制的民主化,更易调动各利益相关者的积极性,但也有学者指出分权治理模式存在危险,可能会出现地方政府过分追求自身利益而损害公共利益,甚至地方政府和开发商相互勾结共同攫取旅游开发利益。国内学者对于海洋旅游度假区治理结构及发展模式的研究成果还不多见。笔者梳理了国内旅游度假区治理结构类型,将亚龙湾度假区发展模式归结为企业主导开发、政府有限参与、政企沟通合作,并指出亚龙湾模式在保障度假区长远战略目标实现和发展计划实施方面更具有效性。而北海银滩则是地方政府主导下海洋旅游度假区发展模式的典型代表,其兴衰巨变的发展历程对于探究中国海洋旅游度假区发展的深层次矛盾和特征具有突出的研究价值。面临正在兴起的国内新一轮海洋旅游开发热潮,对于过往国内海洋旅游开发管理的回顾总结和反思性研究亟待深入和加强。

从海洋旅游度假村设施建设来看,亚龙湾度假区的基础设施投入主要来自中粮集团控股的亚龙湾公司。中粮集团是跻身世界五百强的国家大型企业,具有雄厚的资金和专业技术优势。度假区开发 10 多年来,亚龙湾公司对度假区基础设施投入累计达到 12 亿元,建成了亚龙湾邮电分局、卫视中心、燃气站、东西污水处理厂、变电站、15.6 千米的道路及各种市政管线,高标准实现了度假区内用地"七通一平"。此外,亚龙湾公司还投资兴建了凯莱酒店、仙人掌酒店、中心广场、贝壳馆、蝴蝶谷等高档次度假接待设施和观光娱乐项目,为亚龙湾度假区高水平开发奠定了坚实的基础。反观银滩内的基础设施建设则要逊色得多。在银滩开发初期的 1991 年,北海市的财政收入仅为 1.95 亿元,有限的财政收入根本无法保证大规模高档次的度假区基础设施投入。至银滩中区改造前,除了三横三纵的度假区道路系统外,银滩内已建的旅游基础设施仅有一个污水泵站和一个加油站,其余水、电等能源均只能靠当地的村镇设施提供,尚未建立起独立完善的度假区基础设施系统。

从接待设施开发建设看,进入 21 世纪,一座座个性张扬的五星级海滨度假酒店陆续在亚龙湾内建成开业,这些酒店的投资商大多来自国内发达地区的明星企业。这些民营且资金实力雄厚的优秀企业抢滩登陆亚龙湾,不仅极大地推动了新时期亚龙湾度假区的高水平开发,而且充分说明亚龙湾巨大的商业价值和投资者对亚龙湾市场前景的高度认同。与亚龙湾内接待设施投资高度市场化不同,银滩内的旅游接待设施投资绝大多数来源于各级各类政府部门或国有企业。这些项目带有浓厚的行政经济色彩,多属于各级政府部门用体制内的公共资源所兴建的、主要为部门内部服务的楼堂馆所项目。此类投资项目尽管能够依靠政府的高强度介入在短期内推动度假区快速发展,但随着市场经济改革的逐步深入,终究无法摆脱制度性衰退的困境。即使是在泡沫经济破裂,城市经济持续低迷,商务酒店数量已经明显供过于求的背景下,近年来具有国有资本背景的新的商务酒店仍不断获准在北海开工兴建。非市场化的投资源源不断进入酒店行业,使得北海市酒店市场供求矛盾日益突出,恶性竞争日益加剧,经营效益每况愈下,绝大多数酒店全年平均开房率不到40%。亚龙湾和银滩内已建成营业的度假项目规模和档次也不可同日而语。亚龙湾内一线海洋度假酒店占地面积都在10公顷以上,而银滩内规模最大的海滩大酒店占地仅1.1公顷;亚龙湾内五星级度假酒店的客房数一般在500间左右,且基本上由国际著名酒店管理集团管理,而银滩内海滩大酒店仅有181间客房,更无法达到国际化管理水平;度假接待设施的档次更是相差悬殊,亚龙湾内已建成运营的五星级度假酒店已有11家(包括待评五星),而银滩尚无五星级酒店。此外,亚龙湾内及周边已建成两座国际标准的高尔夫球场,银滩尚无高尔夫球场(刘俊,2010)。

(四)浙江宁波旅游度假区开发

"十一五"期间,象山市产生了一大批如海钓、游艇、露营等新型休闲业态,旅游产业领域不断拓展。象山市旅游业逐步呈现出以观光旅游为基础,以休闲度假为发展方向,文化体验、康体养生等专项产品互为支撑的复合型产品体系,旅游产业结构在发展中不断调整优化。回顾过去,宁波市旅游局局长励永惠指出:"宁波最大的优势在于港口、海洋,发展海洋旅游是宁波融入长三角、融入华东线的重大举措!"

宁波海洋旅游蓝图计划,一方面是打造现代旅游港为一体,杭州湾板块、象山板块为两翼的海洋旅游格局;另一方面要联合舟山共同发展,以大港、大桥、大佛、大海四个核心共性载体为基础,共同打造东海海洋旅游品牌,以桥、海、湖、港和海鲜美食、休闲娱乐为内容推出多元化的滨海休闲、海洋度假旅游产品。呈现给市民全方位的海洋型休闲生活,也是宁波"十二五"规划纲要中的愿景:充分利用"港、桥、渔、滩、景"等资源优势,推动象山港—石浦—三门湾海洋旅游板块发展,建成我国海洋文化和休闲旅游目的地。"海洋旅游不再是单纯的景区建设,而是休闲度假基地的打造。"

宁波市旅游部门目前正在筹划编制《宁波市海洋旅游发展规划》,全面推进宁波陆海旅游资源的整合发展,重点关注滨海度假、海上运动、海岛旅游、邮轮游艇、海洋文化五类业态。重点构建的七大滨海旅游基地,分别是松兰山滨海度假基地、石浦渔文化休闲旅游基地、杭州湾滨海运动休闲基地、宁海湾游艇度假基地、奉化阳光海湾休闲度假基地、大塘港休闲旅游基地、洋沙山滨海旅游基地,形成古城、海岛、运动、度假、休闲等宁波海洋旅游的精品品牌。可以预见,海滩阳光浴、出海搭游艇、近海浮潜这些在欧美国家流行的海上休闲项目会离宁波人越来越近。近期国内低空飞行 4000 米以下对市场开放,宁波象山正准备打造航海、航空俱乐部相关产业,而渔山岛潜水基地也列入了规划,海洋旅游板块的撬动让人充满期待。

第四节　海洋旅游度假区开发方案

从前面的分析中可以看出,经过多年的发展,近几年我国海洋旅游度假区的建设取得了很大的成绩,但是我国度假旅游的发展与国外相比,还有很大的差距,在国际上还没有形成竞争优势,其发展水平也没有满足国内外度假旅游需求者的要求。海洋旅游度假区的开发,应该有计划、有步骤地进行。

一、利用自然的整合开发

海洋旅游度假区的开发中,我们应最大限度利用已有的资源,在下水、水质、噪音、交通等处理上协调周边环境,树立完备的计划再进行开发。

海洋旅游度假区开发中,临近地区若有港湾、渔港应积极利用,同时开发初期应该考虑能否利用现有的游览船码头、海钓、潜水艇基地等。这些设施独自开发,费用多,应利用周边的设施相连接起来开发才能节省成本。

单独开发各种设施费用高,所以开发中应尽可能地整合类似的设施,可以在共同利用的同时,实施统一的营销策略,提高整合效应。法国的朗格多克-鲁西永与海洋旅游城市整合,游客在这些地区可以享受与海洋度假有关的所有项目。

在设施的开发中,也应该考虑与当地居民的协调。在雇佣人员、设施利用、打折活动等方面应给当地居民更多的优惠,返还利润的一部分给当地政府等措施,在开发中都是必要的。开发决议中,积极听取当地居民和政府的意见,也是整合开发的很重要的一环。

二、考虑多样化活动空间的开发

在海洋旅游度假区的开发中,应尽可能增加多样化的活动空间和活动项目,以此来提高竞争力。度假区里在尽可能增加各种海洋度假项目的同时,也应该建设包括高尔夫等在内的陆上的活动。如果是具有历史文化资源的地域,也应该一起考虑这些历史文化因素,以此提高项目的多样性。

三、适当规模的开发

在建设规模方面,应结合周边环境和市场进行适当规模的开发。因海湾、半岛、水域、沙滩等很多环境和道路、空港等交通所容纳的容量是有限度的,所以开发密度方面,像法国朗格多克-鲁西永,进行适当密度的开发,才不至于浪费资源。

四、考虑自然灾害的开发

沿岸地区是频繁发生台风、暴雨、海啸等灾害的地区,所以海洋旅游度假区的开发中应考虑这些因素。特别是与海岸线保持一定的距离作为缓冲地带,保护设施,这些方案应包括在最初的海洋旅游度假区开发方案里。对建筑物和海岸的距离,各个国家和地区都有不同的规定。在度假区的开发中还应该考虑,海岸线上集中建设酒店等高楼可以防台风,但是这些恰恰是海边沙子流失的重要原因。

五、考虑周边景观的开发

一般海边的景观美丽而独特。但是,因为高层建筑的建设,很难享受自然的景观。所以一般在海洋旅游度假区的开发中,酒店等设施建在离海岸线一定距离的位置,保护海岸自然景观。像韩国的济州岛为了保护自然景观,实施各种建筑条例,限制高层建筑和紧临海岸区域的建筑物。建设开发时,也可以在建筑物的外观和屋顶等方面,对形状和颜色进行统一,形成一致的景观效果。海边可以增添地中海式等具有特色的多样化设施,形成海边休闲旅游的统一形象,提高其价值。

六、体系化的开发

国外的很多海洋旅游度假区的建设中也存在很多零散开发和重复开发的案例,开发初期,没有体系、没有规划、缺乏一贯性。因此,开发的国家、地区、民间参与者等在组织设置方面要坚持经营的一贯性,如法国朗格多克-鲁西永在开发中设立共同开发委员会。

第十二章　可持续发展的海洋旅游产品管理

第一节　海洋旅游产品评价方法

　　1979 年美国森林厅的 Roger Clark 和 George Stankey 曾提出了与森林不同的、其他自然界领域可采纳并利用的、明确各种旅游活动及背景的模型。这种模型是游憩机会谱框架体系（Recreation Opportunity Spectrum，ROS），是对描述和计划野外旅游很有价值的模型。然而，这一模型在应用过程中主要把侧重点放在了模型特征的描述及利用时应注意的事项上。ROS 评价法把自然环境作为基于各种物理特性，以及这些物理特性所提供的旅游经验及环境的人类影响力的各种范畴，并以此来划分自然环境。随着时间的推移，这一（ROS）模型逐渐广泛应用于旅游行业，尤其加以肯定的是这一模型已被认定为评价陆地旅游产品很有效的手段之一。下面我们就把 ROS 模型导入海洋旅游业上。

　　在海洋旅游业中顾客可以享受旅游乐趣的机会范围仍然是海洋旅游范畴（Spectrum of Marine Recreation Opportunities，SMRO），从 SMRO 中我们可以看出如表 12-1 所示的内容。

表 12-1　海洋旅游产品范畴

特性	等级Ⅰ 易接近	等级Ⅱ 可接近	等级Ⅲ 不易接近	等级Ⅳ 难接近	等级Ⅴ 很难接近
经验	与他人的社会交往和高质服务及支持不够明朗	频繁与他人交往	或多或少与他人交往	更接近平静的自然状态,与他人很少交往	孤独宁静,与他人几乎不接触
环境	人类的影响力大,结构内容多,较低质量的自然环境结构	可以看得见,近距离,人为的结构内容及影响力	近距离的几种人为的结构内容,几种可看得见的东西	几种人类活动的痕迹,海边灯光及停泊用设施	孤立而高品质的少数人为的结构内容及影响
场所	距离城区近,或者位于城区,海边或潮间带地区	从潮间带到距离沿岸100米	从距离沿岸100米到距离沿岸1千米	距离沿岸1~15千米远,孤立的沿岸	非居住型沿岸50千米沿岸
活动实例	日光浴、闹市人群、游泳、美食、逛街、乘坐快艇	游泳、滑雪、钓鱼、喷气式滑水、无动力船、冲浪、帆船运动	围绕着快艇进行娱乐、航海钓鱼、滑雪/潜水	或多或少的潜水、海底潜水艇、动力快艇、利用大规模船舶的航海	近海航海大海钓鱼乘坐远洋橡皮艇

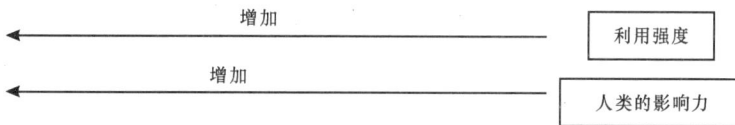

增加　←　利用强度
增加　←　人类的影响力

资料来源:Mark Orams,损益计算表。

　　世界上的各种海洋状况导致了许多丰富多彩而趣味横生的海洋旅游活动。然而,这些海洋旅游活动往往各自具有所赖以生存的某种海洋环境。对于海洋旅游活动的参与者来说,海洋旅游活动本身要比海洋旅游地更具魅力。例如,当今的冲浪、帆船运动、滑水运动、休闲潜水、钓鱼等海洋旅游活动,正吸引着数以万计的参与者。

　　如上所述的这些海洋旅游活动的参与机会很大程度上会受到各自的一系列限制条件。比如,滑水运动需要平静的海水平面,冲浪运动则需要波涛汹涌的海浪。很多海洋旅游活动相互适应其他不同环境条件,而呈现出多样化形式的活动。比方说,航海游览活动一般是利用小船在海边的海岸线(SMRO等级Ⅱ)上进行,若是船大一些则在有一定距离的(SMRO等级Ⅲ)上进行,而远洋活动则在(SMRO等级Ⅴ)上进行。与此类似,大海钓鱼活动在 SMRO 等级 V 上虽受到一定的限制,但可多在其他的 SMRO 等级上进行。由此看来,各种海洋旅游活动在开展之前,有必要考虑上述的距离特性和活动特性,采用 SMRO 方法来进行策划指导。

第二节　海洋旅游产品管理

人们对海洋旅游产品的理解,随着视角的不同会出现正反两方面不同立场的理解。从海洋旅游产品的管理角度而言,对其管理活动的相对费用及利益的判断是件不容易的事情,而且有时还难以做到。我们可以做到的一点就是尽可能缩小负面影响发生的可能性,树立扩大正面影响所带来利益时的目标。我们要把焦点放在建立可以最大限度地缩小负面影响所导致的损失,进而最大限度地扩大正面影响所带来的利益的海洋旅游产品管理体系。

根据相关的文献考察结果我们发现,在上述的海洋旅游产品管理体系下所制定的几种战略广泛应用于海洋旅游活动及游客的管理当中。这些战略包括无控战略、结构型战略、技术型战略、经济型战略、法规型战略、教育型战略等。考虑这些多样化层次的战略,我们可以归纳出如下四种海洋旅游产品管理方法,即管制性管理、有形性管理、经济性管理、教育性管理等四种。

一、管制性管理方法

管制性管理方法是指管理在海洋背景下所发生的各种旅游活动的传统的管理方法。如对游客的行为、访问时间、访问形式、访问次数等,利用招牌、告示、文书等形式进行提示。具体的管理实施者是警察、公园管理者、其他管理者等。

管制性管理方法的目的有三个:一是保护观光旅游者的安全;二是缓解观光旅游者之间发生的矛盾冲突;三是针对观光旅游者的不良行为,采取相应的海洋环境保护措施。

二、有形性管理方法

有形性管理方法是指控制正在进行中的人们的观光旅游活动的方向及类型的人为的战略。在海洋旅游中最典型的例子就是横跨湿地的木板路(boardwalk)的建设。这种有形物的建设可以控制和引导观光旅游者的移动方向,使海洋旅游活动能够顺利进行,消除和预防观光游客在敏感区域进行移动时的安全隐患。除此之外,还有海中瞭望台,为海中鱼礁上停泊的船只设立的系泊浮泡(mooring buoys),大海中的海笔(sea pens)等。在海洋环境中设立这些有形物存在一定的困难,所以采用有形性管理方法来控制海洋旅游活动并不普遍。然而,这种有形性管理方法却经常用于诸如沙滩等区域的保护。

人工有形物适用于对观光旅游者提供追加机会和服务上。例如码头(wharves)、船坡道(boat ramps)、观测平台(observation platform)等。尤其是对某一区域限制使用的船舶类型也作出了明确的规定。比方说对环境或噪音敏感的区域仅限于使用电力发动机船舶。

三、经济性管理方法

经济性管理方法是指为改变人们的观光旅游行为而采取的正面或负面性价格诱导策略。这种经济性管理方法虽然没能够得到明显的关注,但最近一些亲和自然型区域却灵活地采用经济性管理方法。这些策略中具有代表性的策略就是在旅游旺季为了分散观光旅游者过于集中的现象,增收对旅游设施的使用费用的方法,即提高入场费或门票的方法。其中,钓鱼许可证和对旅游业从业者发放营业许可证使其在从业者之间可以流通交易的做法,也可称得上是一种控制从业者数量的好方法。除此之外,还有一些像垃圾投掷、定额捕获量、对不良行为进行处罚等相关策略。

四、教育性管理方法

教育性管理方法是指通过教育自发地诱导观光旅游者改变其不良行为,进而增加这些观光旅游者快乐和兴趣的策略。这是一种基于教育的管理方法(education-based management strategies)。正因为这是与教育关联的策略,所以很多学者认为海洋教育是唯一一种对海洋环境与观光旅游者双方都有益处的双赢策略。然而,目前在旅游行业中这种教育性管理方法同有形性管理方法和管制性管理方法相比,比较罕见。这是因为制定和实施对观光旅游者有效的教育项目措施具有一定的局限性。这种局限性具体表现在目标市场的大小、年龄结构、教育背景以及目标市场的其他各种多样化特性。总之,因各种目标市场中观光旅游者的独特需要,导致教育项目的编排实施遇到诸多难题。也就是说,因为观光旅游者多分散在不同的区域,具有不同的地理分布特征,并且具有机动灵活性,所以很难把握对他们进行教育的实施场所和时间。

虽然,教育性管理方法的制定和实施环节存在一系列难题,但不少学者还是竭力主张教育将会成为基于自然界(nature-based)的体验海洋观光旅游的重要因素。

海洋旅游产品管理方法如表 12-2 所示。

表 12-2　海洋旅游产品管理方法

	技术	内容	个案提示	目的	意义
有形环境	场所功能强化	资源的可持续增加	步行道、水泥靠岸设施、停泊浮标	积极利用资源将其他侵蚀所带来的负面影响消除	区域开发热情高涨
	设施安装	选择适当区域合理配置设施	远离敏感区域的快艇靠岸设施、停泊地选址	制止利用敏感而不妥地方的资源	强化特别区域资源的利用
	设施设计	安全而连续性的无害项目设计	用现代的塑料制作儿童游乐设施来取代落后的木材制作儿童游乐设施	为儿童提供安全而好的娱乐设施,预防设施的毁损	初期的娱乐设施费用增加,维持管理费用减少
	牺牲区域	以保全重要区域为目的而积极采取牺牲特定区域的方法	在主要海边为提高大多数旅游者的设施利用率,灵活运用上述各种技术减少临近海边的压力	集结设施利用率低的区域,整合其资源而牺牲特定区域	牺牲区域条件的急速恶化;向临近区域的扩散;设施利用者间相抵可能性的增加
	吸引力的变化及消除	由吸引力的变化而导致的旅游者访问动机的削弱	把位于佛罗里达州珊瑚绝壁上的"Christ of Deep"铜像移向沙滩	减少特定区域设施的高利用率	对吸引力消除的公共媒体的反对;对吸引力的潜在危害
	复原/还原	为提高质量减少损失积极采取措施改善环境	植被维护计划维持濒临灭种及危险种类	提高资源的质量	需要活动计划;在复原期内有可能出现设施不能利用的状况

续表

	技术	内容	个案提示	目的	意义
管制性调节	访问者数量的控制	制定最大上限值，接近该值就为防止进一步利用关闭设施	所有停泊地事先可以预约，一旦预约满不再继续预约	通过控制访问者人数来减少负面影响	可能会出现满足不了需要而流失一般设施利用者的现象
	行为控制	禁止对他人带来不利局面，甚至危害他人的行为	离海岸100米内禁止利用水上摩托设施	消除冲突及危险	排挤群体不乐意；有必要强化
	关闭活动/利用区域	针对所有利用设施的人或者特定设施利用者在特定时间内关闭特定区域	为植被生殖为期6个月在沙丘区域设置围栏设施	恢复原来状态，将区域营运活动导致的负面影响消除	有必要强化；向其他区域转移带有危害性质的设施利用行为
	为分离设施利用活动至少需要一定水准的技术	以地理因素或者时机因素来分离设施利用活动；以特定教育或技术资格为条件来控制设施利用活动	为特定的设施利用活动提出用途分类细则；特定日游泳活动；帆船运动等在隔离水域安全及救助资格所有者的游客；潜水或CPR/应急措施资格所有者的游客	分离那些不容易共同利用设施的活动；确保挑战自然界所需的相应技术；减少负面影响	有必要强化教育；限制自由选择；切合实际的教育培训过程
经济性调节	差别化收费	在特定时间和特定场所收取高额附加费用	在旅游淡季利用快艇设施时费用要降低	扩大设施的利用范围；涉及相关管理人员的特定管理费用	"设施利用者支付"的概念在个别国家没有被广泛接纳；较低阶层社会经济群体受限
	毁损债权	旅游地设施未毁损时返还给设施利用者的毁损预付保证金	旅游地设施毁损时设施利用者负担的海边利用保证金	为诱导合理的旅游活动提供激励机制；必要时提供清理费和复原费	财政体系及调查管理的必要性
	罚金	要对毁损及非法行为实施罚款	对乱扔垃圾、器物破坏、违反规定等行为进行罚款	避免危害性行为	有必要加强执行力度；有必要立法支援
	补偿	对非法行为的举报或见义勇为善举提供经济补偿	一周垃圾收集大王奖；器物破坏行为举报的经济补偿	强化规章制度；对见义勇为善举的激励	需要资源

续表

技术		内容	个案提示	目的	意义
教育性调节	印刷品	为引导和促进合理的旅游行为向旅游者分发印刷品	向所有旅游者提供回收垃圾指南册	倡导旅游者的合理旅游行为,最大限度地降低旅游者的不良行为影响	有必要在旅游前或旅游期间接近或接触旅游者
	低频率收音机播放	通过 AM 收音机频道给旅游者播送重要信息	传达有关区域状况诸如天气、污染、最新问题等消息	倡导旅游者的合理旅游行为,最大限度地降低旅游者的不良行为影响	有必要在旅游前或旅游期间接近或接触旅游者
	标识	在适当场所设置指南标识	"沙丘复原中,请留守在寻访路上"	倡导旅游者的合理旅游行为,最大限度地降低旅游者的不良行为影响	采用褒义词和积极意义的标识,预防游客产生反感情绪
	游客中心	为教育而提供的重点构造物	海洋公园访问客中心	倡导旅游者的合理旅游行为,最大限度地降低旅游者的不良行为影响	主要财政费用
	指南报道及导游	职员和访问客之间典型的沟通计划	指南内容中导游所承担的内容	倡导旅游者的合理旅游行为,最大限度地降低旅游者的不良行为影响	需要良好的教育技能
	活动	为娱乐和教育设计的活动计划	人命救助技术指导	倡导旅游者的合理旅游行为,最大限度地降低旅游者的不良行为影响	需要良好的教育技能
	个人接触	职员和访问客之间一般性沟通计划	提供顾客提出的有关海边环境和岩壁等各种咨询服务	倡导旅游者的合理旅游行为,最大限度地降低旅游者的不良行为影响	需要发挥职员的能力

资料来源:Mark,Orams. Marine Tourism:Development,Impacts and Management,London and New York:Routledge,1999.

第三节　海洋旅游产品服务管理

一、海洋旅游服务质量

一般情况下,服务的含义是指给他人谋求利益的活动,也就是说,服务是给他人提供某种利益和好处的活动。海洋旅游服务质量是海洋旅游服务业满足现实顾客或潜在顾客需要的相关特征及特性的总和。特征是区分同类海洋旅游服务中不同规格、档次、品位的概念。特性则是区分不同类别的海洋旅游产品或服务的概念。海洋旅游服务质量最表层的内涵应包括海洋旅游服务的安全性、适用性、有效性和经济性等一般要求。海洋旅游服务质量的内涵包括以下几个内容:

(1)海洋旅游服务质量是顾客感知的标的物;

(2)海洋旅游服务质量发生在海洋旅游服务生产和交易过程中;

(3)海洋旅游服务质量的提高需要内部形成有效管理和支持系统;

(4)海洋旅游服务质量可以依靠客观方法加以界定和衡量,但更多地要按照顾客主观的认知加以衡量和检验;

(5)海洋旅游服务质量是在海洋旅游服务企业与顾客交易的真实瞬间实现的。

海洋旅游服务质量与传统的实体产品质量在内涵上存在区别,主要在于:

(1)海洋旅游服务质量要比传统的实体产品质量更难被顾客所评价;

(2)顾客对海洋旅游服务质量的评价不仅要考虑海洋旅游服务的结果,而且还涉及海洋旅游服务的过程;

(3)顾客对海洋旅游产品的认识取决于他们对海洋旅游服务的预期与实际所感受到的海洋旅游服务质量的对比。

海洋旅游预期服务质量是指顾客对海洋旅游服务企业所提供的服务预期质量水平;海洋旅游感知服务质量是指顾客对海洋旅游服务企业所提供的服务实际感知的质量水平。如果顾客对海洋旅游服务的感知水平符合或高于其预期水平,顾客将获得较高的满意度,从而认为海洋旅游服务企业具有较高的服务质量;反之,将会认为海洋旅游企业的服务质量较低。海洋旅游预期服务质量受四个因素的影响,即市场沟通、企业形象、顾客口碑及顾客需求。市场沟通包括广告、人员推销、公共关系(PR)以及促销活动等,直接为海洋旅游服务企业所控制。这些方面对海洋旅游预期服务质量的影响很明显。比如,在广告活动中,一些海洋旅游服务企业过分夸大自己的旅游产品及所提供的相关服务,导致顾客对该产品心存较高的预期质量。然而,当顾客一旦接触了该海洋旅游服务企业则发现其服务质量并不像宣传中所承诺的那样,于是对该海洋旅游服务产品的感知质量大打折扣。海洋旅游服务企业形象和顾客口碑只能间接地被海洋旅游服务企业所控制,它们虽受许多外部条件的影响,但基本表现为与海洋旅游服务企业绩效的函数关系。顾客需求是海洋旅游服务企业的不可控因素。顾客需求的变化及消费习惯和消费倾向偏好的不同,决定了顾客需求因素对海洋旅游服务预期质量的至关重要的影响。

海洋旅游服务质量＝海洋旅游感知服务质量－海洋旅游预期服务质量

如同教育、行政、法律、快递等一般性服务一样,海洋旅游服务也具有如下几个特征:

(1)顾客的参与性(customer participation),即在海洋旅游中顾客直接参与服务的生产过程;

(2)非持久性(perishable),即服务产品不能够储藏在仓库里进行保管,提供服务的同时服务产品也就随即消失掉;

(3)便利性(convenience),即服务产品通常在顾客所需要的时间和场所提供;

(4)劳动密集性(labor),即服务产品的生产过程具有劳动密集性生产特点;

(5)无形性(intangible),即服务质量取决于顾客对服务产品的感知和期待,即使是同样的一种服务产品,对该服务产品具有不同期待的顾客将给出不同的评价结果。

海洋旅游服务产品作为一种商品,其服务质量的构成具有以下几方面的侧重点：

（1）内部质量（Internal Qualities），即顾客无法看到的服务产品内部质量；

（2）硬件质量（Hardware Qualities），即顾客能够看到的服务产品外部硬件质量；

（3）软件质量（Software Qualities），即顾客能够看到的服务产品软件质量；

（4）时间敏捷性（Time Promptness），即服务产品的提供时间和提供及时性；

（5）心理质量（Psychological Qualities），即顾客对服务产品所感受到的心理质量。

海洋旅游服务质量的构成要素：

海洋旅游服务质量既是海洋旅游服务本身的特性与特征的总和，也是顾客对海洋旅游服务产品的感知反应，因此，海洋旅游服务产品是由海洋旅游服务的技术质量、职能质量、形象质量及真实瞬间等要素构成，并由感知质量与预期质量的差距所体现。

技术质量是指海洋旅游服务过程的产出，即顾客从海洋旅游服务过程中所得到的东西。比如，酒店为顾客提供的美味佳肴及饮料，宾馆为顾客的休息提供的房间和床位，航空公司为顾客提供的飞机舱位等。对于海洋旅游服务的技术质量，顾客容易感知，也方便作出评价。

职能质量是指海洋旅游服务推广的过程中顾客所感受到的服务人员在履行职责时的行为、态度、穿着、仪表等给顾客带来的利益和享受。海洋旅游服务的职能质量完全取决于顾客的主观感受，难以进行顾客的评价。海洋旅游服务的技术质量与职能质量构成了海洋旅游服务的感知质量的基本内容。

形象质量是指海洋旅游服务企业在社会公众心目中形成的总体印象，它包括海洋旅游服务企业的整体形象和海洋旅游服务企业所在地区的形象两个层次。海洋旅游服务企业的形象通过视觉识别系统（VI）、理念识别系统（MI）、行为识别系统（BI）等多层次地体现，顾客可以从海洋旅游服务企业的资源、组织结构、市场运作、企业行为等多个侧面认识海洋旅游服务企业的形象。海洋旅游服务企业的形象质量是顾客感知服务质量的过滤器。如果海洋旅游服务企业拥有良好的企业形象质量,偶尔的一次失误会得到顾客的谅解;若出现失误的次数频繁,则必然会破坏企业形象。假如海洋旅游服务企业的形象不佳,则企业的任何点点滴滴的失误都会给顾客留下不好的印象。

真实瞬间是指海洋旅游服务过程中顾客与海洋旅游服务企业进行服务传递过程的接触。这个过程在一个特定的时间和地点发生,是海洋旅游服务企业向顾客展示企业自身服务质量的契机。真实瞬间是服务质量展示的有限时机。一旦时机流失,海洋旅游服务交易结束,海洋旅游服务企业也就无法改变顾客对海洋旅游服务质量的感知;如果在这一真实瞬间的海洋旅游服务质量出了问题也就无法补救。真实瞬间是海洋旅游服务质量构成的特殊因素,这是有形的实体产品质量所没有的因素。

海洋旅游服务产品的生产和传递过程应在周密的计划、井然有序的环境、预防棘手的真实瞬间等状况下进行。如果出现失控状况并任其发展,将导致由海洋旅游服务质量问题所引发的严重后果。一旦真实瞬间失控,海洋旅游服务质量就会倒退到一种原始的状态。海洋旅游服务过程的职能质量更是深受其害,会进一步恶化海洋旅游服务质量。

二、海洋旅游服务产品条件

一般情况下,一个国家或地区的人均 GDP 达到 3 万美元时,海洋旅游活动将由主要以海水浴场为中心的海洋休闲类旅游活动转向以海洋体育竞技类、海洋游艇、海洋相关类等旅游为主的活动。就目前和未来相当一段时间内,我国的海洋旅游服务产品条件来看,将维持以海水浴场为中心的海洋休闲类旅游活动,其旅游活动形式由目前的夏天为主要活动季节的形式发展为多种季节型旅游活动。也就是说,由现在以夏天为中心的休假形式的海洋休闲类旅游活动,随着人们收入水平的提高和各种节气的长短假制度的实施而带来的人们休假时间的普遍增加,将转向多季节、多样化形式的海洋休闲类旅游活动。尤其是目前以海水浴为主的海洋旅游活动将转向以大海钓鱼、海边沙滩等为主的生态旅游,由此将带动海洋休闲类旅游活动的大变革和海上国立公园、岛屿周围的海上景观鉴赏等海洋游览型活动。

　　海洋体育竞技类活动也随着人们收入水平的提高和休假时间的增加而开始活跃起来,沿海地区休养、体验等各种活动逐渐增多,由此导致海洋相关类旅游设施也大大增加。海洋旅游类型和形式如表 12-3 所示,按气候类型分的海洋旅游活动事例如表 12-4 所示。

表 12-3　海洋旅游类型和形式

类型		主要季节	主要收入层	未来预期	备注
体育竞技型		夏天	中上层	增加	南方地区更适合
休养型	海水浴	夏天	所有阶层	停滞	
	生态、钓鱼等	春、秋	所有阶层	生态增加,其他停滞	
游艇型		春、秋	中上层	增加	
海洋相关类		四季	所有阶层	增加	

表 12-4　按气候类型分的海洋旅游活动事例

区域	区域	核心活动	备注
热带	太平洋列岛:夏威夷、关岛、塞班、海南岛等	海洋高尚的休闲运动、岛屿特色旅游	四季型
	东南亚:菲律宾、泰国、越南等	海洋高尚的休闲运动	
	迈阿密、新加坡等	航游母港(附近岛屿群)	
	越南河内	岛屿航游	
	澳大利亚大堡礁海洋公园	航游、海洋高尚的休闲运动	
亚热带	冲绳	海水浴、以休闲潜水为主的海洋体育竞技活动	5—11 月
地中海	地中海、美国(加利福尼亚)等	海边活动、海洋高尚的休闲运动、航游等	海水浴场发达
	美国华盛顿州西雅图	阿拉斯加航游母港	类似于加拿大温哥华
亚热带、温带	日本:九州、佐渡岛等	海边活动、海洋公园、航游、海洋高尚的休闲运动	

第四节   各国海洋旅游产品管理政策

世界各国为了加快海洋旅游产品的开发,从政府的角度制定实施了有效的管理政策。

一、美国的海洋旅游产品管理政策

美国 2000 年海洋旅游产品所创的产值就已经达到了 1170 亿美元,并解决了 200 万人的就业问题。美国由海洋经济所带来的连锁效应从农业部门来看,产值比以前增加了 2.5 倍,就业岗位比以前增加了 1.5 倍。美国的夏季休假度假的人群中占 75% 的人希望去海边度假,这些人的旅游经费中占 85% 的经费花在沿海地区。美国的沿海旅游中 75% 的就业机会和 50% 的经济价值都来自海洋部分。在美国首选的旅游观光目的地是海滨度假地,它已超过了国立公园和历史遗址的旅游。美国的可持续发展的沿海旅游产品开发主要依赖于如下四种海洋旅游因素:一是先进的沿海管理体制和基础设施的合理配置及有效利用;二是清新的空气质量和清洁的水质,以及确保健康的生态系统;三是安全而完备的海洋休闲环境,尤其是针对海洋灾害、海水游泳、乘坐快艇以及其他海边休闲活动等相关事宜的安全设施及安全水平的保障;四是为提高海滨度假地的休闲性和景观性,对海滨度假地的装备设施的改善及其努力,还有为保护沿海生态环境及栖息地环境而出台的一系列健康政策。

美国的有关沿海休闲与观光旅游的计划细分为如下三种:一是沿海管理与计划。美国的沿海管理计划中三个重要计划是关于海洋旅游部分的,它包括关于沿海开发管理的条款和关于改善海边旅游线路的条款,以及有关保护和恢复沿海环境的条款。二是清洁的水质及健康的生态系统管理计划,它包括环境保护部门的清洁水质法和海洋警察厅的油类污染法,以及与各个州协调共进的海洋大气污染源的管理计划。三是沿海灾害管理计划,它包括根据国家洪水保险制度及沿海管理法所实施的洪水侵蚀保护措施,建筑物外墙缩进线的实施计划,沿海警备队的沿海安全及事故预防措施,地方政府与美国陆军工程兵团对海滨度假地的装备恢复计划等。

在美国海洋休闲项目中存在的主要问题有:一是联邦政府就海洋旅游产品开发事宜,没有设立任何机构来进行协调连接,在中央和州以及市郡之间的协调联系也很困难,亟待建立相关的联系组织;二是目前为沿海区域的旅游产品开发而出台的许多方针政策不够充分,如各种标准、行为规范、项目清单等不够完善,从而急需联邦政府的极力介入;三是海洋旅游资源中沿海海滨度假地的度假需要虽然很高,但伴随着标准化的海水浴场认证许可的项目,如 Blue Wave Award 等的改善而需要出台相关的水质环境净化、海滨度假地恢复方案等一系列相关措施。

二、欧盟各国的海洋旅游产品管理政策

欧盟基本上认可海水浴场的重要性,把 Blue Flag Program 导入到海水浴场的认证体系中。法国从 20 世纪 60 年代末期开始就着力开发位于地中海的海洋旅游度假区。西班牙也利用民间资本大力开发了海洋旅游度假区。Wadden 沙滩是德国、荷兰、瑞典等国家共同开发的国立公园水准的旅游胜地,它也在试图达到自然资源的保存与旅游目的双重功效。在英国,全国上下共有 20 多所海上娱乐型栈桥公园,使英国成为世界上栈桥文化最发达的国家。

三、澳大利亚的海洋旅游产品管理政策

澳大利亚基本上认可海水浴场和海洋环境管理的重要性,把 Keep Australia Beautiful Program 导入到海水浴场和海洋认证体系中。澳大利亚的黄金海岸被开发成具有代表性的海洋旅游度假区,悉尼的滨海区则把旧港装备成包括海洋博物馆、水族馆、海洋公园、娱乐设施等内容的关洲岛。澳大利亚的海上国立公园(GBRMP)作为世界最大的海上国立公园,自 1975 年以来出台了包括航游、海洋体育竞技运动、休闲潜水、大海钓鱼等旅游活动在内的很多海洋旅游项目,成为世界上最具代表性的海洋国立公园管理运营的典范。

四、日本的海洋旅游产品管理政策

目前,日本拥有 40 多万艘休闲快艇,拥有快艇驾驶证的人数也达到

了 270 多万人。日本的海洋旅游 20 世纪 70 年代就已经开始盛行,并且当时就已经在海上国立公园或者国定公园海域制定了海中公园计划。日本的环境省对模范海水浴场 88 条线采取认证制付诸实施。还有 80 多个水族馆、120 多个海洋主题博物馆也在运营当中。日本东京还有很多海洋主题公园也在运营中。除此之外,日本全国范围内海上钓鱼公园有 40 多所,已具备了较完备的海洋旅游基础设施。

国外从政府的角度通过认证制度等机制对海洋旅游产品的开发进行有效的管理和监督,我国的各地政府在借鉴国外海洋旅游产品开发经验的同时,应高度重视海洋旅游产品开发中的可持续发展问题。

第五节　海洋旅游产品与可持续发展

一、持续发展可能性

最近得到普遍关注的问题是在自然资源管理中持续发展可能性的问题。所谓持续发展可能性是指某种现象或事物具有可以无限制地维持其发展过程或者维持其现有状态的特性。自然资源的可持续发展利用是指在自然资源可再生的范围内按照一定比率来利用有机体、生态环境以及其他自然资源。海洋旅游也必须按照持续发展可能性原则来事先进行精心设计,并把它看作是潜在的可持续发展的产业。

海洋旅游产品的可持续发展性是从持续发展可能的产品开发概念而来。持续发展可能的产品开发是在自然环境和文化资源不枯竭、生态环境不被毁损的情况下实现其开发产品目标的一种有效途径。这种概念着重强调了经济增长与环境政策的整合,它是在生态界和自然环境不被破坏和毁损的前提下,保障经济可持续增长的开发产品的一种方式。持续发展可能性产品开发意味着产品开发者不仅为了现代人,而且还要考虑未来人,从保全生态环境和自然资源的角度,使他们在现在和将来都可以利用和享有生态环境和自然资源。持续发展可能性概念是基于生态界和社会文化以及经济可持续发展而形成的,这是一种在全球范围内确保人类社会可持续发展的范式。

世界旅游组织（WTO）把持续发展可能性旅游产品分成三大类：一是环境持续发展可能性旅游产品（environmentally sustainable tourism product）；二是社会文化持续发展可能性旅游产品（socially and cultural-ly sustainable tourism product）；三是经济持续发展可能性旅游产品（economically sustainable tourism product）。这三大类旅游产品要求在各自的角度维持其发展可持续性。

持续发展可能性旅游产品开发原则及条件如表 12-5 所示。

表 12-5 持续发展可能性旅游产品开发原则及条件

分类	原则	目标	持续发展可能性开发条件
经济层面	效率性（Efficiency）	区域经济刺激方案及区域居民生活质量的提高	• 反映区域社会特性的旅游产业刺激计划 • 与其说是要刺激基于外部投资者的事业，倒不如说是要刺激区域居民自身投资事业 • 与其说是要借助于新产品开发的急速增长模式，倒不如说是借助于现有资源设施利用的开发促进模式 • 区域居民的收入及就业的增加 • 区域社会全局的收益分配模式（收益分配公平性） • 为促进旅游活动的开展所实施和推进的公共政策 • 对旅游活动影响的持续监督和评价
社会层面	公平性（Equity）	促成旅游产品开发的公平性	• 持续不断地探求区域居民的需要 • 在决策过程中要保证区域居民的参与 • 保持区域居民的优良传统 • 区域间增进相互交流，积极开发新产品 • 资源利用与环境管理的费用利益公平性分配 • 针对旅游活动影响面与区域居民进行持续不断的沟通
环境层面	守衡性（Conservation）	守衡生物的多样性	• 以持续发展可能性方式来利用自然环境 • 维持自然环境及生态界的适时接受能力 • 把生态系统导入到旅游产品开发事业中 • 为促进保护和保全自然环境活动导入制度机制 • 对环境的影响及变化进行监督评价 • 为提高环境意识的教育培训

资料来源：根据参考资料作者整理。

为持续发展可能性的旅游产品开发，我们需要寻求维持资源的保存与利用的合理均衡点。对于像海上国立公园等保存区域，为考虑资源的稀缺性或者生态环境的重要性，我们往往要把侧重点放在保存而不是开发利用上。过去和现在的旅游产品开发状况，以及可持续发展的旅游产品开发状况如图 12-1、图 12-2、图 12-3 等所示。

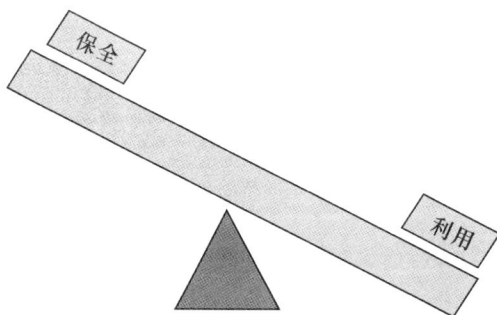

图 12-1　过去的旅游产品开发状况

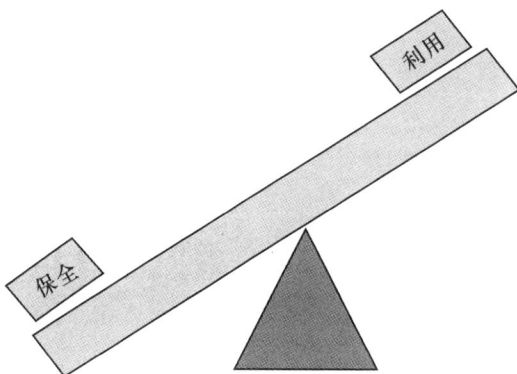

图 12-2　现在的旅游产品开发状况

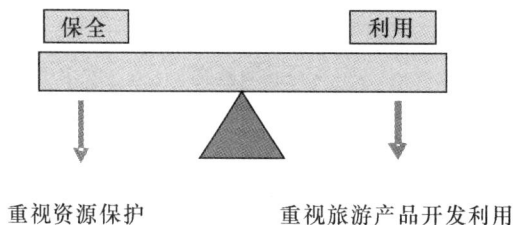

重视资源保护　　　　重视旅游产品开发利用

图 12-3　可持续发展的旅游产品开发状况

　　海洋旅游产品开发与海洋旅游活动的新的范式是可持续发展的海洋旅游产品开发概念的导入。我们倡导这一概念的主要目的是：第一，保护可持续发展的海洋旅游环境，并提高海洋旅游环境的质量，改善区域社会居民的生活质量，给海洋旅游观光者提供优质服务和海洋旅游经验机会。第二,不仅可以保障自然资源的可持续发展,而且还可以保障区域社会文化的可持续发展。第三,能够协调海洋旅游事业和环境保护论者或环境保护团体,以及区域社会的各自立场、观点、要求。

然而,很多学者却对旅游业是否可持续发展提出了一系列质疑。并且,针对维持资源管理和利用的持续发展可能性问题,以及旅游业长期可持续发展而导致的对环境的不良影响等问题的认识结果,提出了生态旅游等概念。

能够接受新的范式的可持续发展的旅游产品具体包括:一是生态旅游(ecotourism)产品;二是绿色旅游(green tourism)产品;三是责任旅游(responsible tourism)产品;四是自然旅游(nature tourism)产品;五是管制旅游(controlled tourism)产品;六是柔性旅游(soft tourism)产品;七是冒险旅游(adventure tourism)产品;八是体验旅游(participation tourism)产品等。在这些旅游产品中尤其得到关注的产品是生态旅游产品,为此下面我们就来具体阐述生态旅游产品。

二、生态旅游产品(ecotourism product)

生态旅游产品的概念是从否定一般意义上的旅游资源开发的角度提出的,它主张唯一能够保持长期可持续发展的旅游资源开发活动只有生态旅游产品的开发。旅游活动所利用的自然资源要求保持其健康活力,而生态旅游产品的概念正好诉求这一点。然而,很多旅游产品开发者及其国家或地区对于这种高谈阔论的诉求持批判的态度。这些人群和国家或地区把生态旅游产品开发看作是以徒有虚表的共感词汇来稍作包装的旅游产品开发行为。

有些人甚至还告诫我们,一些营销者正是利用生态旅游标识的绿色化市场特点,把旅游和观光行为用生态词来进行包装,在旅游市场上进行市场营销活动。这样一来,这些人为了提高生态旅游产品的市场占有率只是把现有的旅游设施或产品稍加包装,提出所谓的新的市场营销方案。以绿色化(greening)来包装现有的旅游产品当然很容易引起消费者的关注,其营销效果也非常好。若在绿色化词的前面再加上生态(eco)词,那无疑是促进该旅游产品销售的良方。因此,在过去的几年里生态观光(eco-tour)、生态旅游(eco-travel)、生态休假(eco-vacation)、生态敏感冒险(ecologically sensitive adventures)、生态探险(eco-adventure)、生态航游(eco-cruise)、生态狩猎旅行(eco-safari)、生态远征考察(eco-expedition)等概念,通过旅游业广泛传播扩散到旅游产品的开发中。

有时候,对于一个国家或者国际性开发组织来说,把生态旅游,利用太阳能、风能等自然能源的旅游(soft-path tourism),追加可持续发展的开发用语等,附加到旅游产品商标上,可以有效地提高旅游产品促销效果,可以及时回笼资金。不少国家和机关都关注生态旅游的经济性和保全性,但他们却不认可这些旅游产品开发方式是保护环境,推进经济发展的有效途径。因此,在未来几年内,不管学术界还是实业界都应把可持续发展的生态旅游纳入到议事日程上,着力解决人类不合理的旅游产品开发行为给自然界造成的负面影响,采取科学的管理体制和发展战略。

主要参考文献

[1] 武燕平.体育旅游区域开发研究.中国海洋大学硕士学位论文,2008.

[2] 刘涛,殷文伟.开发中国帆船,创办海上帆船赛事,促舟山海洋旅游转型升级.当代旅游,2010(5).

[3] 周国忠,张春丽.我国海洋旅游发展的回顾与展望.经济地理,2005(5).

[4] 张广海,朴赞莺.韩国海洋旅游开发基础与发展分析.高等教育科学,2008(6).

[5] 郭旭.舟山高端海洋旅游开发研究.全国商情·理论研究,2010(21).

[6] 邹统钎.中外旅游目的地比较研究.北京:旅游教育出版社,2008.

[7] 吴士存.世界著名岛屿与经济体选论.北京:世界知识出版社,2006.

[8] 马丽卿.论我国无人岛屿旅游资源的开发与保护.商业经济与管理,2009(2).

[9] 马苏群,倪定康,翁良才.论舟山市无人岛屿的开发与管理.浙江海洋学院学报(人文科学版),2000(4).

[10] 伍鹏.我国海岛旅游开发模式创新研究——以舟山群岛为例.渔业经济研究,2007(2).

[11] 王湖滨,胡卫伟.舟山市海洋旅游品牌战略探析.浙江海洋学院学报(人文科学版),2007(3).

[12] 王越伟,栾维新,等.区域海岛旅游开发模式研究.海洋信息,2008

(3).

[13] 刘伟.海岛旅游环境承载力及开发研究——以辽宁长山群岛为例. 辽宁师范大学博士学位论文,2009.

[14] 任淑华.舟山旅游资源开发与可持续发展研究.中国地质大学学位论文,2009.

[15] 宁波市发改委课题组.发挥四大优势 提升四大水平.浙江经济, 2011(9).

[16] 郭斯兰. 迈向深蓝.浙江经济,2011(6).

[17] 吴晓东. 抢抓舟山群岛新区建设机遇打造现代海洋产业基地.今日浙江,2011(7).

[18] 宁波海洋经济发展规划现五大亮点.宁波晚报,2011-05-14.

[19] 骆高远.舟山海底探奇旅游开发初探. 忻州师范学院学报,2005 (2).

[20] 李巧玲,徐颂军.对滨海渔村旅游开发的几点思考.华南师范大学学报,2009(4).

[21] 韩立民,任广艳.新渔村建设面临的问题及化解思路.中国渔业经济,2008(26).

[22] 任广艳.新渔村建设问题与对策研究.中国海洋大学硕士学位论文, 2008.

[23] 李巧玲.雷州半岛滨海渔村旅游产品优化探讨.广东农业科学,2010 (4).

[24] 刘俊.海滨旅游度假区发展模式比较研究.人文地理,2010(4).

[25] 潘海颖.浙江省海洋旅游产品定位与开发.经济论坛,2007(7).

[26] 郭鲁芳.海洋旅游产品开发深度研究——以浙江为例.生态经济, 2007(1).

[27] 胡卫伟.浙江舟山海洋旅游产品构建与发展对策.经济理论研究, 2007(7).

[28] 周彩娟.象山县滨海旅游业发展浅谈.管理观察,2009(12)

[29] 王跃伟.我国滨海旅游业发展现状及对策分析.海洋信息,2010(3).

[30] 陈飞永.宁波海岛休闲业 SWOT 分析和发展对策研究.经济丛刊, 2006(1).

[31] 刘煜杰,张祖陆,倪滕南,袁怡.海水浴场适宜性评价研究:以山东省为例.资源与人居环境,2009(14).

[32] 姜欣欣.厦门海水浴场水质状况与成因分析.厦门科技,2006(6).

[33] 苏勇军.海洋世纪背景下宁波市海洋旅游产业发展研究.宁波经济,2011(1).

[34] 齐德利,李加林,等.沿海生态旅游资源评价的核心问题探讨——以江苏沿海为例.人文地理,2005(3).

[35] 王志成.试析江苏沿海地区体育旅游产品的生态化开发.商场现代化,2007(12).

[36] 何书金,李秀彬,等.环渤海地区滩涂资源特点与开发利用模式.地理科学进展,2002(1).

[37] 邵学珍.基于可持续发展的海岛生态旅游研究——以舟山岛为例.浙江国际海运职业技术学院学报,2008(1).

[38] 方园.舟山海洋文化旅游产品体验化设计开发研究.南开大学硕士学位论文,2009.

[39] 周国忠.海洋旅游产品调整优化研究——以浙江为例.经济地理,2006(5).

[40] 陆立军,杨海军.海洋宁波——海洋经济强市建设研究.北京:中国经济出版社,2005(8).

[41] 金成贵.海洋观光论.首尔:韩国现学出版社,2008.

[42] 黄志明.宁波发展蓝皮书2012.杭州:浙江大学出版社,2012.

[43] Mark, Orams. Marine Tourism:Development, Impacts and Management,London and New York:Routledge,1999.

[44] Morgan,R. Some facetors Affecting Coastal Landscape Aesthetic Quality Assessment. Landscape Research,1999,24(2).

[45] Hall C M,Trends in Ocean and Coastal Tourism: the End of the Last Frontier. Ocean&Coastal Management,2001(44).

[46] Salmona P,Verardi D. The Marine Protected Area of Portofino. Ocean&Coastal Management,2005(74).

[47] Clement Darnley Lewsey. Assessing the Environmental Effects of Tourism Development on the Carrying Capacity of Small Island Sys-

tems：The Case for Barbados. Annals of Tourism Research,1982,9(4).

[48] D. Lusseau,J. E. S. Higham. Managing the Impacts of Dolphin-based Tourism through the Definition of Critical Habiats：The Case of Borrlenose（Tursiops.）in Doubtful Sound，New Zealand. Tourism Management,2004,25(6).

[49] http：//oceanteacher. ntou. edu. tw/learn/index. php? parent_id＝159.

[50] http：//dialog. cnnb. com. cn/system/2011/05/24/006944135. shtml.

[51] http：//www. uzai. com/go/sight-1195. html.

[52] 澳洲东海岸 近距离观赏座头鲸. http：//www. hebei. com. cn,2011-06-23.

[53] 开启蓝色新引擎 宁波市海洋经济发展规划解读. http：//guba. east-money. com/look,601018,6013699352. html,2011-05-16.

[54] http：//baike. baidu. com.

图书在版编目(CIP)数据

海洋旅游产品开发 / 金文姬,沈哲著. —杭州：
浙江大学出版社,2013.4
ISBN 978-7-308-11069-3

Ⅰ.①海… Ⅱ.①金… ②沈… Ⅲ.①海洋—旅游产
品—产品开发 Ⅳ.①F590.7

中国版本图书馆 CIP 数据核字(2013)第 020657 号

海洋旅游产品开发

金文姬　沈　哲　著

丛书策划	
责任编辑	吴伟伟 weiweiwu@zju.edu.cn
封面设计	春天书装
出版发行	浙江大学出版社
	(杭州市天目山路 148 号　邮政编码 310007)
	(网址:http://www.zjupress.com)
排　　版	浙江时代出版服务有限公司
印　　刷	杭州杭新印务有限公司
开　　本	710mm×1000mm　1/16
印　　张	14.75
字　　数	234 千
版印次	2013 年 4 月第 1 版　2013 年 4 月第 1 次印刷
书　　号	ISBN 978-7-308-11069-3
定　　价	42.00 元